企业财务及投融资管理研究

李先贺　著

中国商务出版社

·北京·

图书在版编目（CIP）数据

企业财务及投融资管理研究 / 李先贺著. -- 北京 ：
中国商务出版社，2024.4
　　ISBN 978-7-5103-5126-6

　　Ⅰ．①企… Ⅱ．①李… Ⅲ．①企业管理－财务管理－
研究②企业－投资管理－研究③企业融资－管理－研究
Ⅳ．①F275

　　中国国家版本馆 CIP 数据核字(2024)第 059566 号

企业财务及投融资管理研究

李先贺　著

出版发行：中国商务出版社有限公司
地　　　址：北京市东城区安定门外大街东后巷 28 号　　邮编：100710
网　　　址：http://www.cctpress.com
联系电话：010—64515150（发行部）　　010—64212247（总编室）
　　　　　　010—64515137（事业部）　　010—64248236（印制部）
责任编辑：孟宪鑫
排　　版：北京宏进时代出版策划有限公司
印　　刷：廊坊市广阳区九洲印刷厂
开　　本：710 毫米×1000 毫米　1/16
印　　张：18.25　　　　　　　　　　字　　数：297 千字
版　　次：2024 年 4 月第 1 版　　　　印　　次：2024 年 4 月第 1 次印刷
书　　号：ISBN 978-7-5103-5126-6
定　　价：79.00 元

前　言

在当今全球经济发展高度复杂而动荡的背景下，企业财务及投融资管理成为企业顺利运营和可持续发展的关键因素。良好的企业财务管理不仅是企业经营活动的重要组成部分，更是企业战略执行和决策制定的支持因素与推动因素。投融资管理则直接涉及企业的资本结构、融资渠道选择、风险管理等方面，对企业的生存和发展具有深远的影响。

本书旨在深入研究企业财务及投融资管理的理论、方法与实践，系统阐述其在当今复杂多变的经济环境中的作用。本书将探讨企业财务的基本概念、财务报表分析、财务决策、财务风险管理等方面的问题，以及企业在投融资决策中面临的机遇与挑战。

我们期待这本书能够成为辅助财务专业人士、企业管理者以及学术研究者学习研究的有益工具，帮助他们更好地理解和应对企业在财务及投融资管理中的挑战，推动企业朝着可持续发展的方向迈进。愿本书能够在读者的实践中发挥积极的作用，推动企业在竞争激烈的市场中脱颖而出，取得更为卓越的业绩。

作者

2023 年 11 月

目　录

第一章 企业财务基础

第一节 企业财务概述

一、财务管理的定义与目标

（一）财务管理的定义

财务管理是一种全面的、系统的管理活动，旨在有效地组织和管理一个实体的财务资源，以达到经济目标。这一领域包括诸多方面，如会计、财务规划、预算编制、投资决策、资本结构管理等。财务管理的核心在于通过科学的手段，确保企业的财务健康和可持续发展。

1.财务管理的广义范围

财务管理不仅涉及财务数据的记录和报告，还包括对公司战略、风险和资源的全面管理。它是企业管理中不可或缺的一部分，为企业提供了有效的决策基础，同时促使企业更好地适应市场和经济变化。

2.财务管理的关键要素

在财务管理的范畴内，关键要素包括会计信息的收集与分析、投资和融资决策、风险管理、资本结构规划、财务规划与预算等。这些要素相互交织，共同构建了企业财务管理的体系。

（二）财务管理的目标

财务管理的目标是确保企业能够实现经济效益最大化，为股东提供最大化的利润回报。以下是财务管理的主要目标：

1.创造股东价值

创造股东价值是财务管理的首要目标。企业的股东是为了获得回报而投资的，财务管理需要通过合理的资本结构和有效的资源配置，确保企业实现盈利并最大限度地提高股东权益。

2. 提高盈利能力

财务管理追求提高企业的盈利能力，通过优化业务流程、降低成本、提高产品或服务质量，以及拓展市场份额来实现企业盈利最大化。

3. 确保资金充足

保障企业的资金充足是财务管理的关键目标之一。财务管理需要确保企业资金有足够的流动性，能够应对日常运营需求，并在需要时进行合理的融资，以支持投资和扩张。

（三）财务管理的各个方面

财务管理的目标实现涉及多个方面，这些方面相互交织，共同构建了财务管理的框架。

1. 会计与财务报告

会计信息的记录与分析：财务管理的基础是会计信息的准确记录和分析，通过这些数据，管理层能够了解企业的财务状况和经营绩效。

财务报告：企业通过资产负债表、利润表和现金流量表等财务报告向内外部利益相关者传递信息，使财务管理更加透明。

2. 资本结构管理

股权与债务的平衡：财务管理追求最佳的资本结构，通过平衡股权和债务的比例，降低资本成本，提高股东回报率。

融资决策：在资金需求和成本之间寻找平衡，制订合理的融资计划，确保企业有足够的资金支持自身的经营和发展。

3. 投资决策

项目评估：财务管理参与对投资项目的评估，通过风险分析和财务测算，选择对企业最有利的投资方案。

资本预算：制定资本预算，合理安排资金，确保项目的长期盈利能力和回报。

4. 预算和财务规划

预算制定：制定合理的预算，通过对收入和支出的规划，为企业提供财务目标和控制手段。

财务规划：进行长期的财务规划，考虑企业的发展战略和市场变化，确保财务战略与企业目标一致。

5. 现金流管理

现金流预测：确保企业能够及时了解未来的现金流状况，及时采取措施应对可能的资金压力。

管理应收款和应付款：通过优化账款和账单管理，确保企业有足够的现金流，避免企业资金短缺风险。

6. 风险管理

市场风险：财务管理需要评估和应对市场波动对企业的影响，通过合理的投资组合分散风险。

信用风险：管理企业与客户、供应商之间的信用关系，降低透支和违约的风险。

汇率风险：对涉及外汇的交易进行风险评估和管理，采取汇率套期保值等手段，降低汇率波动对企业财务的影响。

7. 绩效评估

财务绩效指标：制定和监控一系列财务绩效指标，如净利润率、资产回报率等，以评估企业的经济效益和财务健康状况。

非财务绩效指标：除了财务指标外，还需关注非财务绩效指标，如客户满意度、员工参与度等，全面评估企业整体表现。

（四）财务管理的挑战与应对策略

1. 不确定性和复杂性

应对策略：实施灵活的财务规划和预算，建立稳健灵活财务管理体系，及时调整策略以适应市场变化。

2. 利益相关者多元化

应对策略：与各利益相关者积极沟通，确保他们理解企业的财务决策和目标，建立稳固的合作关系。

3. 技术和数字化挑战

应对策略：不断更新财务管理系统，引入先进的技术工具，如人工智能、大数据分析等，提高财务信息的准确性和实时性。

4.法规和合规性

应对策略：保持对财务法规的敏感性，建立健全的内部控制体系，确保企业在法规和合规方面不受损害。

5.战略与风险平衡

应对策略：制定明智的投资战略，根据企业的风险承受能力，找到战略与风险的最佳平衡点。

财务管理是企业管理中至关重要的一部分，其定义和目标涵盖了多个方面。通过创造股东价值、提高盈利能力、确保资金充足、降低财务风险以及提高企业效率等，财务管理为企业的可持续发展提供了坚实的基础。财务管理的各个方面，包括会计与财务报告、资本结构管理、投资决策、预算和财务规划、现金流管理、风险管理和绩效评估等，构成了财务管理的完整体系。企业在面临不确定性和复杂性、利益相关者多元化、技术和数字化挑战、法规和合规性及战略与风险平衡等方面的挑战时，需要采取相应的策略，保持财务管理的稳健性和灵活性。通过不断优化财务管理体系，企业可以更好地适应变化的市场环境，实现经济的可持续增长。

二、财务管理在企业决策中的作用

（一）概述

财务管理在企业中扮演着至关重要的角色，特别是在决策制定和执行的过程中。其作用不仅限于传统的会计和财务报告，还包括对企业战略、投资、融资和风险管理等方面的全面支持。在本书中，我们将深入探讨财务管理在企业决策中的作用，重点关注其在各个决策领域的具体应用。

（二）财务管理与企业决策

财务管理在企业决策中的作用可谓全面而深刻。以下将详细探讨其在不同层面和环节中的具体作用。

1.财务信息的提供与分析

会计信息的记录与整理：通过对会计信息的准确记录和整理，为企业提供了全面的财务数据。这些数据包括资产负债表、利润表、现金流量表等，使企业对其财务状况有清晰的了解。

财务报告的编制与分析：财务报告是企业向内外部各利益相关者传达财务信息的重要工具。财务管理通过编制准确、及时的财务报告，提供了可靠的数据基础，同时通过对报告的深入分析，帮助企业管理层更好地了解财务状况，为科学决策提供支持依据。

2. 投资决策的支持

项目评估与资本预算：财务管理通过对投资项目的评估，包括风险分析、财务测算等，为企业决策提供科学的依据，帮助企业选择符合战略目标的投资项目。资本预算的制定也是财务管理在投资决策中的一项重要职责，确保企业能够获得长期的经济利益。

资金成本与投资回报率：财务管理关注资本结构和资金成本的合理配置，同时评估投资的回报率。通过对这些因素的综合考虑，财务管理协助企业做出明智的投资决策，最大限度地实现资本的效益。

3. 资本结构管理

股权与债务的平衡：财务管理通过合理配置股权和债务，降低资金成本，提高企业的盈利能力。在企业决策中，财务管理需要平衡股东权益和债务负担，确保企业的长期健康发展。

融资决策与财务规划：在面对融资需求时，财务管理负责制订合理的融资计划，选择合适的融资工具，确保企业有足够的资金支持。同时，财务规划帮助企业合理安排财务资源，确保企业在不同阶段能够满足资金需求。

4. 预算和财务规划

预算制定：财务管理在企业决策中承担着预算的制定任务。通过制定合理的预算，企业能够对未来的收入和支出进行有效的规划，提前发现潜在的财务问题，为决策提供前瞻性的数据支持。

长期财务规划：长期财务规划是财务管理的一个重要组成部分，它考虑了企业的战略目标和市场变化，确保财务战略与企业目标一致。通过长期财务规划，企业能够更好地应对外部环境的变化，制定具有前瞻性的决策。

5. 现金流管理

现金流预测与管理：财务管理需要不断预测企业的现金流情况，确保企业能够及时支付债务、应对运营和投资状况。通过现金流管理，财务管理能有效规避企业的流动性风险，保持财务的健康状况。

管理应收款和应付款：财务管理通过管理应收账款和应付账款，确保企业资金在运营中保持充足的流动性。通过优化账款和账单管理，财务管理能降低企业面临的信用风险，确保现金流的稳定。

6. 风险管理

市场风险管理：财务管理在企业决策中需要评估和应对市场风险。通过多元化投资组合、灵活的市场策略等手段，财务管理帮助降低市场波动对企业的影响。

信用风险与汇率风险：财务管理需要有效管理企业与客户、供应商之间的信用关系，降低透支和违约的风险。同时，对于涉及外汇的交易，财务管理采取适当的汇率风险管理措施，以降低汇率波动可能为企业财务状况带来的不利影响。

7. 绩效评估

财务绩效指标：财务管理负责制定、监控并解读一系列财务绩效指标，如利润率、资产回报率等。这些指标为企业提供了实时的财务状况数据，帮助企业了解盈亏状况，评估经济效益。

非财务绩效指标：财务管理不仅关注财务指标，还涉及一系列非财务绩效指标，如客户满意度、员工参与度等。这些指标反映了企业的整体运营状况和对外部环境的适应能力。

（三）财务管理的战略性作用

财务管理在企业决策中扮演战略性的角色，其作用不仅是提供数据和支持，更涉及企业的长远规划和战略制定。以下是财务管理在战略层面的具体作用：

1. 支持战略制定

财务管理通过对企业财务状况的全面了解，为战略制定提供了有力的数据支持。企业在制定战略方向时，需要考虑当前财务状况、资本结构、市场竞争等因素，而这些都是财务管理所应提供的信息。

2. 优化资本结构

财务管理通过合理配置股权和债务，优化资本结构，确保企业在实施战略过程中有足够的财务支持。一个稳健的资本结构是企业实施战略、应对市场变化的基础。

3. 提升盈利能力

财务管理通过成本控制、效率提升等手段，助力企业提升盈利能力。在战略层面，财务管理与战略管理相互交织，共同推动企业向着可持续盈利的方向发展。

4. 风险管理与战略对接

财务管理在企业决策中对风险的评估和管理也具有战略性作用。通过制定合理的风险管理策略，企业可以更好地应对市场波动、竞争风险、法规变化等不确定性因素，从而更好地实现战略目标。

5. 战略投资与资本预算

战略投资是企业在追求长期发展目标时进行的重要决策。财务管理在资本预算的制定和实施中发挥着关键作用，确保投资项目符合企业战略，能够为企业创造持续的价值。

财务管理在企业决策中发挥着不可替代的作用。通过提供全面的财务信息、支持投资决策、优化资本结构、进行财务规划和预算、管理现金流、进行风险评估等，财务管理为企业制定战略、实现可持续发展提供了坚实的基础。在战略层面，财务管理与战略管理相互交织，共同推动企业向可持续发展方向前进。财务管理的战略性作用不仅体现在对财务状况的深刻理解，还包括资本结构的优化、盈利能力的提升、投资的战略决策以及风险管理的整合等方面。在面对不断变化的商业环境和市场条件时，财务管理需要灵活采取相应的策略来应对不确定性和复杂性。

财务管理不仅具备后勤支持职能，更是企业决策制定和执行的重要参与因素。在财务决策中，财务管理层不仅需要对财务数据的准确性和及时性有高度的要求，还需要在企业整体战略和目标方面具备深刻的洞察力。

随着技术的进步和数字化转型的推进，财务管理将更加依赖先进的工具和系统，以提高效率、降低风险。这包括使用大数据分析来更好地理解市场趋势、应对竞争挑战，利用人工智能提升决策的精确性，以及采用区块链等新技术来提高财务交易的透明度和安全性。

在未来，财务管理将继续优化，应对新的机遇和挑战。企业需要通过不断优化财务管理体系，使其更好地适应不断变化的商业环境，实现经济的可持续增长。

综上所述，财务管理在企业决策中的作用不可忽视，它不仅仅是对财务数据的记录和报告，更是对企业战略、投资、融资和风险管理等方面的全面支持。通过发挥财务信息、支持战略制定、协助投资决策、优化资本结构、进行财务规划和预算、管理现金流、进行风险管理和绩效评估等方面的作用，财务管理为企业制定明智的决策、实现可持续发展提供了坚实的基础。

三、财务与会计的关系

（一）概述

财务和会计是企业管理中两个密不可分的领域，它们共同构成了企业的财务管理体系。财务管理是一个更广泛的概念，包括对企业财务资源的全面管理，而会计则是财务管理中一个重要的组成部分，主要负责财务信息的记录、分类、报告和分析。在本书中，我们将深入探讨财务与会计的关系，探究它们在企业管理中的作用及其相互联系。

（二）财务和会计的定义

1.财务的定义

财务是指一个实体或个人的资产、负债和所有者权益等方面的经济状况，以及其运营活动的现金流入和流出等财务活动。财务不仅关注数字，更关注资源的配置和运用，以实现经济目标。

2.会计的定义

会计是一种记录、分类、报告和分析财务信息的系统性方法。它主要通过对企业的经济业务进行记录和处理，生成财务报表，为内外部利益相关者提供有关企业财务状况和经营绩效的信息。

（三）财务与会计的关系

财务和会计之间存在着密切的关系，它们相互交织、相辅相成，共同构建了企业的财务管理体系。

1.会计是财务的一部分

会计是财务管理的一部分，其主要任务是通过会计信息系统记录和处理企业的经济业务，形成财务报表，为财务管理提供数据支持。会计通过捕捉企业的各种经济交易，包括收入、支出、投资、融资等，反映企业的财务状况和经营绩效。

2. 会计为财务提供基础数据

财务决策的制定需要依赖准确、可靠的数据，而这正是会计的职责所在。会计通过记录每一笔经济交易，对其分类并制作成财务报表，为财务管理层提供对企业财务状况全面了解的途径。这些报表包括资产负债表、利润表、现金流量表等，为财务管理提供了数据参考。

3. 会计与财务规划的关系

财务规划是财务管理的一个重要环节，而会计数据则是财务规划的重要依据。会计提供了历史财务信息，帮助财务管理层了解过去的经济状况，从而更好地制定财务目标和规划。财务规划需要综合考虑企业的战略目标、市场条件、成本结构等多个因素，而会计数据提供了依据。

4. 会计对财务决策的影响

在制定财务决策时，财务管理需要根据会计数据进行深入的分析和评估。例如，在投资决策中，会计提供了项目的成本、回报率等信息，为财务管理层提供了科学依据。

5. 财务对会计的需求

财务管理需要及时、准确的财务信息来支持决策制定和执行。财务对会计的需求主要表现在以下几个方面：

准确性和可靠性：财务需要确保会计数据的准确性和可靠性，以避免基于错误或不准确的信息做出错误决策。

实时性：财务决策需要及时的财务信息，以便能够快速响应市场变化、制定有效的策略。

全面性：财务需要全面的财务信息，包括企业的资产、负债、现金流等多个方面，以全面了解企业的财务状况。

分析性：财务需要会计提供分析报告，帮助了解企业经营绩效、盈利能力和未来发展潜力。

（四）会计和财务的工作职责

1. 会计的工作职责

会计的主要工作职责包括：

记录：记录企业的各种经济业务，包括收入、支出、投资、融资等。

分类：将经济业务按照一定的规则和准则分类，形成财务账户。

报告：制定各类财务报表，如资产负债表、利润表、现金流量表等。

分析：对财务数据进行深入分析，帮助管理层理解企业的经济状况和经营绩效，为财务决策提供参考。

2. 财务的工作职责

财务的工作职责包括：

规划和决策：制订企业的财务规划，包括预算、资本预算等，以支持企业战略目标的实现。

融资和资本结构管理：财务管理需要决定企业的融资方案，优化资本结构，确保企业有足够的资金支持。

投资决策：通过分析会计数据，财务管理制定投资策略，评估项目的风险和回报，为企业的战略投资提供支持。

现金流管理：确保企业具有足够的现金流动性，及时支付债务、应对运营和投资状况。

风险管理：通过对市场风险、信用风险等的评估，财务管理帮助企业降低潜在风险对财务状况的不利影响。

绩效评估：制定和监控一系列财务绩效指标，以评估企业的经济效益和财务健康状况。

（五）财务与会计的协同作用

1. 数据的生产与利用

会计通过记录和整理财务数据，将数据提供给财务管理层。财务管理层在使用这些数据时，需要对其进行进一步的分析和解读，以支持决策的制定和执行。因此，会计生产数据，而财务管理层利用这些数据进行决策。

2. 决策的支持与实施

会计为财务管理层提供了财务信息和数据，这些信息对于决策制定至关重要。在得到这些信息后，财务管理层需要根据企业的战略目标和市场条件做出相应的决策，并将其有效实施。因此，会计提供支持决策的数据，而财务管理层负责决策的制定和执行。

3. 监控与调整

会计数据不仅能帮助财务管理层做出决策，还可用于监控企业的运营状况。通过定期审计和查看财务报告，财务管理层可以了解企业是否达到了预定的财务目标，是否需要调整战略和决策。这一过程中，会计数据成为监控和调整的依据，促使企业保持灵活性和适应性。

（六）财务与会计的挑战

1. 技术的发展

随着科技的发展，财务与会计面临数字化和自动化挑战。新兴技术如人工智能、大数据分析等的应用，使企业更容易处理大量的财务数据，但也对会计和财务管理提出了更高的技术要求。

2. 国际化与全球化

随着企业国际化和全球化程度的加深，多个国家的会计准则和货币体系的复杂性增加。这对财务与会计提出了更高的要求，企业需要适应不同的国际标准和环境，确保信息的一致性和可比性。

3. 风险管理

财务与会计在风险管理方面也面临挑战。不断变化的市场条件、政治风险、汇率波动等因素使风险评估和管理变得更加复杂。财务与会计需要更加敏锐地捕捉风险，并采取有效的措施来降低潜在的财务风险。

财务与会计是企业管理中两个紧密相连的领域，它们在企业的财务管理体系中发挥着不可替代的作用。会计通过记录、分类、报告和分析财务信息，为财务管理提供了数据基础。财务管理通过规划、决策、融资、投资、风险管理等方面的工作，实现了对企业财务资源的全面管理。

财务与会计之间的关系可以概括为会计为财务提供基础数据，而财务对会计数据进行分析、制定决策和实施，形成了一个协同作用的循环。这种合作关系使企业能够更好地理解自身的财务状况，制定明智的财务战略，应对市场的变化和风险。

在面临技术、国际化和风险管理等挑战时，财务与会计需要不断创新，引入先进的技术手段，加强国际合作，提高应对风险的能力。通过充分发挥财务与会计的协同作用，企业可以更好地适应不断变化的商业环境，实现经济的可持续增长。

第二节 财务报表分析

一、财务报表的种类与内容

（一）概述

财务报表是企业向内外部利益相关者展示其财务状况和经营绩效的主要工具之一。通过财务报表，投资者、债权人、管理层和其他利益相关者可以了解企业的盈利能力、偿债能力、经营活动以及财务稳定性。本书将深入探讨财务报表的种类与内容，明确各种报表的作用和构成要素。

（二）资产负债表

1.定义

资产负债表是财务报表中最基本也是最重要的一种。它展示了企业在特定日期的资产、负债和所有者权益的状况。

2.内容

资产部分：

流动资产：包括现金、应收账款、存货等，这些资产在一年内能够转换为现金或现金等价物。

非流动资产：包括长期投资、固定资产、无形资产等，这些资产在一年以上的时间内无法轻松转换为现金。

负债部分：

流动负债：包括应付账款、短期借款等，这些负债在一年内到期。

非流动负债：包括长期借款、长期应付款等，这些负债在一年以上的时间内到期。

所有者权益：

股东权益：包括普通股、优先股等，反映了股东对企业的所有权。

留存收益：反映企业保留赚取的利润，是未分配给股东的部分。

3. 作用

资产负债表反映了企业的财务状况，有助于利益相关者了解企业的偿债能力、资产结构和所有者权益状况。投资者可以通过资产负债表评估企业的稳定性和长期健康状况，债权人可以了解企业的偿债能力，而管理层则可以根据资产负债表指导经营决策。

（三）利润表

1. 定义

利润表，又称损益表或收益表，是企业在一定期间内对经营绩效的总结。它展示了企业的收入、成本和净利润。

2. 内容

营业收入：反映企业在销售商品、提供服务等经营活动中所获得的总收入。

营业成本：包括与生产和销售相关的直接成本，如原材料成本、人工成本等。

毛利：营业收入减去营业成本，反映企业经营活动的基本盈利能力。

营业费用：包括销售费用、管理费用等，反映企业非生产性的费用开支。

利润总额：毛利减去营业费用，反映企业在扣除所有费用后的总体盈利情况。

所得税费用：反映企业在一定期间内需缴纳的所得税。

净利润：利润总额减去所得税费用，是企业在一定期间内实际取得的净收益。

3. 作用

利润表为利益相关者提供了企业在一定期间内的盈利状况，反映了经营活动的盈利能力和成本控制水平。投资者可以通过利润表评估企业的盈利能力，而管理层可以根据利润表的信息调整经营策略，优化成本结构，提高利润水平。

（四）现金流量表

1. 定义

现金流量表是展示企业在一定期间内现金和现金等价物流入与流出的财

务报表。它分为经营活动、投资活动和筹资活动三大类，全面反映了企业现金的运作状况。

2.内容

经营活动现金流量：包括与日常经营活动有关的现金流入和流出，如销售商品和提供劳务所收到的现金、支付供应商的现金等。

投资活动现金流量：包括与购买和出售长期资产有关的现金流入和流出，如购建固定资产、收回投资等。

筹资活动现金流量：包括与股东和债权人有关的现金流入和流出，如发行股票、偿还债务等。

净现金流量：经营、投资、筹资三大活动的现金流入和流出之差，反映了企业经营期间的总体现金流动状况。

期初和期末现金余额：分别表示企业期初和期末的现金及现金等价物余额。

3.作用

现金流量表为利益相关者提供了企业现金的实际流动情况，补充了其他财务报表不能展示的信息。投资者可以通过现金流量表了解企业的现金储备和支付能力，而管理层可以根据现金流量表制定现金管理策略，确保企业稳健经营。

（五）股东权益变动表

1.定义

股东权益变动表，又称为股东权益表，展示了企业在一定期间内股东权益的变动情况。它包括普通股、优先股、资本公积、盈余公积和未分配利润等项目。

2.内容

股本：表示企业发行的普通股和优先股的金额。

资本公积：包括企业从股东那里收到的超过普通股面值的款项。

盈余公积：包括企业从盈余中提取出的用于弥补亏损、转增股本的资金。

未分配利润：表示企业在过去获得的利润中没有分配给股东的部分。

其他权益工具：包括其他形式的权益工具，如可转换债券等。

3. 作用

股东权益变动表为股东和其他利益相关者提供了企业股东权益的详细变动情况，包括股本的发行、资本公积的增减、盈余公积的变动等。投资者通过股东权益变动表可以了解企业对股东权益的管理情况，而管理层可以根据这些信息制定分红政策、进行资本运作等。

（六）综合损益表

1. 定义

综合损益表是近年来会计准则变化的结果，它综合了所有非所有者权益变动的金额，包括净利润和其他综合收益。

2. 内容

净利润：与传统利润表相同，表示企业在一定期间内的总体盈利情况。

其他综合收益：包括不能通过销售产品或服务实现的收益和损失，如重新计量养老金计划、货币兑换调整等。

综合收益总额：净利润和其他综合收益的总和，反映了企业在一定期间内的整体盈利情况。

3. 作用

综合损益表扩展了利润表的信息，提供了更全面的盈利状况。它能够让利益相关者有一个更全面的了解，包括净利润以外的各种综合收益，反映了企业的全面盈利能力和稳定性。投资者可以通过综合损益表更全面地评估企业的盈利能力，而管理层可以更好地了解企业的经济状况，制定更有效的战略。

（七）附注和注释

财务报表通常附有附注和注释，用于提供关于报表编制方法、会计政策、风险因素等方面的额外信息。这些附注可以帮助利益相关者更深入地了解财务报表背后的信息。

财务报表是企业对外展示财务状况和经营绩效的重要工具，各种报表的内容和种类涵盖了企业的方方面面，为利益相关者提供了全面、准确的信息。通过对这些报表的分析，投资者可以更好地了解企业的财务状况，制定投资策略；债权人可以评估企业的偿债能力；而管理层则可以根据这些信息做出战略决策，优化经营策略。

不同的财务报表各有其独特的作用，但它们之间存在密切的联系和互补关系。例如，资产负债表展示了企业在某一时点的整体财务状况，而利润表则反映了企业在一段时间内的盈利能力。现金流量表提供了关于现金流动状况的详细信息，帮助利益相关者了解企业的现金管理能力。股东权益变动表展示了股东权益的变动历程，反映了企业与股东之间的关系。综合损益表则扩展了利润表的信息，提供了更全面的盈利情况。

财务报表的编制受到一系列国际和国内会计准则的规范与制约，如国际财务报告准则（IFRS）和中国企业会计准则（CAS）。这些准则旨在确保财务报表的透明度、准确性和可比性，方便投资者和其他利益相关者做出合理的决策。

然而，财务报表也存在一些潜在的问题和挑战。例如，会计估计和会计政策的选择可能导致财务报表的不确定性。此外，对于某些涉及未来现金流的情况，如商誉的减值测试，存在一定的主观性和复杂性。因此，利益相关者在分析财务报表时需要谨慎对待这些潜在的不确定性和主观性。

总体而言，财务报表是企业沟通和与外部利益相关者交流的关键工具。企业应当按照相关的会计准则编制财务报表，确保信息真实、准确、可靠，并提供足够的附注和注释，以帮助利益相关者更全面地了解企业的财务状况和经营绩效。同时，企业也应当密切关注财务报表的变化，及时调整经营策略，确保企业的可持续发展。

二、比率分析在财务报表中的应用

（一）概述

比率分析是财务管理和会计领域中一种常用的分析工具，通过将财务报表中的各项数据进行比较和计算，揭示企业在财务方面的运营状况和经济绩效。这种分析方法通过比较不同项目之间的关系，提供了更深层次的洞察，有助于利益相关者更全面地了解企业的财务健康状况。本书将深入探讨比率分析在财务报表中的应用，涵盖了一系列关键的财务比率，包括利润能力、偿债能力、流动性和活动效益等。

（二）利润能力比率

1. 毛利率

毛利率是衡量企业生产和销售产品盈利能力的关键指标。它通过比较销售收入与销售成本之间的差异来评估企业的盈利能力。

毛利率 =（销售收入—销售成本）/ 销售收入

高毛利率通常表示企业有较好的生产效率和较低的生产成本，而低毛利率可能表明企业面临激烈的市场竞争或生产成本上升。

2. 净利润率

净利润率是企业盈利能力的核心指标，它反映了企业在扣除所有费用和税收后实现的利润占总收入的比例。

净利润率 = 净利润 / 销售收入

较高的净利润率意味着企业在运营过程中更有效地控制了费用，实现了更高的盈利水平。

3. 营业利润率

营业利润率是衡量企业经营活动利润能力的指标，它考虑了与销售活动无关的费用，如管理费用和销售费用。

营业利润率 = 营业利润 / 销售收入

较高的营业利润率表示企业的经营活动相对较为盈利。

（三）偿债能力比率

1. 流动比率

流动比率是评估企业短期偿债能力的关键指标，它衡量了企业当前资产与当前负债之间的关系。

流动比率 = 流动资产 / 流动负债

流动比率大于 1 表示企业有足够的流动资产来偿还其流动负债，较高的流动比率通常被视为偿债能力较强。

2. 速动比率

速动比率是一种更严格的流动比率，排除了存货等相对不容易变现的资产，更加关注企业在短期内偿还负债的能力。

速动比率 =（流动资产—存货）/ 流动负债

速动比率的提高通常被视为企业偿债能力的提高。

3. 负债比率

负债比率衡量了企业负债占总资产的比例，是评估企业长期偿债能力的重要指标。

负债比率 = 总负债 / 总资产

较低的负债比率通常表示企业在长期偿债方面的风险较低。

（四）流动性比率

1. 现金比率

现金比率衡量了企业可用现金与当前负债之间的关系，反映了企业在没有销售存货的情况下偿还其短期债务的能力。

现金比率 = 现金及现金等价物 / 流动负债

较高的现金比率意味着企业更容易应对突发的流动性需求。

2. 非流动比率

非流动比率是衡量企业在没有销售存货的情况下偿还其总负债能力的指标。

非流动比率 = （流动资产－流动负债） / 总负债

较高的非流动比率表示企业有足够的非流动资产来支持其长期债务。

（五）活动效益比率

1. 库存周转率

库存周转率反映了企业在一定时期内销售和再购买存货的频率，是评估企业存货管理效益的重要指标。

库存周转率 = 销售成本 / 平均存货

较高的库存周转率通常表示企业能够迅速将存货转化为销售收入，提高了资金的周转效率。

2. 应收账款周转率

应收账款周转率反映了企业在一定时期内收取客户账款的频率，帮助评估企业的信用政策和资金回笼效率。

应收账款周转率 = 营业收入 / 平均应收账款

较高的应收账款周转率通常表示企业能够迅速收回应收账款，减少了资金占用的时间。

3. 总资产周转率

总资产周转率衡量了企业在一定时期内通过利用总资产实现销售的效率。

总资产周转率 = 营业收入 / 平均总资产

较高的总资产周转率表示企业能够更有效地利用其资产，获得更多的销售收入。

（六）盈利质量比率

1. 息税前利润率

息税前利润率是衡量企业在扣除利息和税收前的纯利润占销售收入的比例。

息税前利润率 = 息税前利润 / 销售收入

较高的息税前利润率通常表示企业在纯经营层面有较高的盈利水平。

2. 税后净利润率

税后净利润率是衡量企业在扣除所有费用和税收后实现的纯利润占销售收入的比例。

税后净利润率 = 净利润 / 销售收入

较高的税后净利润率表示企业在考虑了所有费用和税收后依然能够保持较高的盈利水平。

（七）现金流量比率

1. 现金流量利润率

现金流量利润率是衡量企业净利润与经营活动产生的现金流量之间关系的比率。

现金流量利润率 = 经营活动产生的现金流量净额 / 净利润

较高的现金流量利润率表示企业的净利润更容易转化为现金流入。

2. 现金再投资比率

现金再投资比率是衡量企业将现金用于再投资的比例。

现金再投资比率 = 现金流入的再投资 / 经营活动产生的现金流量净额

较高的现金再投资比率可能表明企业具有更多的投资机会和增长潜力。

（八）应用场景与注意事项

1. 应用场景

投资决策：投资者可以通过比率分析来评估企业的财务状况和运营绩效，从而做出更明智的投资决策。

债券评级：债券投资者可以使用偿债能力和盈利质量比率来评估企业是否能够按时偿还债务。

经营管理：管理层可以通过比率分析来发现业务中的潜在问题，并制定相应的改进措施。

财务规划：比率分析可以为企业的财务规划提供重要的参考，帮助制定合理的预算和目标。

2. 注意事项

行业比较：比率分析应考虑行业特性，不同行业的标准和业务模式可能导致不同的比率水平。

季节性影响：一些企业可能受到季节性影响，需要考虑这些因素对比率的影响。

会计政策：不同企业可能采用不同的会计政策，进行比率分析时需要注意这些差异。

未来预测：比率分析是对过去财务状况的评估，未必能准确预测未来。

比率分析在财务报表中的应用是深入了解企业财务状况和运营绩效的关键工具。通过利用各种比率指标，利益相关者可以更全面地评估企业的盈利能力、偿债能力、流动性和活动效益等方面的表现。然而，对比率分析的应用需要谨慎，需要考虑多方面的因素，并与行业标准和竞争对手进行比较，以获取更准确的信息。比率分析不仅能够帮助企业管理者优化经营决策，还能指导投资者更明智地配置资产，为市场参与者提供更全面的企业洞察。

第三节　资本结构与财务杠杆

一、资本结构的构成要素

（一）概述

资本结构是企业通过融资活动筹集和利用资金的方式，包括所有者权益和负债的组合。它直接关系到企业的财务稳定性、偿债能力和盈利能力。了解资本结构的构成要素对企业决策者、投资者和其他利益相关者具有重要意义。本书将深入探讨资本结构的构成要素，包括所有者权益和负债的各种形式，以及它们在企业财务中的作用和影响。

（二）资本结构的基本概念

资本结构是指企业通过长期融资活动所筹集的资金，主要包括两个组成部分：所有者权益（股东权益）和负债。所有者权益是企业所有者对企业资产的权益，它包括股东的权益和留存利润。负债是企业对外融资所产生的债务，它包括长期负债和短期负债。

资本结构的构成要素不仅体现在资产负债表中，还反映在企业的资本决策和财务运营中。合理的资本结构能够为企业提供足够的资金支持，平衡风险和回报，从而使企业实现可持续经营和发展。

（三）所有者权益的构成要素

1. 股本

股本是公司股东投入的实际资金，是公司从股东处筹集的权益资本。股本通常包括普通股和优先股两类。

普通股：普通股是公司最基本的股票形式，它赋予股东投票权和分红权。普通股的股东在公司的经营决策中有投票权，但在分红方面通常排在优先股之后。

优先股：优先股在分红方面享有优先权，即在公司获利时，优先股股东有权先于普通股股东分配红利，但通常优先股在公司治理方面的投票权较弱。

2. 资本公积

资本公积是公司在发行股票或其他权益工具时，超过其面值或账面价值而形成的资本溢价部分。资本公积是股东权益的一部分，但不属于股本。

资本公积的形成可能是由股票发行溢价、资产重估等引起的。资本公积可以用于弥补公司亏损、进行资本公积转增股本等。

3. 盈余公积

盈余公积是公司留存利润形成的资本部分，是公司未分配利润的积累。它是股东权益的一部分，但不同于资本公积和股本。

盈余公积可以通过留存盈余形成，也可以通过利润分配中的盈余转增股本形成。

4. 未分配利润

未分配利润是公司在过去盈利中未分配给股东的部分。这是公司留存在经营活动中的一部分盈余，也是股东权益的一部分。

未分配利润通常用于企业自留盈余、再投资、分红等。它反映了公司在经营活动中保留盈余的能力和决策。

（四）负债的构成要素

1. 短期负债

应付账款：应付账款是企业未支付的商品和服务的账单，是短期负债的一种。它反映了企业尚未支付的经营性应付款项。

短期借款：短期借款是企业借入的短期资金，通常用于应对短期资金需求。这可能包括银行短期贷款、商业票据等。

应付票据：应付票据是企业签署并承认的应付账款的一种形式，通常是企业以票据形式答应支付的短期负债。

2. 长期负债

长期借款：长期借款是企业借入的长期资金，通常用于长期投资项目，如购置固定资产。长期借款通常有较长的还款期限。

债券：债券是企业通过发行债券筹集资金的一种方式。持有债券的投资者成为公司的债权人，公司必须按照协议支付债券的利息和本金。

长期应付款：长期应付款包括公司承诺在未来一段时间内支付的长期负债。这可能包括长期合同下的未支付账款等。

（五）影响资本结构的因素

1. 经济状况

经济状况是影响企业资本结构的重要因素之一。在经济蓬勃发展时，企业可能更倾向于通过股权融资扩大规模，因为股票市场活跃，投资者对股票的需求较大。而在经济不景气时，企业可能更倾向于通过债务融资，因为债务融资相对稳定且利息支出是税前成本。

2. 行业特性

不同行业的特性也会影响企业选择的资本结构。比如，高技术行业可能更侧重于进行股权融资，因为这种行业通常需要大量资金用于研发和创新，而相对稳定的行业，如公用事业公司，可能更倾向于使用债务融资。

3. 公司规模

公司规模对资本结构的选择有一定影响。大型企业可能更容易通过股权融资获得大量资金，而小型企业可能更倾向于使用债务融资，因为它相对更容易获得。

4. 盈利水平

企业的盈利水平也会影响资本结构的选择。盈利较高的企业可能更容易通过股权融资，因为投资者更愿意投资盈利稳定的企业。盈利较低的企业可能更侧重于进行债务融资，因为它可以通过利息支出减少税前利润。

5. 税收政策

税收政策对企业的资本结构选择有直接影响。债务利息支出通常可以在税前扣除，因此企业可能更愿意进行债务融资以减少税负。相反，股权融资的成本无法在税前扣除。

（六）资本结构的影响

1. 财务风险

资本结构的选择直接关系到企业的财务风险。债务融资增加了企业的财务杠杆，虽然可以提高投资回报率，但也使企业承担了更高的财务风险。一旦企业无法按时偿还债务，可能导致财务困境。

2. 成本

股权融资和债务融资各自都有其成本。股权融资会削弱股东权益，而债务融资则需要支付利息。企业在选择资本结构时需要权衡这些成本，以最大限度地降低融资成本。

3. 管理控制权

股权融资会导致公司股权的分散，可能影响企业的管理控制权。债务融资则不会涉及管理层的变化。因此，企业在选择资本结构时也需要考虑管理控制权问题。

（七）资本结构的优化

1. 杠杆比率

杠杆比率是衡量企业财务杠杆水平的指标，通过优化杠杆比率，企业可以调整债务和股权的比例，以达到最佳的资本结构。

2. 利润留存与分红政策

企业可以通过优化利润留存与分红政策来调整资本结构。增加留存利润可以增加所有者权益，减少对外部融资的依赖；而通过合理的分红政策，可以回报股东，维持股东信心，同时调整股权结构。

3. 多元化融资渠道

企业可以考虑多元化的融资渠道，包括银行贷款、债券发行、股权融资等。通过灵活运用不同的融资工具，企业可以更好地满足不同的融资需求，降低融资成本，减轻财务风险。

4. 定期评估与调整

企业应该定期评估其资本结构，并根据市场条件、行业发展和自身经营状况进行调整。随着时间的推移，企业的资本需求、盈利水平和市场环境都可能发生变化，及时调整资本结构有助于保持财务的灵活性和稳健性。

5. 风险管理

在优化资本结构时，企业需要充分考虑风险管理因素。通过分散融资渠道、控制负债水平、合理规划偿债计划等方式，可以有效降低财务风险。对宏观经济、行业竞争、汇率等风险因素的监测和应对也是资本结构优化措施的一部分。

（八）注意事项与挑战

1. 市场环境变化

资本市场的波动和变化可能对企业的资本结构产生影响。在市场环境不确定的情况下，企业需要谨慎评估融资计划，防范可能的风险。

2. 利息率变动

利息率的变动对企业的债务成本有直接影响。企业在进行债务融资时需要考虑利息率的波动，并制定相应的风险管理策略。

3. 法规和税收政策

法规和税收政策的变化可能对企业的融资行为与资本结构选择产生影响。企业需要及时了解并适应相关法规和政策的调整，以避免潜在的风险。

4. 企业特性

每个企业都有其特性和经营环境，因此并不存在适用于所有企业的通用资本结构。企业在优化资本结构时需要考虑自身的特点，制定符合实际情况的策略。

资本结构是企业财务管理中至关重要的一部分，直接关系到企业的财务稳定性、风险管理和投资者关系。了解资本结构的构成要素以及影响因素，有助于企业制订科学合理的融资计划，提高财务灵活性和抗风险能力。通过定期的资本结构评估与调整，企业可以更好地适应市场环境的变化，实现可持续经营和发展。在资本结构优化过程中，企业需要谨慎权衡各种因素，制定全面有效的策略，以实现财务目标并使股东权益最大化。

二、财务杠杆的类型与影响因素

（一）概述

财务杠杆是企业通过债务融资来增加投资回报率的一种财务策略。它可以通过提高资本结构中的负债比例，实现资本的最优配置，从而影响企业的盈利水平和风险水平。本书将深入探讨财务杠杆的不同类型，包括操作杠杆和财务杠杆，以及影响财务杠杆的因素。

（二）财务杠杆的基本概念

财务杠杆是指企业通过债务融资来影响其盈利能力和资本结构的一种财务手段。它主要包括两个方面的内容：操作杠杆和财务杠杆。

操作杠杆：操作杠杆是指企业通过提高销售收入和降低成本来影响利润水平的一种手段。操作杠杆可以通过提高生产效率、优化成本结构等方式实现，从而提高企业的盈利水平。

财务杠杆：财务杠杆是指企业通过债务融资来影响其盈利能力和股东权益回报率的一种手段。财务杠杆可以通过增加债务比例，利用债务资金进行投资，从而放大企业的盈利和回报。

（三）财务杠杆的类型

1. 操作杠杆

操作杠杆是指企业通过改变其生产和运营活动，以影响销售收入和成本结构，从而实现盈利水平的变化。操作杠杆主要包括以下几个方面：

规模杠杆：规模杠杆是指企业通过规模扩大，实现生产效率提高和成本分摊，从而降低平均成本，提高盈利水平。

经验杠杆：经验杠杆是指企业通过积累经验和技术进步，提高生产效率和质量水平，从而降低生产成本，提高盈利水平。

市场杠杆：市场杠杆是指企业通过市场营销和品牌建设，提高产品销售价格和市场份额，从而增加销售收入，提高盈利水平。

2. 财务杠杆

财务杠杆是指企业通过债务融资，改变其资本结构，以实现资本的最优配置，从而影响盈利水平和股东权益回报率。财务杠杆主要包括以下几个方面：

操作财务杠杆：操作财务杠杆是指企业通过债务融资来进行运营，包括购买资产、支付工资等。通过操作财务杠杆，企业可以放大运营活动的盈利，从而提高股东权益回报率。

投资财务杠杆：投资财务杠杆是指企业通过债务融资来进行投资活动，包括扩大生产、收购其他公司等。通过投资财务杠杆，企业可以放大投资活动的盈利，从而提高股东权益回报率。

融资财务杠杆：融资财务杠杆是指企业通过债务融资来支付利息，利用债务资金进行融资活动。通过融资财务杠杆，企业可以放大融资活动的盈利，从而提高股东权益回报率。

（四）影响财务杠杆的因素

1. 利率水平

利率水平是影响财务杠杆效应的关键因素之一。在利率较低的情况下，企业通过债务融资的成本相对较低，财务杠杆效应更为显著。然而，在利率上升的情况下，债务融资的成本会增加，可能削弱财务杠杆的效应。

2. 市场条件

市场条件的变化也会对财务杠杆产生影响。在金融市场繁荣的时期，企业更容易获得低成本的债务融资，财务杠杆效应较强。而在金融市场不景气或紧缩的时期，债务融资难度和成本可能增加，财务杠杆效应减弱。

3. 行业特性

不同行业因不同特性对于财务杠杆的影响也会产生差异。一些行业，如科技和生物技术，通常需要大量的研发和创新投资，因此对于这些行业来说，财务杠杆效应可能相对较弱。相反，一些传统行业，如制造业，可能更容易通过债务融资实现资本结构的优化。

4. 公司规模

公司规模的大小也是一个重要的影响因素。较大规模的公司通常更容易获得较低成本的债务融资，因为它们具有更好的信用评级和更多的谈判筹码。因此，较大规模的公司通常具有更强的财务杠杆效应。

5. 公司信用评级

公司的信用评级直接关系到其债务融资的成本和可获得的融资额度。高信用评级的公司通常可以以较低的利率获得债务融资，而低信用评级的公司可能需要支付较高的债务成本。因此，公司的信用评级会直接影响其财务杠杆效应的强弱。

6. 公司盈利水平

公司盈利水平是影响财务杠杆效应的核心因素之一。在盈利水平较高的情况下，企业通过债务融资所支付的利息相对较低，财务杠杆效应更为显著。但是，如果企业盈利水平较低，财务杠杆效应可能受到限制，因为支付高额利息可能加重企业的财务负担。

（五）财务杠杆的影响

1. 盈利水平

财务杠杆对盈利水平的影响是显著的。通过债务融资，企业可以在资本结构中引入财务杠杆，从而放大其盈利。当企业的盈利水平较高时，财务杠杆效应可以加速提高股东权益回报率。然而，如果企业的盈利水平下降，财务杠杆就可能导致支付高额利息，增加财务压力。

2. 股东权益回报率

财务杠杆的主要目标之一是提高股东权益回报率。通过债务融资进行投资和运营活动，企业可以实现盈利的放大效应，从而增加股东权益回报率。然而，财务杠杆也带有风险，因为高额的负债可能增加企业的财务风险。

3. 财务风险

财务杠杆的增加会导致企业的财务风险水平上升。财务风险主要体现为偿债能力的下降和支付高额利息的压力。当企业面临经济衰退、市场波动或利率上升等不利因素时，财务风险可能对企业造成重大影响。

4. 稳定性

财务杠杆对企业稳定性的影响是双重的。一方面，财务杠杆可以加速提高盈利水平，增加企业的稳定性。另一方面，高额的负债可能使企业更容易受到外部冲击的影响，降低其稳定性。因此，在运用财务杠杆时，企业需要谨慎平衡稳定性和盈利的关系。

（六）财务杠杆的优化策略

1. 合理控制负债水平

为了降低财务风险，企业在运用财务杠杆时应合理控制负债水平。确保债务水平在可承受范围内，避免过度依赖债务融资。企业可以通过审慎评估自身的还款能力、选择合适的债务类型和期限，以及灵活运用财务工具来控制负债水平。

2. 多元化融资渠道

多元化融资渠道是优化财务杠杆的有效策略之一。企业不仅可以依赖银行贷款和债券发行，还可以考虑其他融资方式，如股权融资、合作伙伴关系等。通过多元化的融资渠道，企业可以降低对单一融资来源的依赖，降低财务风险的传播速度。

3. 善用权益融资

权益融资是指通过发行股票等方式，从股东处融资。在运用财务杠杆时，企业可以考虑合理引入权益融资，以平衡资本结构。相比债务融资，权益融资不需要支付利息，降低了财务风险，同时也减轻了企业的财务负担。

4.做好财务规划和风险管理

企业在运用财务杠杆时，需要做好财务规划和风险管理工作。这包括建立有效的财务模型，评估不同融资方案的风险和回报，制订合理的还款计划，以及建立应对不同风险情景的预案。通过做好财务规划和风险管理，企业可以更好地应对外部环境的不确定性，保障财务稳健性。

5.定期评估与调整

财务杠杆并非一成不变，企业需要定期评估其财务杠杆水平，并根据市场条件、经营状况等因素进行调整。通过定期的资本结构评估，企业可以及时发现问题，调整融资计划，保持财务灵活性和适应性。

三、资本结构与企业价值关系

（一）概述

资本结构是指企业通过权益和负债的组合来对其运营与投资活动进行融资的方式。资本结构的选择对企业的经营和财务状况具有深远的影响，与企业的价值创造密切相关。本书将深入探讨资本结构与企业价值之间的关系，分析资本结构的影响因素、优化策略。

（二）资本结构与企业价值的理论基础

1.资本结构的定义

资本结构是企业通过内部和外部融资手段，以权益和债务的比例组合构成的财务结构。权益包括普通股和优先股，债务包括短期和长期债务。企业的资本结构直接影响其财务状况、盈利能力以及对外投资和融资的灵活性。

2.企业价值的构成

企业价值是指企业所创造的经济和财务价值，反映在企业的市值、股东权益和利润等方面。企业价值的构成包括实物资产、无形资产、品牌价值、人力资本等，其中资本结构作为财务结构的重要组成部分，对企业价值的影响不可忽视。

3.MM 定理

莫迪格里亚尼（Modigliani）和米勒（Miller）在 20 世纪 50 年代提出了著名的 MM 定理，其核心观点是在没有税收和信息不对称的情况下，企业的价值与其资本结构无关。这一理论表明,在完美的市场条件下,投资者能够根据自己的风险偏好调整权益和债务的组合,从而在不改变企业总体价值的情况下实现投资组合的优化。

4. 税收影响

尽管 MM 定理在没有税收的条件下成立,但在实际情况中,税收是一个不可忽视的因素。债务融资的利息支出在税前可减免,因此债务融资能够降低企业的税负,提高净利润。这使债务融资在一定程度上对企业价值产生了积极影响。

(三)资本结构与企业价值的影响因素

1. 财务杠杆效应

财务杠杆效应是指企业通过债务融资,借助杠杆放大其盈利能力。债务融资的成本通常低于权益融资的成本,因此通过适度的财务杠杆,企业可以实现净利润的增加。然而,财务杠杆效应也带来了财务风险,企业需要权衡杠杆的利弊以实现最大化价值。

2. 成本资本

成本资本是企业各类资本(权益和债务)的加权平均成本。成本资本是企业投资项目的最低要求报酬率,低于这个水平的项目可能无法创造价值。资本结构的不同组合将影响成本资本的高低,从而对企业的投资决策和价值创造产生影响。

3. 现金流量

企业的资本结构会影响其现金流量状况。债务融资可能导致更高的利息支付,对企业的现金流量构成一定的压力。因此,在选择资本结构时,企业需要充分考虑其未来的现金流量情况,确保有足够的现金储备来应对偿债和经营状况。

4. 行业特性

不同行业的特性也会对资本结构的选择产生影响。一些行业可能更适合采用较低比例的债务融资,因为它们的现金流相对稳定,有能力更轻松地承担债务。相反,一些高风险行业会更谨慎地选择较低比例的债务,以降低财务风险。

5. 市场条件

市场条件的变化也会直接影响企业选择的资本结构。在金融市场良好的时期，企业更容易获得低成本的债务融资，因此可能更倾向于使用债务。在市场不景气或财政紧缩时，企业可能更依赖权益融资，以降低财务风险。

6. 公司规模

公司规模的大小也是影响资本结构选择的因素之一。通常来说，较大规模的公司可以更容易地获得低成本的债务融资，因为它们在市场上拥有更强的信用和谈判力。小型企业可能更依赖权益融资，因为它们的债务融资成本相对较高。

（四）资本结构优化策略

1. 权衡财务杠杆

企业在选择资本结构时需要权衡财务杠杆的优势和风险。适度的财务杠杆可以放大企业盈利，提高股东权益回报率，但过度的财务杠杆可能增加偿债风险。因此，企业需要在杠杆和风险之间寻找平衡，选择适合自身经营状况和行业特性的资本结构。

2. 考虑税收影响

在考虑资本结构时，企业需要充分考虑税收因素。债务融资的利息支出通常可以在税前扣除，降低了企业的税负。因此，企业可以通过适度的债务融资来减轻税收压力，提高净利润，从而对企业价值产生积极影响。

3. 灵活应对市场变化

市场条件的变化会影响债务和权益融资的成本与可获得性。因此，企业需要灵活应对市场的变化，根据市场状况调整资本结构。在市场良好时，适度增加债务比例可能是一种优化资本结构的策略；而在市场不景气时，通过增加权益融资比例来降低财务风险可能更为合适。

4. 定期进行资本结构评估

企业应定期进行资本结构的评估，以确保其仍然符合当前市场条件和经营状况。随着时间的推移，公司的规模、行业竞争、经济环境等因素都可能发生变化，因此定期评估有助于企业及时调整资本结构，以保持财务的灵活性和竞争力。

第四节　现金流量管理

一、现金流量表的编制与解读

（一）概述

现金流量表是企业财务报表中的重要组成部分，用于展示企业在一定时期内现金和现金等价物的流入与流出情况。它为利益相关方提供了深入了解企业现金管理和经营活动的参考。本书将深入讨论现金流量表的编制过程、分析方法及其对企业的重要意义。

（二）现金流量表的编制

1. 现金流量表的基本结构

现金流量表通常分为三大部分：经营活动现金流量、投资活动现金流量和筹资活动现金流量。这三个部分反映了企业现金的三个主要来源，分别是经营业务、投资和融资。

经营活动现金流量：主要包括与企业主营业务相关的现金收支，如销售商品、提供劳务所收到的现金，供应商、职工薪酬等的现金支出。

投资活动现金流量：反映了企业在资产和项目上的现金收支情况，包括购置和出售长期资产、投资以及取得与处置子公司等活动。

筹资活动现金流量：主要记录企业通过债务和股权融资获取的现金，以及还债和向股东分配利润的现金支付。

2. 现金流量表的编制方法

编制现金流量表的过程涉及对企业财务数据的收集和整理。以下是编制现金流量表的一般步骤：

①收集财务信息

首先，需要收集企业的财务信息，包括资产负债表和利润表。这些信息将作为编制现金流量表的基础数据。

②调整非现金项目

对于利润表中的非现金项目，如折旧、摊销、递延税等，需要进行调整，将其排除，以确保现金流量表反映的是实际的现金收支情况。

③分类编制

将企业的现金流量按照经营活动、投资活动和筹资活动分类，确保清晰地展示现金的来源和运用情况。

④计算期初和期末现金余额

通过计算期初和期末的现金余额，可以得到企业在一定时期内的净现金增加或减少情况。

⑤编制现金流量表

根据以上步骤，编制具体的现金流量表，确保数额的准确性及其被清晰地呈现出来。

（三）现金流量表的解读

1. 经营活动现金流量

经营活动现金流量反映了企业的核心运营情况。正的经营活动现金流量表明企业的经营活动为现金的净来源，表明企业在正常经营中有盈余。负的经营活动现金流量则表示企业在经营活动中产生了现金的支出，可能需要关注经营效益。

2. 投资活动现金流量

投资活动现金流量主要反映了企业在资本项目上的现金收支情况。正的投资活动现金流量表明企业进行了投资，可能是在新项目、设备或其他资本开支上进行了投入。负的投资活动现金流量可能表示企业在卖出资产或处置投资，或者支付了相关的投资费用。

3. 筹资活动现金流量

筹资活动现金流量是企业融资活动的反映。正的筹资活动现金流量表明企业通过债务或股权融资获得了现金，而负的表明企业进行了债务偿还或股利支付等筹资活动。

4. 期初和期末现金余额

现金流量表中的期初和期末现金余额可以用来评估企业在一定时期内的现金变化情况。如果期末现金余额高于期初，说明企业在该时期内产生了正的现金流入，反之则产生了负的现金流入。这可以帮助利益相关方更好地了解企业现金的流动状况。

（四）现金流量表的重要意义

1. 评估企业偿债能力

现金流量表提供了企业在一定时期内的现金收支情况，可以帮助评估企业的偿债能力。通过分析经营活动现金流量，可以了解企业是否能够通过自身经营活动获得足够的现金来偿还债务。

2. 支持投资决策

投资者和管理层可以利用现金流量表来支持投资决策。通过分析投资活动现金流量，可以了解企业是否在新项目或资本支出上进行了投资。这有助于投资者判断企业的未来增长潜力。

3. 监控企业经营状况

经营活动现金流量是监控企业经营状况的重要指标。正的经营活动现金流量表明企业的主营业务为现金的净来源，反之则可能需要关注经营效益是否达到预期水平。

4. 评估企业融资活动

筹资活动现金流量表明了企业的融资活动。投资者和管理层可以通过分析筹资活动现金流量了解企业是否通过债务或股权融资获得了足够的资金来支持经营活动和投资项目。

5. 辅助财务规划

现金流量表为企业的财务规划提供了参考。管理层可以根据现金流量表的分析，制定合理的财务策略，确保有足够的现金储备来支持企业的运营和发展。

（五）现金流量表的局限性

尽管现金流量表在提供财务信息方面具有重要作用，但它也存在一些局限性：

1. 未考虑时点的价值

现金流量表未考虑现金的时点价值。同样金额的现金在不同时间点的价值可能不同，这在现金流量表中没有被充分反映。

2. 不能全面反映盈利能力

现金流量表主要关注现金的收支，而忽略了盈利能力。一家企业的现金流量表可能在短期内表现良好，但在盈利能力方面可能并不理想。

3.无法揭示非现金交易

现金流量表无法揭示一些非现金交易，如债务摊销、资产减值等，这可能影响对企业真实财务状况的了解。

现金流量表作为企业财务报表的重要组成部分，对利益相关方全面了解企业现金管理和经营状况至关重要。通过合理的编制和深入的解读，现金流量表可以为投资者、管理层等利益相关方提供重要的决策支持。然而，利益相关方也应当注意现金流量表的局限性，结合其他财务报表和非财务指标，全面评估企业的经济状况。

二、现金流量管理策略

（一）概述

现金流量是企业生存和发展的重要支持。有效的现金流量管理策略不仅可以确保企业有足够的现金储备应对紧急情况，还有助于优化财务结构、提高运营效率，从而实现长期可持续发展。本书将深入探讨现金流量管理的重要性，介绍常见的现金流量管理策略，并提供实际操作建议。

（二）现金流量管理的重要性

1.维持正常经营

良好的现金流量管理是维持企业正常经营所必需的。无论企业规模大小，都需要确保有足够的现金储备用于日常运营支出，包括供应商款项、员工工资、租金等。

2.应对紧急情况

合理的现金流量管理策略可以使企业更好地应对紧急情况，如市场波动、自然灾害、突发事件等。在这些情况下，现金流量充足的企业更有能力应对突发状况，确保业务的正常运营。

3.优化财务结构

通过合理的现金流量管理，企业可以优化其财务结构。避免过度依赖短期债务或长期负债，通过合理的资本结构调整，降低融资成本，提高企业整体财务效益。

4. 提高投资者信心

企业通过有效的现金流量管理表现出发展的可持续性和稳健性，从而增加投资者和利益相关方的信心。良好的现金流量状况为企业赢得投资者的信任，有助于吸引更多的投资。

（三）常见的现金流量管理策略

1. 制定详细的预算与计划

制定详细的预算与计划是实施现金流量管理的首要步骤。企业需要对未来的营收、支出、投资和融资进行合理估算，确保在业务运营中有足够的现金储备。

销售预测：准确的销售预测可以帮助企业合理安排生产和库存，防止过多的资金被用在存货中，同时确保有足够的产品满足市场需求。

费用控制：精细化的费用控制有助于降低运营成本，释放更多现金用于其他方面。企业可以通过审查各项支出，寻找节省空间，并优化成本结构。

2. 优化存货管理

存货是企业运营中占用大量资金的重要组成部分。通过优化存货管理，企业可以减少库存占用的资金，提高资金周转率。

精细化库存控制：避免过多的库存积压，通过合理的订单和补货策略，确保库存水平与实际需求相匹配。

供应链管理：与供应商建立紧密的合作关系，确保供应链畅通。通过谈判和供应链协作，争取更有利的采购条件。

3. 优化应收账款管理

有效的应收账款管理有助于提高现金回收速度，减少坏账风险。企业可以采取以下措施：

制定合理的信用政策：根据客户信用状况和历史付款记录，制定合理的信用政策，避免不必要的信用风险。

提高收款效率：通过提供多样化的支付方式、设置早期付款优惠等，鼓励客户尽早付款。

4. 精细化负债管理

在负债管理方面，企业可以通过以下手段来提高负债的灵活性，减少融资成本：①优化债务结构：审查企业的债务结构，考虑长期和短期债务的比例。②合理安排偿还期限，确保企业有足够的时间来应对债务到期状况。

谨慎选择融资方式：在选择融资方式时，企业需要综合考虑债务和股权的成本、风险和灵活性。根据不同阶段和项目的需求，灵活选择最适合的融资方式。

取得有利的融资条件：与金融机构保持良好的合作关系，通过谈判争取有利的融资条件，包括利率、还款期限等方面的优惠。

5. 增加多元化的收入来源

多元化的收入来源有助于降低企业对特定客户或市场的依赖，减缓经济波动对企业的冲击。通过开发新产品、拓展市场、进行跨行业合作等方式，增加企业的业务多元性。

6. 高效资本支出管理

资本支出对现金流量有直接的影响，因此高效的资本支出管理是现金流量管理的重要一环。

严格的资本预算：在进行新项目投资时，通过建立严格的资本预算，评估投资回报率，确保每项资本支出都能为企业带来实质性的价值。

考虑租赁和外包：对于某些设备和服务，企业可以考虑租赁或外包，以减少大额资本支出，提高灵活性。

7. 制订应急计划

尽管精心制订的计划和预测可以提高现金流量管理的准确性，但企业也需要制订应急计划，以应对外部环境的突发情况。应急计划可以包括：

紧急融资计划：在突发情况下，制订快速、有效的融资计划，以确保企业有足够的资金来渡过难关。

紧急成本削减计划：在收入下降或支出增加的情况下，制订紧急成本削减计划，确保企业的现金流量状况稳健。

（四）现金流量管理的实际操作建议

1. 使用现代财务工具

现代财务工具和技术可以大大简化现金流量管理的流程。使用财务软件、支付平台和电子结算系统等工具，可以提高数据的准确性，降低出错概率。

2. 建立紧密的内外部沟通机制

良好的内外部沟通机制有助于及时了解企业的财务状况和未来计划。内部各部门需要紧密协作，确保信息的畅通流动。同时，与供应商、客户、金融机构等外部合作伙伴建立紧密的合作关系，共同应对市场变化。

3. 不断优化流程

定期审查和优化现金流量管理流程是保持管理策略有效性的关键。通过分析现有流程，寻找优化点，提高效率，减少不必要的环节，确保流程的适应性和灵活性。

4. 培训和提升员工能力

现金流量管理需要全员参与，因此对员工进行相关培训是至关重要的。员工应该具备对现金流量管理的基本认知，能够在各自的工作中贡献力量，帮助企业维持良好的现金流量状况。

5. 定期进行风险评估

定期进行风险评估有助于发现潜在的财务风险，及时采取措施加以应对。企业可以建立定期的风险评估机制，识别和管理市场、信用、操作等方面的潜在风险。

现金流量管理是企业财务管理中不可忽视的关键环节。通过制定合理的现金流量管理策略，企业能够更好地维持正常经营、应对紧急情况、优化财务结构、提高投资者信心。在实际操作中，制定紧密的预算与计划、优化存货管理、高效资本支出管理等策略都是企业实现良好现金流量管理的关键步骤。此外，采用现代财务工具、建立良好的内外部沟通机制、不断优化流程、培训员工和提升其能力，以及定期进行风险评估，都能够进一步增强企业对现金流量的有效管理。

三、现金流量与企业生存发展的关系

（一）概述

现金流量是企业财务管理中至关重要的一个方面，直接关系到企业的生存和发展。它不仅是企业正常运营所需的重要环节，也是应对市场波动、处理应急情况的关键资源。本书将深入探讨现金流量与企业生存发展的关系，分析现金流量的重要作用及其在不同阶段的影响。

（二）现金流量对企业生存的重要性

1. 维持正常运营

现金流量是企业维持正常运营的基础。无论企业规模大小，都需要保持足够的现金流以用于日常运营支出，包括但不限于原材料采购、工资发放、租金支付等。正常的现金流量保障了企业的基本经营需求，是维持业务连续性的保障手段。

2. 应对市场波动

市场环境的不确定性和波动性使企业需要具备应对各种挑战的能力。在市场波动的情况下，企业可能会面临销售下降、资金紧张等问题，而有充足的现金流量可以帮助企业渡过难关，使企业保持相对稳定的经营状况。

3. 应对紧急情况

紧急情况，如自然灾害、突发事件等，可能对企业产生严重影响。在这些情况下，企业需要有足够的现金储备应对突发状况，确保生产能够继续，员工能够得到妥善安排，从而维护企业的生存。

4. 提高业务灵活性

充足的现金流量可以提高企业的业务灵活性。在市场变化迅速的情况下，企业可以更灵活地调整战略，抓住机遇，迅速应对挑战。相比之下，缺乏现金流量可能会使企业在市场变动中显得较为被动。

（三）现金流量在不同阶段的作用

1. 初创阶段

企业在初创阶段，现金流量的作用至关重要。初创企业通常会面临起步资金不足、市场认知度不高等问题，而这些问题都需要通过有效的现金管理来解决。有足够的现金流量可以支持企业的初始投资、市场推广、人员招聘等活动，提高企业在市场中的竞争力。

同时，初创企业可能面临销售收入不稳定的情况，需要有足够的现金流储备来应对潜在的经营风险。因此，建立合理的财务规划和现金流预测对于初创企业尤为重要。

2. 成长阶段

企业进入成长阶段，业务规模逐渐扩大，市场份额逐步提升。在这个阶段，对现金流量的管理需要更加精细化。成长企业可能需要投资新的市场、扩大生产能力、进行产品研发等，这些都需要大量的资金支持。

良好的现金流量管理不仅要确保有足够的流动性资金支持企业的扩张计划，还需要防范潜在的财务风险，确保企业能够应对市场变化。同时，成长阶段的企业也需要更灵活的融资手段，如债务融资、股权融资等，以支持企业更大规模的发展。

3. 成熟阶段

企业进入成熟阶段，已经拥有了相对稳定的市场地位和客户基础。在这个阶段，现金流量管理更加强调稳健性和可持续性。

成熟企业通常会关注资本结构的优化，降低融资成本，提高资本效益。此时，企业需要考虑分红政策、股票回购等方式，通过合理的资本运作提高现金流的效益。同时，成熟企业还需要保持对新技术、新市场的敏感性，以确保企业持续创新和适应市场变化。

（四）现金流量管理的关键要素

1. 预测和计划

预测和计划是现金流量管理的基础。企业需要通过合理的财务规划，预测未来一段时间内的收入、支出和投资，以制订合理的现金流规划。精准的预测和计划可以帮助企业更好地调配资金，降低经营风险。

2. 存货管理

存货是直接影响现金流量的因素之一。过高的存货水平可能导致资金被用在库存中，影响资金周转率。因此，精细化的存货管理对现金流量的健康管理至关重要。企业可以通过优化供应链、制定科学的库存策略、采用先进的物流技术等手段，有效降低存货水平，提高资金的自由流动性。

3. 应收账款管理

应收账款的高额未收账款可能对企业造成负担，降低资金周转速度。因此，有效的应收账款管理成为确保现金流畅的关键。企业可以通过建立合理的信用政策、优化收款流程、采用先进的财务技术等手段，提高应收账款的回收效率。

4. 负债管理

合理的负债结构和管理对于维持健康的现金流量至关重要。企业需要平衡长期债务和短期债务，降低财务风险。谨慎选择融资方式、优化债务结构、确保还款计划的可执行性等措施有助于保持良好的负债管理水平。

5. 资本支出管理

资本支出是企业长期发展的重要组成部分，但不当的资本支出可能对现金流产生负面影响。因此，高效的资本支出管理是确保现金流量稳定的关键。企业需要建立严格的资本预算、审慎进行项目选择，确保每一项资本支出都有益于企业长远发展。

6. 多元化收入来源

过度依赖单一产品或服务可能使企业对市场波动更为敏感。通过多元化的收入来源，企业可以在不同领域分散风险，提高整体的抗风险能力。多元化经营有助于确保现金流的相对稳定性。

7. 风险管理

企业要保持健康的现金流量，需要做好风险管理工作。这包括对市场风险、信用风险、汇率风险等进行全面评估，并采取相应措施进行规避或应对。及时发现并妥善处理潜在风险，有助于减少对现金流的不利影响。

（五）现金流量管理的挑战与应对策略

1. 市场不确定性

市场的不确定性是企业面临的常见挑战之一。不同行业、不同市场在不同时间可能会出现波动，对企业的现金流造成影响。在面对市场不确定性时，企业可以通过建立弹性供应链、提高库存周转率、灵活调整生产计划等方式增强应对能力。

2. 财务压力

财务压力可能来自高额负债、高成本、低盈利等方面。企业需要通过谨慎的财务规划，优化财务结构，确保负债水平在可控范围内。同时，审慎进行资本支出决策，控制成本，提高盈利能力，从根本上缓解财务压力。

3. 供应链问题

供应链问题可能导致原材料短缺、生产中断，进而影响企业的现金流。为了应对供应链问题，企业可以建立紧密的供应商关系，多渠道采购，保持适度的库存水平，以及建立应急备货计划。

4.不良账款风险

企业在销售过程中可能面临客户付款问题，增加了坏账的风险。为了防范不良账款风险，企业需要建立健全的信用评估体系，与信誉良好的客户合作，采用先进的账款管理工具，及时追踪和催收欠款。

现金流量直接关系到企业的生存和发展，是企业经营管理中不可忽视的核心要素。在各个发展阶段，现金流量都发挥着重要的作用。在初创阶段，需要保证有足够的资金支持企业起步；在成长阶段，需要进行更加精细化的现金流量管理以支持扩张；在成熟阶段，则强调稳健性和可持续性。通过对预测和计划、存货管理、应收账款管理、负债管理、资本支出管理等关键要素的有效操作，企业能够更好地应对市场变化、降低经营风险，实现长期的可持续发展。同时，企业还需要面对市场不确定性、财务压力、供应链问题、不良账款风险等挑战，通过科学的应对策略确保现金流量的稳健性。

第二章　财务规划与预算管理

第一节　财务规划原理与流程

一、财务规划的基本概念

（一）概述

财务规划是企业管理中至关重要的一环，它涉及有效的资源配置、明晰的财务目标和可持续的经济发展。财务规划不仅是会计与财务部门的职责，还是企业领导层和管理团队共同参与的战略性活动。本书将深入探讨财务规划的基本概念、实践步骤及其在企业发展中的关键作用等。

（二）财务规划的基本概念

1.财务规划的定义

财务规划是指企业为实现其长期和短期财务目标而采取的系统性、计划性的活动。它包括了对财务资源的合理配置、对未来经济状况的合理预测以及对资金流动的有效管理。财务规划旨在确保企业在不同经济环境下都能够健康运营，并为企业可持续发展奠定基础。

2.财务规划的基本原则

财务规划的基本原则涉及财务的合理性、灵活性和可持续性。

合理性：财务规划需要建立在充分的信息基础上，考虑各种因素的综合影响，确保规划方案的科学性和合理性。

灵活性：由于外部环境的不断变化，财务规划需要具备一定的灵活性，能够随时调整以适应市场的变化。

可持续性：财务规划不仅是对当前财务状况的计划，还是对未来发展的预期，因此需要具备可持续性，以支持企业的长期发展。

3.财务规划的基本内容

财务规划的基本内容包括：

收入规划：包括企业预期的销售收入、其他经营收入以及可能的投资收益等，通过合理的定价、销售策略等手段实现最大化收入目标。

成本规划：涵盖企业运营中的各项成本，包括生产成本、人工成本、销售和行政成本等，旨在通过有效的成本管理提高企业的盈利水平。

资金规划：包括资金的筹集、运用、投资和融资计划，确保企业在经营过程中有足够的资金流动性，同时最大限度地实现资金的价值。

利润规划：通过对收入和成本的精细管理，使企业实现可持续的盈利，为企业提供必要的资金支持。

投资规划：包括企业对新项目、新产品、新市场的投资计划，通过科学的投资规划确保投资回报率最大化。

（三）财务规划的实施步骤

1.制定财务目标

财务目标是财务规划的出发点，它需要与企业的战略目标相一致。财务目标可以包括盈利目标、市场份额目标、资金回报率目标等。明确财务目标有助于指导后续的规划活动。

2.收集和分析信息

收集并分析各种相关信息是制订财务规划的基础。这包括市场信息、竞争对手信息、行业趋势、政策法规等。通过对外部环境和内部资源的全面了解，企业可以更准确地判断未来的经济状况。

3.制定财务战略

财务战略是财务规划的核心内容，需要根据企业的财务目标和市场环境确定合理的战略方向。财务战略可能涉及资金的筹集方式、投资方向、成本控制策略等。

4.编制财务预算

财务预算是财务规划的具体体现，它将财务目标和战略转化为具体的数字计划，包括收入预算、成本预算、资金预算等。通过财务预算，企业可以清晰地了解到未来一段时间内的财务状况，为后续的实际操作提供指导。

5. 制定应对措施

进行财务规划时，必须考虑到各种可能的风险和不确定性。因此，需要在进行财务规划时制定相应的应对措施。这包括制订灵活的调整计划、建立风险管理机制等，以确保企业在面对不确定性时能够迅速作出反应。

6. 定期监测和调整

财务规划是一个动态的过程，需要定期监测和调整。企业应该建立有效的监控体系，定期对财务规划的执行情况进行评估。如果存在偏差或者外部环境发生了变化，企业需要及时调整财务规划，确保其仍然符合实际情况和目标。

7. 制定财务政策

实施财务规划需要制定相应的财务政策，明确一系列的财务管理制度和流程。财务政策可能包括资金管理政策、成本控制政策、财务报告政策等，这有助于规范企业的财务活动，提高财务管理的效率和透明度。

（四）财务规划的关键作用

1. 支持战略决策

财务规划对于企业的战略决策起到了关键性的支持作用。通过财务规划，企业能够更清晰地了解自身的财务状况，判断投资项目的可行性，优化资金的运用，为企业的长期战略提供有力的支持。

2. 提高经济效益

财务规划有助于提高企业的经济效益。通过科学的收入规划和成本管理，企业可以实现最大化盈利，实现经济效益的最大化。精准的资金运作和投资规划，也能够提高资金的使用效率，增加企业的经济效益。

3. 降低财务风险

财务规划有助于降低企业的财务风险。通过对市场和经济环境的准确预测，企业可以更好地应对外部环境的不确定性，降低财务决策的风险。合理的财务规划还可以提前发现潜在的财务问题，及时进行调整和应对，降低财务风险的发生概率。

4. 优化资源配置

财务规划有助于优化企业的资源配置。通过科学的资金规划和投资计划，企业可以实现资源的最优配置，确保在不同领域获得最大的效益。合理的成本规划和预算制定，也有助于优化生产要素的使用，提高资源的利用效率。

5. 改善企业形象

良好的财务规划可以提高企业的透明度和信誉度，从而改善企业的形象。投资者、股东、债权人等利益相关方更愿意与财务状况良好、规划合理的企业合作。通过公开透明的财务信息，企业能够赢得市场和社会的信任，为长期发展打下良好的基础。

（五）财务规划的挑战与应对策略

1. 外部环境不确定性

外部环境的不确定性是财务规划面临的主要挑战之一。企业在面对经济周期、政策变化、市场竞争等方面的不确定性时，需要制订更加灵活的财务规划，随时调整战略和预算。

2. 数据不准确性

数据的准确性直接关系到财务规划的科学性。企业需要建立完善的信息收集和分析体系，确保财务规划所依赖的数据准确可靠。同时，采用先进的财务工具和技术，提高数据的采集和分析效率。

3. 内部管理体系不健全

企业内部管理体系的不健全可能导致财务规划执行困难。建立完善的内部财务管理体系，包括财务流程、内部审计等，有助于确保财务规划的有效实施。

4. 人员素质和能力低

财务规划需要配备具有一定专业知识和技能的人才。企业需要重视财务人员的素质培训和能力建设，确保团队具备制订、实施、监控财务规划的能力。

财务规划是企业管理中不可或缺的重要环节，是实现企业长期发展目标的有效手段。通过明确的财务目标、合理的战略规划、科学的数据分析以及完善的内部管理体系，企业可以更好地应对外部环境的不确定性，提高经济效益，降低财务风险，优化资源配置，改善企业形象。然而，财务规划的实践中仍然面临着外部环境不确定、数据不准确、内部管理体系不健全等挑战。企业需要采取相应的应对策略，不断提升团队素质和能力，以确保财务规划的科学性和可行性。财务规划不仅是企业财务部门的事务，还是需要全员参与的战略性活动。每个部门和员工都应该对企业的财务目标有清晰的认知，并在自己的工作中贯彻执行相关的财务规划。

二、财务规划的编制步骤

（一）概述

财务规划是企业管理中的重要组成部分，它涵盖了对财务资源的科学配置、对未来经济状况的合理预测以及对资金流动的有效管理。财务规划的编制是一个系统性、计划性的过程，需要综合考虑企业的长期和短期财务目标，灵活应对市场变化，确保企业的可持续发展。本书将深入探讨财务规划的编制步骤，从明确目标到监测调整，以期为企业制订科学、合理的财务规划提供指导。

（二）制定财务目标

财务规划的第一步是制定明确的财务目标。这些目标应该与企业的战略目标相一致，包括但不限于盈利目标、资金回报率目标、市场份额目标等。明确的财务目标有助于引导后续的规划活动，为企业的财务决策提供明确的方向。

在制定财务目标时，应该考虑以下几个方面：

盈利目标：设定合理的盈利目标，包括营业利润、净利润等，以确保企业有足够的资金支持各项活动。

市场份额目标：如果市场份额是企业战略中的关键指标，那么财务规划需要考虑如何通过资金的合理运用来实现市场份额的增长。

资金回报率目标：企业需要明确资金的回报率目标，以确保投资项目的可行性和经济效益。

（三）收集和分析信息

财务规划的第二步是收集和分析各种相关信息。这些信息包括市场信息、竞争对手信息、行业趋势、政策法规等。通过对外部环境和内部资源的全面了解，企业可以更准确地判断未来的经济状况，为财务规划提供必要的依据。

在信息收集和分析过程中，需要注意以下几个方面：

市场调研：了解市场的需求、竞争格局、潜在机会和风险，有助于企业制订更符合实际情况的财务规划。

竞争对手分析：分析竞争对手的财务状况、战略举措，从中获得启示，制订更有竞争力的财务规划。

宏观经济分析：关注宏观经济环境，包括通货膨胀率、利率水平、货币政策等，以更好地预测未来的经济走势。

（四）制定财务战略

在明确了财务目标并了解了外部环境后，财务规划的第三步是制定相应的财务战略。财务战略是财务规划的核心内容，需要根据企业的财务目标和市场环境，确定合理的战略方向。

财务战略涉及以下几个方面：

资金筹集方式：确定合适的资金筹集方式，包括债务融资、股权融资、自有资金等，以满足企业资金需求。

投资方向：确定投资的方向和重点领域，包括新项目、新产品、新市场等，以提高资产回报率。

成本控制策略：制定有效的成本控制策略，以提高企业的盈利水平。

利润增长计划：制订明确的利润增长计划，通过提高销售额、优化产品结构、降低成本等手段，实现利润的可持续增长。

（五）财务预算

有了财务战略的指导，第四步就是制定财务预算。财务预算是财务规划的具体体现，将财务目标和战略转化为具体的数字计划。

财务预算包括但不限于以下几个方面：

收入预算：预测未来一定时期内的销售收入，考虑市场需求、竞争状况等因素。

成本预算：预测未来一定时期内的各项成本，包括生产成本、行政费用、销售费用等。

资金预算：预测未来一定时期内的资金需求和资金来源，确保企业有足够的流动性。

利润预算：预测未来一定时期内的盈利水平，包括毛利润、净利润等。

（六）制定应对措施

制定财务预算的过程中，需要考虑各种可能的风险和不确定性。因此，财务规划的第五步是制定相应的应对措施，旨在面对外部环境的变化或者内部出现问题时，能够迅速作出调整和应对，确保财务规划的执行效果。

应对措施包括但不限于以下几个方面：

灵活调整预算：根据市场变化和业务运营情况，灵活调整预算，重新分配资源，确保财务目标的实现。

建立风险管理机制：制订完善的风险管理计划，以最大限度地规避潜在的不利影响。

建立危机应对预案：针对可能发生的危机情况，建立相应的应对预案，包括资金危机预案、市场危机预案等。

强化内部控制：通过强化内部控制体系，包括财务流程、审计机制等，减少内部管理风险。

（七）财务政策制定

财务政策是财务规划的一部分，它是企业财务管理活动的指导性文件，旨在确保企业财务活动的合规性、透明度和有效性。财务规划的第六步是制定财务政策。财务政策的制定有助于规范企业内部财务管理流程，提高财务管理的效率。

一般而言，财务政策包括以下几个方面：

资金管理政策：包括资金的集中与分散管理、资金调度方式、银行存款管理等，以确保企业有足够的流动性。

财务报告政策：包括财务报告的编制、审计程序、财务报告的披露要求等，确保财务报告的真实、准确、完整。

成本控制政策：包括生产成本的控制、行政费用的控制、销售费用的控制等，以提高企业的盈利水平。

资本预算政策：包括投资项目的评估标准、资本预算的程序、项目监控与评估等，确保投资决策的科学性和有效性。

（八）定期监测和调整

财务规划是一个动态的过程，需要定期进行监测和调整。财务规划的第七步是定期监测和调整。企业应该建立有效的监控体系，定期对财务规划的执行情况进行评估。如果存在偏差或者外部环境发生了变化，企业需要及时调整财务规划，确保其仍然符合实际情况和目标。

监测和调整的步骤如下：

收集实际数据：定期收集实际运营数据，包括销售额、成本、利润等，与财务预算进行对比。

分析偏差原因：对比实际数据和预算数据，分析偏差是外部环境变化还是内部管理不善导致的。

调整预算和战略：根据分析的结果，调整财务预算和财务战略，重新制订计划。

优化财务政策：针对发现的问题，优化财务政策，提高财务管理的效率和透明度。

（九）人员培训和素质提升

财务规划的成功实施离不开具备一定专业知识和技能的人才。因此，企业需要注重财务人员的培训和素质提升，这是财务规划的第八步。

培训和提升的方向包括但不限于以下几个方面：

财务知识培训：提升财务人员的专业素养。

数据分析技能：培养团队成员具备运用先进的数据分析工具和技术的能力，以更准确地进行财务分析。

沟通协调能力：加强团队协作和沟通能力，使各部门能够协同合作，有助于财务规划的顺利实施。

财务规划的编制是一个复杂而系统的过程，需要企业全体员工的共同努力。从制定明确的财务目标开始，到收集分析信息、制定财务战略、进行财务预算、制定财务政策，再到定期监测和调整，每个步骤都至关重要。通过以上步骤，企业可以更加全面、科学、合理地进行财务规划，确保企业在复杂多变的市场环境中保持稳健发展。随着数字化时代的到来，企业还需要不断提升技术水平，灵活运用先进的财务工具和技术，以更好地应对挑战，实现财务规划的最佳效果。

三、财务规划与战略管理的整合

（一）概述

财务规划和战略管理是企业管理中两个密切相关且相互影响的关键领域。财务规划强调对财务资源的科学配置和资金流动的有效管理，而战略管理则聚焦企业长期发展方向、目标和资源配置。在实践中，将财务规划与战略管理相互整合，不仅有助于更好地实现企业战略目标，也提高了财务决策的科学性和战略决策的可操作性。本书将深入探讨财务规划与战略管理的整合，从目标一致性、信息共享与透明度、战略决策支持等方面分析两者之间的关系与作用。

（二）目标一致性

财务规划和战略管理在企业内部通常由不同的部门或团队负责，但二者的最终目标应当保持一致。财务规划的目标通常包括实现盈利、提高经济效益、优化资源配置等，而战略管理关注的是实现企业长期发展目标、确保竞争优势等。在整合过程中，需要确保财务规划的目标与战略管理的目标相互契合，形成一个有机统一的整体。

1.财务规划支持战略目标

财务规划应当有助于实现企业的战略目标。例如，如果企业的战略目标是在市场中获得更大份额，财务规划需要重点考虑资金的有效运用，支持市场拓展、产品创新等活动。财务规划的收入目标、成本控制策略等都应与企业的战略目标保持一致，共同推动企业朝着战略方向迈进。

2.战略管理指导财务规划

战略管理在规划企业未来发展方向时，应考虑财务资源的合理配置和管理。例如，如果企业的战略是通过技术创新在市场中取得领先地位，那么财务规划需要明确研发投入、专利申请等方面的资金支持。因此，战略管理应指导财务规划，使其更加符合企业的长远战略。

（三）信息共享与透明度

在财务规划与战略管理的整合中，信息共享和透明度是至关重要的。有效的信息流通可以促进进行更全面、准确的决策制定和执行，有助于避免信息孤岛和决策失误的发生。

1. 财务数据支持战略决策

财务数据是战略管理的重要依据之一。通过财务规划，企业可以产生大量的财务数据，包括收入、成本、盈利水平等。这些数据为战略管理提供了直观的财务状况，支持决策者更好地了解企业当前的财务状况，为战略决策提供了可靠的参考。

2. 战略信息影响财务规划

战略管理涉及对外部市场、竞争环境等多方面因素的深入分析，这些战略信息也应当纳入财务规划的考虑范围。例如，如果战略管理确定了未来要开拓的新市场，财务规划就需要相应调整销售预算、市场推广费用等财务方案。

3. 信息透明度促进团队合作

财务规划与战略管理的整合有助于提高企业内部信息的透明度，减少信息不对称。不同部门之间共享的信息能够促进团队之间合作与协同。例如，财务团队了解到市场部门制订的新产品推广计划，可以提前调整相应的资金预算，以更好地支持新产品的上市。

（四）战略决策支持

财务规划应当为战略决策提供有力的支持。通过对财务规划的精细制订，企业能够更好地应对市场变化，实现战略目标。同时，战略管理的决策也应当充分考虑到财务规划的可行性和资源分配方案。

1. 资金支持战略实施

战略决策的实施通常需要大量的资金支持，而财务规划的制订可以确保企业有足够的资金储备。例如，战略管理决定进入新市场，财务规划需要明确资金投入、预计收入、市场推广费用等，以支持新市场的开拓。这样的财务规划可以为战略实施提供资金保障，确保企业在战略执行过程中不会因为资金不足而产生问题。

2. 长期投资决策的财务分析

在战略管理中，经常需要进行长期投资决策，如新产品研发、新工厂建设等。针对这些决策需要进行深入的财务分析，包括对净现值（NPV）、内部收益率（IRR）等指标的计算。财务规划提供了这些数据，为长期投资决策提供了科学的依据。

3. 盈利模式与战略调整

财务规划中的盈利模式对于战略调整至关重要。如果企业发现原有的盈利模式无法支持新的战略方向，那么可能需要进行调整。战略管理需要根据财务规划的盈利模式，评估是否需要重新调整战略方向，以保持企业的盈利能力。

第二节　预算编制与执行

一、预算编制的方法与技巧

（一）概述

预算是企业管理中的核心工具之一，它是在未来一定时期内，根据企业的战略目标和计划，对收入、支出、利润等进行合理估计和分配的过程。预算的编制需要科学的方法和合理的技巧，以确保企业能够有效地运作、实现目标并做出明智的财务决策。本书将深入探讨预算编制的方法与技巧，包括预算类型、编制流程、关键要素、编制技巧以及有效的实施策略等内容。

（二）预算的类型

在企业管理中，预算可以分为多种类型，每种类型都有其独特的应用场景和目标。了解不同类型的预算有助于企业更有针对性地进行编制，以满足不同层次和部门的需求。

1. 静态预算

静态预算也称为固定预算，是在一个固定的计划期内编制的预算。它假设业务活动和环境在预算期内不会发生变化。静态预算适用于那些业务环境相对稳定、难以预测变化的情况，如传统制造业。

2. 弹性预算

弹性预算是业务活动和环境变化相对敏感的一种预算类型。它允许在预算期内根据实际情况做出调整。弹性预算更适用于市场竞争激烈、变化较快的行业，能够更灵活地应对市场波动。

3. 固定预算

固定预算是在预算期开始时就确定的，无论实际业务活动如何，预算都保持不变。这种预算类型通常用于固定成本较高、难以调整的场景，如租金、薪资等。

4. 活动基础预算

活动基础预算是根据业务活动的数量来制定的预算。它更加关注实际业务活动的变化，适用于需要灵活应对产能波动的企业，如生产制造业。

（三）预算编制的基本流程

预算编制的过程应当系统、有序，并涵盖各个部门和层级。以下是一个基本的预算编制流程：

1. 制定预算编制日程

在开始预算编制之前，企业需要制定一个明确的预算编制日程，明确每个部门和负责人的任务与时间表。这有助于确保预算编制的高效进行。

2. 收集历史数据和信息

在编制新的预算之前，必须对过去的业务绩效进行仔细的分析。收集和审查历史财务数据、销售数据、成本数据等，以便更好地了解过去的趋势和模式。

3. 制定销售预算

销售预算是其他预算的基础。通过市场分析和销售趋势，制定销售预算。这包括预测销售量、销售额和销售成本等，是其他预算的出发点。

4. 制定生产预算

基于销售预算，制定生产预算。考虑到生产能力、库存水平和生产效率等因素，制订生产计划，确保生产与销售的协调。

5. 制定成本预算

根据生产预算和其他支出预测，制定成本预算。这包括直接成本（如原材料、直接人工）、间接成本（如制造费用、销售费用）等。确保成本预算与销售预算和生产预算一致。

6. 制定资金预算

考虑到业务活动的资金需求，需制定资金预算，如资金的筹集方式、使用计划、投资计划等内容，确保企业有足够的流动性资金来支持正常运营。

7. 制定支出预算

支出预算涵盖了企业在各个方面的支出，包括运营费用、行政费用、销售费用等。根据业务计划和管理层的决策，明确各个支出项目的预算额度，确保在实现业务目标的同时保持财务健康。

8. 制定利润预算

综合考虑销售、成本、支出等多个因素，制定利润预算。这一步是整个预算编制过程的核心，涉及企业的盈利水平和财务健康。确保利润预算与其他预算相互一致，符合企业整体战略。

9. 制订财务计划

将以上各项预算整合起来，制订全面的财务计划，这包括对资产负债表、现金流量表等财务报表的编制。通过财务计划，企业可以全面了解财务状况，为未来的决策提供参考。

10. 管理层审批与调整

预算经过部门层层审核后，提交至管理层审批。管理层需要对整体预算进行审查，并根据实际情况进行适当的调整。这一步是确保预算的科学性和可行性的关键。

11. 最终预算发布

经过审批的最终预算需要正式发布，以便全体员工了解企业的财务目标和计划。透明度的提高有助于员工更好地了解企业的发展方向和各部门的责任。

（四）预算编制的关键要素

1. 合理预测

预测是预算编制的基础。准确的市场预测、销售预测和成本预测是编制预算成功的关键。企业可以通过历史数据分析、市场调研、行业趋势分析等手段，进行合理的业务活动预测。

2. 目标明确

在编制预算时，企业需要明确自己的战略目标和长期规划。预算应当对这些目标进行具体分解，确保各个层级和部门的预算都与企业整体目标一致。

3. 弹性和灵活性

考虑到外部环境的不确定性，预算应当具有一定的弹性和灵活性。弹性预算的制定能够更好地适应市场变化，确保企业在变化中保持竞争力。

4. 反馈机制

建立有效的反馈机制是预算编制成功的关键。定期对比实际业务绩效和预算，分析差异，并及时调整预算，有助于及时发现问题、优化业务运作方式。

5. 参与与沟通

预算编制不仅是财务部门的事情，还需要全体员工的参与。通过员工的参与，能够更好地汇聚各方智慧，使预算更具有实际可行性。同时，建立有效的沟通机制，确保每个部门都能理解并支持整体预算。

（五）预算编制的技巧

1. 使用历史数据

历史数据是预测未来的重要依据。企业可以通过仔细分析过去几年的业务数据，了解业务活动的季节性变化、市场的波动情况等，以更准确地预测未来。

2. 制定具体可行的目标

在制定预算时，目标应当具体且可行。模糊的目标容易导致预算不准确且无法实现。目标的设定应当能够激励员工，并具有挑战性，但又是可实现的。

3. 利用技术工具

现代企业通常使用各种财务和业务管理软件，利用这些技术工具能够更方便地进行预算编制。这些工具可以提高编制效率，减少误差，同时支持数据分析和预测。

4. 制订备选方案

在制定预算时，应当考虑不同的经济环境和业务情况。制订备选方案有助于应对不同的情况，确保企业具有更强的适应性。

5. 定期审查和更新

预算不是一成不变的，应当定期进行审查和更新。企业应当建立定期的预算审查机制，以确保预算与实际业务活动相符，并及时调整预算方案。

（六）预算编制的实施策略

1. 有效的团队协作

预算编制需要各个部门之间进行协作和沟通。建立跨部门的协作机制，确保各部门的预算协调一致，有助于形成整体合力。

2. 提供培训与教育

对相关人员提供培训和教育，使之具备相关的财务知识和技能。这有助于提高相关人员的专业水平，减少误差，并确保整个预算过程的流畅运作。

3. 制定奖惩机制

建立明确的奖惩机制，以激励员工积极参与预算编制，并在实施过程中实现预期目标。奖励表现优异的团队或个人，同时对未能达标的部门进行适度的惩罚，能够提高预算的执行力和完成度。

4. 持续监测与调整

一旦预算得到批准并开始执行，就需要建立持续监测机制。通过定期比对实际绩效与预算，及时发现问题并进行调整。及时的反馈和调整有助于确保企业在预算期内保持灵活性，适应市场变化。

5. 制订沟通计划

制订有效的沟通计划，确保整个组织了解企业的财务目标和预算计划。通过沟通渠道，让员工了解企业的财务状况和预期目标，提升员工对预算的认同感和参与度。

6. 紧密结合绩效评估

将预算与绩效评估结合起来，使员工的绩效与预算目标紧密相连。设定明确的绩效指标与奖励机制，激发员工的工作动力，使其更有动力去实现预算目标。

预算编制是企业管理中至关重要的一环，它为企业提供了有序的财务计划和目标，是实现战略目标的重要工具。通过合理选择预算类型、建立科学的编制流程、关注关键要素以及灵活运用预算编制的技巧和实施策略，企业可以更好地应对市场变化，提高管理水平，实现可持续发展。同时，建立有效的反馈机制和持续监测调整机制，能够确保企业在执行预算过程中始终保持灵活性，适应市场的变化，最终实现财务目标和战略愿景。

二、预算执行的监控与调整

预算的制定是企业管理的基石，然而要真正实现预算目标离不开对预算执行的监控与调整。监控与调整是贯穿整个预算周期的关键环节，对于确保企业财务目标的实现具有重要意义。本书将深入探讨预算执行的监控与调整过程，涵盖监控的目标、方法、关键要素，以及调整策略与实施方法等。

（一）预算执行监控的目标

预算执行监控的目标是确保企业按照制订的预算计划有序运作，以实现既定的财务目标。通过监控，企业可以及时发现偏差，采取措施调整，确保企业在不断变化的市场环境中保持灵活性和适应性。主要目标包括：

1. 发现偏差

监控预算执行的首要目标是发现实际业绩与预算计划之间的差异，包括销售额、成本、支出等各方面的偏差。只有通过及时的监控，企业才能迅速发现问题，做出相应调整。

2. 评估业务绩效

通过比较实际业务绩效与预算目标，企业可以全面评估业务的绩效水平。这涵盖了利润水平、资金利用效率、市场份额等多个方面，有助于发现业务运作的优势和不足。

3. 支持决策制定

在监控预算执行过程中，所获得的信息可以为管理层制定决策提供有力支持。比如，如果发现某一业务部门的支出超过预算，管理层可以考虑是否需要调整预算或者采取其他手段进行控制。

4. 促进团队合作

通过将实际绩效与预算目标进行对比，可以促进团队内外合作。对于表现出色的团队，可以给予奖励，激发工作积极性。对于出现问题的团队，则需要协同解决问题，加强沟通与协作。

（二）预算执行监控的方法

预算执行监控的方法涵盖了多个层面，需要综合运用不同的工具和技术。以下是常用的预算执行监控方法：

1. 财务报表比对

财务报表是企业财务状况的集中反映，通过对实际报表与预算报表的比对，可以直观地了解各项财务指标的差异，主要包括利润表、资产负债表、现金流量表等。

2. 指标分析

设定关键绩效指标（KPIs），并通过不同时间点的指标对比，分析企业在销售、生产、成本等方面的表现。这有助于及时发现业务绩效的问题。

3. 预算执行会议

定期召开预算执行会议，邀请相关部门负责人参与，共同讨论和分析实际业务绩效与预算计划之间的偏差。通过集体研讨，可以得到多方面的意见和建议，为调整预算提供参考。

4. 建立预警机制

建立预警机制，设定触发条件，一旦某项指标偏离预期范围，即发出预警信号。这有助于在问题发展到不可逆转的阶段之前及时介入，采取有效措施。预警机制可以在财务软件系统中设定，实现自动监测。

5. 编制绩效报告

定期编制绩效报告，将实际绩效与预算目标进行对比，并对偏差原因进行分析。这样的报告可以清晰地呈现出企业在预算执行方面的情况，为管理层决策提供直观的依据。

6. 利用财务软件

现代财务软件提供了强大的数据分析和监控功能。通过这些软件，企业可以实时追踪财务数据、编制报表、进行趋势分析等。这种实时性的监控有助于发现问题并针对问题及时做出调整。

7. 定期内部审计

定期进行内部审计是一种有效的监控手段。审计人员可以深入了解业务流程、核实财务数据，确保企业的财务报告真实可靠。审计还可以发现潜在的风险和问题，帮助企业提高内部控制水平。

（三）预算执行监控的关键要素

预算执行监控时，有一些关键要素需要特别注意，它们对于发现问题、制定调整策略至关重要：

1. 成本控制

成本控制是预算执行中的一个重要环节。企业需要密切关注各个成本项目的执行情况，确保在合理的范围内控制成本。如果发现某个成本项目超支，就需要迅速采取措施进行调整。

2. 销售额与市场份额

监控销售额与市场份额的变化，能够直观地了解企业在市场竞争中的表现。如果销售额未达到预期，就需要调整销售策略、加大市场投入力度，或者重新评估市场定位。

3. 现金流量

现金流量是企业健康运营的关键指标。监控现金流入流出情况，确保企业有足够的流动性资金维持正常运营。如果发现现金流不足，就需要调整支付计划、加强收账管理等。

4. 利润率

关注企业的利润率变化，特别是毛利润率和净利润率。如果发现利润率下降，就需要仔细分析原因，可能是受成本上升、销售价格下降等因素影响。

5. 预算执行人员

企业内部的预算执行团队是预算监控的重要一环。了解执行团队的工作情况、工作负荷，确保团队能够高效运作。及时了解执行人员的反馈，发现问题应及时给予支持。

6. 外部环境因素

监控外部环境因素对企业预算的影响，如通货膨胀率、利率、行业政策等。外部环境的不确定性可能导致企业预算出现偏差，因此需要及时调整预算计划。

（四）预算执行的调整策略与实施方法

当发现预算执行存在偏差时，及时采取调整策略是确保企业财务目标实现的关键。以下是一些常见的调整策略及实施方法：

1. 降低不必要支出

当发现某些支出超过预算时，企业可以考虑降低不必要的支出。这可能包括取消不紧急的项目、缩减非核心业务、优化供应链以降低成本等。

2.提高销售策略

如果销售额未达到预期，企业可以考虑调整销售策略，如开展促销活动、拓展销售渠道、加大市场宣传力度等，以提高产品或服务的市场份额。

3.优化生产流程

针对生产成本超支的情况，企业可以通过优化生产流程、提高生产效率，以降低生产成本。可能需要投入一定的资金进行技术更新或员工培训。

4.调整定价策略

如果市场变化导致产品或服务的定价不合理，企业可以考虑调整定价策略。可能需要进行市场调研，重新评估产品或服务的价值，制定更符合市场需求的定价策略。

5.加强资金管理

在资金流量出现问题时，企业需要加强资金管理。可能需要调整支付计划、延迟部分支出，或者主动与供应商、客户协商支付方式，以确保企业资金有足够的流动性。

6.灵活调整预算计划

当外部环境发生变化时，企业需要灵活调整预算计划。可能需要重新评估市场趋势、行业政策，并根据实际情况调整销售目标、成本预算等方面的计划。这需要管理层具备对市场变化的敏感性和预见性。

7.引入新的融资方式

当资金短缺或者需要额外投资时，企业可以考虑引入新的融资方式。这可能包括银行贷款、发行债券、引入投资者等。选择适合企业状况的融资方式，确保能够满足企业的资金需求。

8.重新制定预算目标

如果实际业绩与原有预算目标存在较大差异，企业可能需要重新制定预算目标。这需要考虑到市场变化、行业竞争状况等因素，确保新的预算目标更符合实际情况。

9.引入激励机制

为激励员工更好地配合预算计划，企业可以引入激励机制。通过设定绩效奖励，对于超额完成预算目标的员工进行奖励，激发工作积极性，促进团队协作。

10. 加强沟通与协调

调整预算计划需要与各部门充分沟通和协调。管理层应当及时与部门负责人进行沟通，了解实际情况，听取意见，共同制订调整方案。良好的沟通有助于员工了解调整的必要性，并更好地配合执行。

（五）预算执行监控的挑战与解决方案

在进行预算执行监控时，企业可能面临一些挑战，需要采取相应的解决方案：

1. 系统与数据问题

挑战：企业可能面临财务系统不够先进、数据不准确或者无法及时获取的问题。

解决方案：升级财务系统，引入先进的数据分析工具，确保系统能够提供准确、及时的财务数据。同时，加强数据管理，确保数据质量。

2. 缺乏专业人才

挑战：企业可能缺乏具备财务分析、业务分析等方面专业知识的人才。

解决方案：招聘或培养具备相关专业知识的人才，建立专业团队。同时，可以考虑外包财务分析服务，借助专业机构的力量进行数据分析。

3. 部门沟通不畅

挑战：各部门之间沟通不畅，信息不及时共享。

解决方案：加强跨部门协作，定期召开预算执行会议，促进信息的共享与沟通。建立协同工作文化，提高团队整体协作水平。

4. 预算目标制定不合理

挑战：部分企业可能在制定预算目标时存在不合理的现象，导致难以实现。

解决方案：通过深入调研市场、分析行业数据，确保预算目标的合理性和可行性。定期审查预算目标，根据实际情况进行调整。

5. 外部环境不确定性

挑战：外部经济环境的不确定性可能导致企业的预算难以精准。

解决方案：提高企业的灵活性，建立应对外部变化的预警机制。加强对外部环境的监测与分析，根据变化做出及时的调整。

预算执行的监控与调整是企业财务管理中至关重要的一环。通过设定明确的监控目标、运用多样化的监控方法、关注关键的监控要素，并采取及时有效的调整策略，企业可以更好地应对市场变化、提高财务执行力，实现既定的财务目标。面对各种挑战与问题，企业需要综合运用先进的财务工具、加强团队协作与沟通，不断优化预算制定与执行的流程，以提高管理的精确性和灵活性。

三、预算与绩效管理的关联

在现代企业管理中，预算和绩效管理是两个密切相关的概念，它们相互交织、互为支持，共同构建了企业的管理体系。预算是企业规划的基石，为实现财务目标提供了详细的计划和指导；而绩效管理则着眼于实际绩效的达成，通过监控、评估和激励，确保企业朝着设定的目标不断前进。本书将深入探讨预算与绩效管理的关联，分析二者的内在联系，以及如何有效地整合这两个管理工具，实现企业的可持续发展。

（一）预算与绩效管理的定义

1. 预算的定义

预算是企业在一定时期内，对经济活动进行合理规划，通过对收入、支出、资产、负债等方面的计划，制订一套详细的数字化计划。预算通常涵盖财务预算、资本预算、营销预算等多个方面，是企业制订经济计划、做出决策的基础。

2. 绩效管理的定义

绩效管理是通过设定明确的目标、制订计划、监测实际绩效、评估绩效水平，并通过奖惩机制激发员工积极性，以确保组织和员工朝着既定目标前进的管理过程。绩效管理注重实际业务绩效的达成，通过对绩效数据的收集、分析与反馈，帮助企业做出及时调整，提高组织的竞争力。

（二）预算与绩效管理的内在联系

1. 目标导向

预算和绩效管理都是目标导向的管理工具。预算通过设定财务、业务等方面的目标，为企业提供了明确的方向和计划，使组织内部的各个部门能够共同努力，朝着共同的目标前进。绩效管理则着重于实际绩效的达成，通过设定明确的绩效指标，激发员工的工作动力，以达成组织整体的目标。

2. 数据驱动

预算和绩效管理都依赖对数据的收集、分析与运用。在预算编制过程中，企业需要收集和分析过去的财务数据、市场数据等，以制订合理的预算计划。绩效管理则通过实时收集、分析业务数据，评估员工和部门的实际绩效水平，为决策提供依据。两者共同构成了一个数据驱动的管理体系，使管理决策更为科学、准确。

3. 反馈与调整

预算和绩效管理均强调了对实际绩效的监控、反馈与调整。在预算执行过程中，企业通过财务报表、业务报表等手段，及时了解实际业务绩效与预算目标之间的差异，从而采取相应措施进行调整。绩效管理同样强调及时的绩效反馈，通过绩效评估与考核，了解员工的工作表现，为员工提供成长空间，同时针对绩效不佳的部门进行策略调整。

4. 资源分配

预算和绩效管理共同涉及资源的分配。在预算编制阶段，企业需要明确各个部门的预算额度，以确保资源的合理配置。在绩效管理中，通过对绩效表现的评估，企业可以更有效地分配奖励资源，激发员工积极性。因此，两者在资源的分配上具有内在的联系，都是实现组织战略目标的手段之一。

5. 管理层决策支持

预算和绩效管理为管理层提供了决策支持的依据。预算通过设定计划和目标，为管理层提供了在特定时间内实现目标所需的资源预算，有助于管理层制订长期和短期的经济计划。绩效管理通过对员工和部门绩效的监控与评估，为管理层提供了数据，为制定战略决策提供了有力支持。

6. 组织学习与改进

预算和绩效管理在组织学习和改进方面有着紧密联系。在预算执行过程中，企业可以通过对实际业绩的分析，总结经验教训，形成组织学习的过程。绩效管理则通过不断的绩效评估，促使员工个体和组织整体进行学习，找到业务上的不足，并采取改进措施。这种学习与改进的过程使组织能够不断适应外部环境的变化，提高自身的竞争力。

7. 激励与奖惩

激励与奖惩是预算和绩效管理的共同特点。在预算中，通过实现预算目标，企业可以获得预期的经济效益。在绩效管理中，通过对绩效的评估，企业可以对表现出色的员工进行奖励，同时对绩效较差的员工采取相应的惩罚措施，以调动员工的工作积极性。

（三）整合预算与绩效管理的策略

1. 制定一致的目标

预算和绩效管理的目标应当是一致的，相互支持，共同服务于组织的战略目标。在制定预算的同时，应当明确与之相关的绩效指标，确保预算目标能够对组织整体绩效产生积极的影响。一致性目标有助于形成协同作用，推动组织各层面朝着同一个方向努力。

2. 结合长期与短期规划

预算通常是短期的财务规划，而绩效管理涉及更长远的业务目标。在整合预算和绩效管理时，企业需要考虑将短期目标与长期规划相结合。通过设定短期目标，实现逐步推进，服务于长期战略规划。这种结合有助于更好地协调组织在不同时间的行动。

3. 设定明确的绩效指标

在整合预算和绩效管理时，企业需要设定明确、可量化的绩效指标。这些指标应当与预算目标相一致，能够客观、准确地反映出组织绩效的水平。明确的绩效指标有助于在实际执行中进行监控，为及时调整提供数据支持。

4. 建立有效的沟通机制

沟通是预算和绩效管理整合的关键环节。管理层需要确保贯彻预算和绩效管理的决策能够充分传达给组织的各个层面。通过建立有效的沟通机制，让员工了解组织的长期规划和短期目标，增强员工的组织认同感，促进整体绩效的提升。

5. 运用技术支持

现代技术工具的运用能够有效支持预算和绩效管理的整合。企业可以利用先进的财务软件、绩效管理系统等，实现对数据的实时监控、分析与反馈。技术支持有助于提高管理的效率和精确度，确保预算和绩效管理的顺利执行。

6. 建立绩效激励机制

在整合预算和绩效管理时，建立绩效激励机制是至关重要的一步。这包括设定奖励政策，对实现预算目标和超越绩效指标的员工进行奖励，以调动员工的工作积极性。同时，对未能达标的部门和员工采取适度的奖励，激发改进和提升的动力。

（四）预算与绩效管理的挑战及应对策略

1. 沟通障碍挑战：沟通在整合预算和绩效管理中可能面临阻碍，导致信息传达不到位，员工难以理解组织的整体目标。

应对策略：建立沟通渠道，包括会议、内部通信、培训等形式，确保组织战略、目标以及各层面的绩效期望值能够充分传达给员工。透明开放的沟通有助于增强员工的理解和认同。

2. 绩效指标设定难题

挑战：设定明确、可量化的绩效指标是一个具有挑战性的任务，可能出现指标过多、过于抽象等问题。

应对策略：在设定绩效指标时，注重关键业务指标（KPIs），确保指标与整体战略目标一致。使用 SMART 原则，即确保指标具备具体性、可衡量性、可达性、相关性和时限性。定期审查和调整指标，以适应组织发展和市场变化。

3. 预算和绩效管理的冲突

挑战：由于预算和绩效管理涉及不同的管理目标与方法，两者之间可能出现冲突，导致资源分配和管理方式的不协调。

应对策略：强调两者的相互支持和协同作用，明确各自的角色和职责。建立协调机制，确保在资源分配和目标制定上达成一致。强调整体绩效目标，使预算和绩效管理能够共同促进组织的可持续发展。

4. 技术应用的难题

挑战：许多企业在技术应用方面可能滞后，难以充分利用财务软件和绩效管理系统。

应对策略：加强技术培训，提升员工对于财务软件和绩效管理系统的使用能力。引入专业的技术支持，确保系统的正常运行和数据的准确性。将技术工具融入整个管理流程中，提高管理的数字化水平。

5.绩效评估的主观性

挑战：绩效评估容易受到主观因素的影响，可能存在评估不公平、员工不满等问题。

应对策略：设立公正、公平、透明的评估机制，采用多维度、多层级的评估方式，减少主观判断的干扰。加强对评估者在评估标准方面的培训，提高评估者的专业水平。

6.策略变化带来的调整困难

挑战：策略变化可能导致原有的预算和绩效管理体系不适用，需要进行调整。

应对策略：强调灵活性和适应性，确保预算和绩效管理体系能够适应外部环境的变化。定期进行战略规划和绩效管理体系审查，及时调整预算目标和绩效指标。

预算与绩效管理在现代企业管理中扮演着重要的角色，二者之间存在着密切的内在联系。有效整合预算和绩效管理能够为企业提供全面、系统的管理支持，促进组织的协同作战、高效运营。通过对预算和绩效管理的内在联系的深入理解，企业可以更好地协调两者之间的关系，实现组织的长期可持续发展。

第三节　成本管理与控制

一、成本构成要素与分类

成本构成是企业财务管理中至关重要的一环，它涉及企业在生产经营过程中所产生的各种费用和开支。了解成本的构成要素及其分类对于企业制定合理的定价策略、进行成本控制、提高盈利能力具有重要意义。本书将深入探讨成本构成要素和各种常见的成本分类，以帮助企业更好地理解和管理成本。

（一）成本构成要素

成本构成要素是指构成企业总成本的各个组成部分，可以从多个角度进行划分和分析。一般来说，成本构成要素主要包括以下几个方面：

1. 直接材料成本

直接材料成本是制造产品所使用的原材料直接支出的成本，它与产品的数量成正比。这些原材料是产品制造的直接输入，直接影响产品的制造成本。直接材料成本的计算通常包括原材料的采购成本、运输成本等。

2. 直接人工成本

直接人工成本是指直接参与产品制造的劳动力的成本，包括直接操作生产设备、直接从事产品组装等工序的工人的工资、福利、培训费用等。直接人工成本是制造业成本的重要组成部分，其计算与生产人员的工时直接相关。

3. 制造费用

制造费用是指在产品制造过程中，除直接材料成本和直接人工成本之外的其他制造相关支出。制造费用包括间接材料成本、间接人工成本、设备折旧、维护费用、厂房租金等。这些费用不直接与具体产品的生产数量挂钩，而是按照某种分配方法分摊到各个产品上。

4. 办公和管理费用

办公和管理费用是企业在运营管理过程中产生的一些一般性费用，与产品的制造和销售无直接关系。这类费用包括管理人员的薪资、行政办公用品费用、办公场地租金、水电费等。办公和管理费用通常以固定的形式存在，与产品的生产数量和销售数量关系不大。

5. 销售和营销费用

销售和营销费用是企业为推动产品销售而发生的费用，包括广告宣传费、销售人员的薪资、促销费用等。这些费用与产品的销售数量有关，通常以变动的形式存在。销售和营销费用的高低直接关系到产品的市场竞争力与销售收入。

6. 财务费用

财务费用是企业为融资和管理资金而发生的费用，包括利息、手续费、汇兑损益等。这些费用通常与企业的融资结构、债务水平等因素相关。财务费用是企业资金管理的一个重要方面，直接影响到企业的融资成本。

7. 研发费用

对于科技创新型企业，研发费用是一个重要的成本构成要素。这包括用于产品研发、技术创新的人员薪资、实验室设备费用、专利申请费用等。研发费用的支出对企业的未来竞争力和创新能力有着直接的影响。

（二）成本分类

成本可以根据不同的角度和目的进行多种分类，常见的分类方式包括以下几种：

1. 根据可变性分类

固定成本：在一定的产量范围内，不随产品数量的增减而发生变化，如厂房租金、管理人员薪资等。

可变成本：随着产品数量的增减而相应变化，与产品的生产或销售直接相关，如直接材料成本、直接人工成本等。

2. 根据功能分类

制造成本：直接与产品制造相关的成本，包括直接材料成本、直接人工成本、制造费用。

非制造成本：与产品制造无直接关系的成本，包括办公和管理费用、销售和营销费用、财务费用等。

3. 根据行为分类

直接成本：直接与某个产品或服务相关的成本，可以明确地分配给特定产品或服务。例如，直接材料成本、直接人工成本。

间接成本：不能直接与特定产品或服务相关的成本，需要通过一定的分配方法进行分摊。例如，制造费用中的设备折旧费用、维护费用。

4. 根据时间分类

历史成本：是过去发生的、与产品或服务相关的实际成本，通常作为基准用于决策和分析。

预算成本：是预先设定的、在规定时间内的成本计划，用于指导企业的经营和管理。

5. 根据决策分类

差异成本：是实际发生成本与预算成本之间的差异，用于分析和控制成本偏差。

机会成本：是因选择某种决策而放弃的最佳替代方案的成本，反映了资源的机会使用价值。

6. 根据产品阶段分类

产品成本：与生产产品直接相关的成本，包括直接材料成本、直接人工成本、制造费用。

期间成本：与特定的生产期间或销售期间相关的成本，如销售和营销费用、研发费用。

（三）成本构成要素与企业决策

了解成本构成要素对企业决策具有重要的指导作用。以下是成本构成要素与一些常见决策之间的关系：

1. 定价决策

了解成本构成要素有助于企业制定合理的产品定价策略。直接材料成本、直接人工成本以及制造费用等是直接影响产品制造成本的要素，企业需要确保定价能够覆盖这些成本，并考虑市场需求和竞争状况，以实现盈利最大化。

2. 生产决策

在制订生产计划时，了解不同产品的直接成本和间接成本有助于企业进行合理的资源分配。企业可以通过比较产品的可变成本和固定成本，制订最优的生产方案，确保生产活动的经济效益。

3. 投资决策

对于需要大量投资的项目，了解相关的研发费用、设备折旧费用等成本构成要素对于投资决策至关重要。企业需要综合考虑项目的成本和未来收益，进行全面的投资评估，确保投资决策的合理性和风险可控。

4. 费用控制决策

通过监控和分析各个成本构成要素，企业可以制定合理的费用控制策略。对于可变成本，可以通过生产规模的调整实现成本的弹性控制；对于固定成本，企业可以考虑降低不必要的开支，提高资源利用效率，以实现费用的有效管理。

5. 客户利润分析

了解直接成本和间接成本有助于企业进行客户利润分析。通过对不同客户的订单进行成本核算，企业可以识别高利润客户和低利润客户，优化销售策略，提高客户服务水平，以实现整体利润的最大化。

（四）成本管理与控制策略

为了更好地管理和控制成本，企业可以采取以下一些策略：

1. 精细化管理

通过建立精细化的成本核算体系，将成本细化到不同的产品、项目、活动等层面。这有助于企业更准确地了解成本构成要素，及时发现成本异常波动，为管理决策提供详尽的数据支持。

2. 差异分析

对实际成本与预算成本之间的差异进行分析，找出形成差异的原因，是成本管理的重要手段。通过差异分析，企业可以识别出问题，及时采取纠正措施，提高成本控制的效果。

3. 成本效益分析

在决策过程中，进行成本效益分析是一种常用的方法。企业需要权衡成本和收益，确保每项成本的支出都能够为企业带来相应的经济效益。这有助于优化资源配置，提高投资回报率。

4. 制度建设

建立健全的成本管理制度是有效控制成本的前提条件。企业可以通过制定明确的成本核算和管理制度，规范各项成本的记录和报告流程，提高成本管理的透明度和准确性。制度的建设有助于形成规范的管理流程，避免成本管理中出现失误。

5. 技术支持

充分利用信息技术工具，如财务软件、ERP 系统等，可以提高成本管理的效率和准确性。这些技术支持工具能够实现对成本数据的实时监控、分析，帮助企业管理层迅速了解成本状况，及时做出决策。

6. 成本共享和协同

在企业内部，不同部门之间可能存在成本信息孤岛现象。建立成本共享和协同机制，促使各个部门之间信息流通和协同工作，有助于形成整体的成本管理体系，实现企业整体成本的最优化。

7. 精益生产

精益生产是一种通过消除浪费来提高生产效率的管理理念。通过应用精益生产的原则，企业可以优化生产流程，减少资源浪费，提高产品质量，从而实现成本的降低。精益生产强调持续改进，有助于企业形成良性的成本管理循环。

8. 成本控制意识培养

培养员工形成成本控制意识，使每个员工对成本的节约有自觉性。这需要企业进行定期的培训和教育，引导员工从个人岗位出发，发现和改进造成浪费的环节。

9. 激励机制设计

建立与成本控制目标相关的激励机制，将成本控制的绩效考核纳入员工和管理层的绩效评价体系。通过激励机制，可以激发员工对成本控制的积极性，推动全员参与成本管理。

（五）成本构成要素的未来趋势

随着经济和科技的发展，成本构成要素的管理也在不断演变。以下是成本构成要素未来可能的发展趋势：

1. 数据驱动的成本管理

随着大数据和人工智能技术的发展，企业将更加依赖数据分析来进行成本管理。通过对大量数据的分析，企业可以更准确地把握成本构成要素，发现潜在的成本节约点，实现精细化的成本管理。

2. 对环境成本的考虑

随着社会对环境问题的关注度提升，企业在成本构成要素中可能需要考虑环境成本，包括对资源的可持续利用、废弃物的处理、碳排放等环保因素的考虑，企业需要更加关注环境友好型生产和经营方式。

3. 智能制造和自动化

随着对智能制造和自动化技术的应用，直接人工成本可能会受到一定的冲击。企业将更多地采用自动化设备和智能机器人来替代传统的人工，以提高生产效率，降低人工成本。

4. 对费用透明化的强调

未来企业可能更加强调费用透明化，通过提供更加清晰的费用信息，能够使管理层更好地了解企业的经营状况，做出更明智的经营决策，这也有助于提高内部员工对成本的认知。

5. 对社会责任成本的考虑

社会责任成本，包括员工福利、社会公益捐赠等方面的支出，在未来可能会受到更多的关注。企业将更加注重在社会上的形象和责任，这一方面可能导致成本增加，另一方面也有助于树立良好的企业形象。

二、成本控制的方法与手段

成本控制是企业管理的重要环节之一，它涉及对企业各项费用和开支的合理管理和掌控。通过有效的成本控制，企业可以提高盈利水平、提升竞争力，并确保企业在市场竞争中具有可持续性。本书将深入探讨成本控制的方法与手段，以帮助企业更好地实施成本控制策略。

（一）成本控制的基本概念

成本控制是指企业通过采取一系列手段，合理利用资源，优化管理流程，以降低生产和经营活动中的费用开支，从而实现提高经济效益的目标。成本控制的基本目标是在确保产品或服务质量的前提下，以最低的成本获得最大的收益。

成本控制的基本概念包括：

1. 成本管理

成本管理是通过对企业生产和经营活动中产生的各类费用进行全面、系统的管理，以确保成本的合理控制和优化。成本管理涉及成本构成要素的精细化核算、成本控制制度的建立和执行、成本信息的准确传递等方面。

2. 成本控制

成本控制是成本管理的重要组成部分，它通过一系列的方法和手段，使企业在实际经营中能够更好地控制和降低各类费用，实现成本的有效管理。成本控制需要注重的是在提高经济效益的前提下，合理控制和减少不必要的费用支出。

3. 成本核算

成本核算是对企业各项成本进行系统、全面的统计、计算和记录，以实现成本的透明化和可视化。通过成本核算，企业可以清晰地了解到各项费用的构成，有助于分析和决策。

4.成本效益分析

成本效益分析是在成本控制的基础上，对成本与效益之间的关系进行综合评价和分析。通过成本效益分析，企业可以评估出不同经营决策对企业整体效益的影响，从而更好地指导管理决策的制定。

（二）成本控制的方法

为了实施成本控制，企业可以采用多种方法和手段。下面将详细介绍一些常见的成本控制方法：

1.精细化管理

精细化管理是通过建立详细、全面的成本核算体系，将成本控制细化到不同的产品、项目、活动等层面。通过对各层面的成本进行详细核算，企业能够更准确地了解到成本的构成要素，有针对性地进行成本控制。

2.预算控制

预算控制是通过制订详细的预算计划，对不同部门和项目进行经济责任的明确，从而实现对成本的控制。预算控制可以帮助企业制订明确的经济计划，规范费用开支，及时发现和解决超预算的问题。

3.标准成本法

标准成本法是将企业的生产和经营活动按照一定的标准进行成本核算，然后通过实际成本和标准成本之间的比较，找出成本差异，从而进行成本控制。标准成本法有助于发现生产过程中的浪费和效率不高等问题，促使企业采取措施进行改进。

4.差异分析法

差异分析法是通过对实际成本和预算成本之间的差异进行分析，找出形成差异的原因，采取相应的措施进行成本控制。这种方法强调对成本差异进行深入挖掘，以确定是否是由生产过程、市场变化或管理决策等因素引起的。通过差异分析，企业可以及时调整经营策略，降低成本，提高效益。

5.环节分析法

环节分析法是将企业的生产和经营活动划分为不同的环节，对每个环节进行详细的成本核算和分析。通过对各个环节的成本进行精细管理，企业可以找出高成本环节，采取有针对性的措施进行优化和改进。环节分析法有助于企业深入了解生产流程，实现精细化成本控制。

6.质量成本控制

质量成本控制是通过提高产品或服务的质量水平，减少质量问题和售后服务，从而实现降低质量成本的目标。良好的质量管理能够减少因为产品存在缺陷而带来的额外成本，如售后服务费用、返工成本等。通过建立健全的质量管理体系，企业可以降低质量成本，提升产品竞争力。

7.资产利用效率提升

提高资产的利用效率是成本控制的关键。企业可以通过提高设备的稼动率、降低库存水平、减少闲置资源等手段，优化资产的利用，降低相关成本。定期进行设备维护和更新，确保设备的正常运转，避免因设备故障带来的额外成本。

8.原材料成本控制

原材料成本通常在产品成本中占据较大比例，因此对原材料成本的控制至关重要。企业可以通过与供应商的合作谈判、采取集中采购、优化供应链管理等手段，降低原材料的采购成本。另外，对原材料的使用进行合理规划和管理，减少浪费，也是有效的成本控制手段。

9.人力成本控制

人力成本是企业的主要成本之一。为了控制人力成本，企业可以采取以下措施：

劳动力需求规划：根据企业的生产计划和市场需求，合理规划劳动力需求，避免因过多或过少的员工而带来的成本浪费或生产不足的问题。

培训和提升员工技能：提高员工的综合素质和专业技能，使其能够更高效地完成工作任务，减少因效率低而导致的成本增加。

激励机制设计：建立激励机制，激发员工的工作积极性和创造性，提高员工的工作效率，从而降低单位产品或服务的人力成本。

弹性工时制度：根据生产计划和市场需求，灵活调整员工的工作时间，避免因为生产过剩或不足而导致的人力成本浪费。

10.技术创新与自动化

通过引入新的技术和自动化设备，企业能够提高生产效率，减少人力成本，并降低生产过程中的错误率。自动化设备的使用还能够提高生产线的灵活性，适应市场的变化。技术创新和自动化是实现成本控制的重要手段之一。

（三）成本控制的策略

为了更有效地进行成本控制，企业还需要制定相应的策略。以下是一些常见的成本控制策略：

1. 不断优化供应链

供应链是企业生产和经营活动中一个重要的环节。通过优化供应链，企业能够更好地控制原材料的采购成本、提高库存周转率、降低仓储成本等。建立强有力的供应链合作关系，与供应商建立长期合作关系，有助于降低采购成本。

2. 灵活的生产计划

制订灵活的生产计划，能够更好地适应市场需求的变化，避免因为过度生产或生产不足而导致的成本问题。灵活的生产计划还可以降低库存水平，降低仓储成本。同时，生产计划要与销售预测相结合，确保生产与销售的协同。

3. 精细化管理固定成本

固定成本指企业每个周期都要支付的一些费用，如租金、工资、水电费等。通过精细化管理固定成本，企业可以更有效地利用这些资源，降低每个单位产品的固定成本。一些精细化管理的策略包括：

资源共享：考虑与其他企业或组织进行资源共享，共同利用一些设备、场地或人力资源，以减少固定成本带来的压力。

灵活用工：在不同的生产周期和市场需求变化时，采取灵活用工的策略，如雇用临时工或采用灵活的劳动力合同，以适应生产规模的变化。

设备共享：对于一些大型设备，可以考虑与其他企业进行设备共享，减少设备的闲置时间，提高利用率。

4. 精细化管理可变成本

可变成本在生产或服务过程中与产量相关，因此精细化管理可变成本能够更好地适应市场需求的变化。管理策略包括：

成本弹性：在面对市场波动时，根据产量的变化调整可变成本。这可能包括协商更有利可变成本的供应商合同、采取弹性工时制度等。

生产效率提升：通过改进生产工艺、提高员工技能水平等方式，提高生产效率，从而在相同的可变成本下生产更多的产品或提供更多的服务。

供应链协同：与供应链伙伴进行密切协作，协同努力以降低可变成本。

这可能包括共同进行采购、优化物流、共享资源等。

5. 强化质量管理

质量问题可能导致不必要的成本，如售后服务费用、返工成本等。通过强化质量管理，企业可以降低质量成本，提升产品或服务的市场竞争力。质量管理策略包括：

全员参与：建立全员参与的质量管理文化，使每个员工都认识到质量的重要性，从而减少因为员工疏忽而导致的质量问题。

持续改进：实施方法有六西格玛、PDCA 等，不断追求卓越，降低产品缺陷率。

客户反馈：收集和分析客户的反馈信息，及时调整和改进产品或服务，提高顾客满意度，减少售后服务的成本。

6. 制定科学的价格策略

通过制定科学的价格策略，企业可以更好地把握市场需求，实现产品的良性循环。制定价格策略的方法包括：

市场定价：研究市场需求和竞争对手的价格情况，合理定价以提高产品的市场占有率。

差异定价：针对不同的市场细分，采取差异化的定价策略，使不同市场的利润最大化。

弹性定价：根据产品的弹性需求，调整价格以更好地适应市场变化。

7. 管理决策科学化

通过科学化的管理决策，企业可以更加理性地进行成本控制。科学化的管理决策依赖数据分析、模型建设和科学方法，以确保决策的准确性和合理性。使管理决策科学化的方法包括：

数据分析：利用数据分析工具对企业各项运营数据进行深入分析，发现潜在问题和机会，为决策提供有力支持。

决策模型：建立决策模型，通过对不同决策方案的模拟和比较，选取最优解。这可以涉及成本—收益分析、风险评估等方面。

预测和规划：利用预测方法，对未来市场趋势、生产需求等进行科学规划，使企业决策更具有前瞻性。

8. 节能降耗

通过节能降耗，企业可以在生产和经营中减少能源消耗，从而有效降低能源成本。常见的节能降耗策略包括：

设备更新：更新老旧的生产设备，采用更为高效的新型设备，提高能源利用效率。

生产工艺优化：优化生产工艺，减少能源浪费，提高生产效率。

员工培训：提高员工对能源节约的认识，通过培训使员工更加注重在工作中节能降耗。

9. 强化供应商管理

供应商管理直接关系到原材料采购成本和供应稳定性。通过强化供应商管理，企业可以更好地控制原材料成本，降低采购风险。供应商管理策略包括：

供应链透明化：与供应商建立透明的合作关系，了解其生产能力、质量水平和交货能力，从而减少潜在风险。

供应链多元化：不依赖单一供应商，建立多个供应商渠道，提高供应链的弹性。

供应商绩效评估：建立供应商绩效评估制度，根据供应商的质量、交货准时性、成本等方面的表现，进行评估和激励。

10. 制度建设

建立健全的成本控制制度是确保成本控制有效执行的关键。制度建设应包括：

成本核算制度：建立明确的成本核算体系，规范各项费用的计量和核算流程。

预算管理制度：制订详细的预算计划，规范费用预算的编制和执行流程。

内部审计制度：建立内部审计机制，定期对成本核算和预算执行情况进行审查，确保数据的准确性和合理性。

（四）成本控制的挑战和应对策略

尽管成本控制对企业的可持续发展至关重要，但在实际操作中仍然面临一些挑战。以下是一些常见的成本控制挑战及应对策略：

1. 市场变动

挑战：市场需求的快速变化可能导致生产计划和成本控制的不确定性。

应对策略：制订灵活的生产计划，加强市场调研，及时调整产能和库存以适应市场变动。

2. 原材料价格波动

挑战：原材料价格的波动直接影响生产成本，难以预测和控制。

应对策略：建立长期供应链合作关系，采取价格固定或套期保值等措施，降低原材料价格波动带来的风险。

3. 人力成本上升

挑战：由于劳动力市场竞争激烈，人力成本不断上升。

应对策略：提高员工的综合素质和技能，优化组织结构，提高生产效率，探索自动化替代人工的可能性。

4. 技术更新换代

挑战：随着科技的不断发展，企业可能需要进行设备更新和技术升级，增加了一定的资金投入。

应对策略：实施科技创新，制订长期的技术规划，逐步进行设备更新，确保新技术的引入带来效益的提升。

5. 管理层支持不足

挑战：如果企业管理层对成本控制缺乏支持和重视，很难形成全员参与的成本管理氛围。

应对策略：通过培训和教育提高管理层对成本控制的认知，建立激励机制，使成本控制成为企业的整体战略目标，强化管理层对成本控制的支持。

6. 不合理的供应链管理

挑战：供应链中可能存在信息不对称、合作关系脆弱等问题，影响成本控制的有效性。

应对策略：建立开放透明的供应链合作机制，加强与供应商的沟通和合作，共同应对市场变动，降低采购成本。

7. 企业文化和员工意识

挑战：如果企业文化中缺乏成本节约理念，员工缺乏成本控制意识，成本控制难以得到有效实施。

应对策略：通过内部培训和教育，树立企业成本控制文化，建立激励机制，激发员工的积极性和创造力，使成本控制成为每个员工的自觉行为。

8.法规和政策变化

挑战：法规和政策的不断变化可能导致企业在生产和经营中面临新的合规压力，增加了成本。

应对策略：建立法规监测机制，及时了解法规变化，确保企业的生产和经营活动符合法规要求。积极参与政策制定过程，争取有利政策支持。

9.风险管理不足

挑战：成本控制与风险管理密切相关，如果企业在风险管理方面存在不足，可能导致成本控制失效。

应对策略：建立完善的风险管理体系，对可能影响成本的各类风险进行评估和防范，降低不确定性。

10.竞争压力

挑战：市场竞争激烈可能导致企业为了降低产品价格而降低成本，但过度的成本压缩可能影响产品质量和企业长期发展。

应对策略：制定科学的价格策略，注重产品质量，通过提高附加值和不断创新来应对竞争压力，而非简单地压低成本。

成本控制是企业管理中的一项长期而复杂的任务，需要全员参与、多手段结合，并与企业的整体战略目标相一致。通过科学的方法、合理的手段，企业可以在保证产品或服务质量的同时，降低生产和经营活动中的各项费用，提高经济效益。

在面对各种挑战时，企业需要灵活应对，注重创新和科技引领，建立健全的管理体系，强化内外部合作关系，使成本控制成为企业发展的动力。通过不断改进和学习，企业可以更好地适应市场的变化，提高竞争力，实现可持续发展。

三、成本与价格的关系

（一）概述

成本与价格是企业经济活动中两个基本而紧密关联的概念。成本是企业为生产产品或提供服务所发生的各项费用的总和，而价格则是企业将产品或服务售出时所确定的货币数额。成本与价格之间的关系直接影响企业的盈利能力、市场竞争力以及长期的生存与发展。本书将探讨成本与价格之间的关系，分析它们的相互影响、制约和调整机制。

（二）成本与价格的基本概念

1. 成本的概念

成本是企业在生产和运营过程中，为获取生产要素和完成生产所支付的各种资源消耗费用的总和。成本主要包括直接成本和间接成本：

直接成本：直接与产品或服务生产相关的费用，如原材料、直接劳动、直接生产用品等。

间接成本：与产品或服务生产相关，但不容易直接分配到具体产品或服务上的费用，如间接劳动、生产设备折旧、管理费用等。

成本的计算和核算是企业管理与决策的基础，它直接关系到企业的盈亏状况。

2. 价格的概念

价格是市场上买卖双方约定的货币交换比率，是产品或服务在市场上的交易价格。价格的制定通常受到市场需求、供给、竞争状况、成本等多种因素的影响。

市场价格：在市场竞争环境中，由供需关系决定的产品或服务的价格，是市场自发形成的价格。

内部价格：企业内部对产品或服务的定价，通常由企业内部的管理层根据成本、利润预期等因素制定。

（三）成本与价格的相互影响

成本和价格之间存在着复杂的相互关系，彼此影响，这种关系既受到市场机制的制约，也受到企业内部决策的影响。以下是成本与价格相互影响的几个重要方面：

1. 成本影响价格的下限

在市场经济中，企业在制定产品或服务价格时，通常不能低于生产或提供的成本。否则，企业将无法覆盖成本，导致亏损。成本在很大程度上决定了价格的下限。企业需要确保售价能够覆盖直接成本、间接成本以及盈利部分。

2. 竞争对价格的影响

市场竞争是决定产品价格的重要因素之一。在竞争激烈的市场环境中，企业往往会通过不断优化成本结构、提高生产效率，以便在竞争中用更低的价格吸引消费者。竞争压力可能促使企业不断降低成本，进而影响产品的定价策略。

3. 价格对成本的反馈

价格水平的高低也会对成本产生反馈作用。当产品价格较高时，企业可能会面临较高的市场期望和质量要求，这可能导致企业需要投入更多的资源用于提高产品质量、增加研发投入等，从而间接提高成本。相反，价格的降低可能会促使企业寻找更为经济有效的生产方式，以降低成本。

4. 成本创新对价格的影响

通过创新降低成本是企业在市场中获取竞争优势的一种重要手段。新的生产技术、管理方法和供应链优化等可以降低生产成本，使企业能够提供更有竞争力的价格。因此，成本的创新与价格的制定密切相关。

5. 成本和价格对利润的影响

企业的盈利水平直接受到成本和价格的影响。如果产品价格高于成本，企业可以实现盈利，但如果价格低于成本，将导致亏损。因此，企业在制定价格时需要综合考虑成本、市场需求和盈利目标，以确保可持续盈利。

（四）调整机制与策略

在实际运营中，企业需要不断调整成本和价格，以适应市场变化、提高竞争力和保障盈利。以下是一些调整机制和策略：

1. 成本控制策略

为保持竞争力和提高利润，企业应当采取有效的成本控制策略。这包括：

生产效率提升：通过引入新技术、提高员工技能、优化生产流程等方式，提高生产效率，降低单位产品成本。

供应链优化：与供应商建立紧密合作关系，优化供应链管理，降低采购成本，缩短供应链周期，提高供应链的透明度和灵活性。

资源共享：考虑与其他企业共享资源，包括生产设备、仓储空间等，以减少固定成本。

精细化管理：对可变成本和固定成本进行精细化管理，根据市场需求灵活调整生产规模，避免资源的浪费。

技术创新：不断对研发投入资金，引入新技术，提高产品设计和生产工艺水平，降低生产成本。

2. 差异化定价策略

为更好地适应市场需求和提升品牌附加值，企业可以采取差异化定价策略：

价值定价：根据产品或服务的附加值确定价格，即通过提供独特的功能、品质或服务来正当地提高价格。

区域定价：在不同地区制定不同的价格，考虑当地市场需求、竞争状况和消费水平。

时间定价：根据产品的季节性、促销活动等因素，在不同时间点设置不同的价格。

捆绑销售：将产品与相关的服务或附加产品捆绑在一起销售，提高整体交易价值。

3. 成本与质量平衡策略

平衡成本与质量是企业制定价格的关键。低成本并不意味着低质量，而高质量也不意味着高成本。以下是平衡成本与质量的策略：

精益生产：实施精益生产原则，消除生产过程中的浪费，提高生产效率，以实现低成本高质量。

质量管理：强化质量管理体系，通过提高产品质量，提升品牌形象，从而支持更高的定价。

成本与质量分析：定期进行成本与质量分析，找到成本与质量之间的平衡点，确保在提升质量的同时最大限度地控制成本。

4. 弹性定价策略

在面对市场波动和不确定性时，企业可以采取弹性定价策略，灵活应对变化：

折扣和促销：根据市场需求情况，临时性地降低价格，通过促销活动刺激销售。

动态定价：利用市场数据和技术手段，实时调整价格，以适应市场的动态变化。

套餐定价：提供多种产品组合和套餐选择，通过差异化的组合满足不同消费者的需求。

5. 利润管理策略

制定明晰的利润管理策略对于企业的长期发展至关重要：

利润目标：设定清晰的利润目标，以确保企业在价格制定过程中能够实现可持续盈利。

成本预测：对成本进行合理的预测，使企业能够在价格制定中考虑到未来可能的成本变化。

灵活调整：根据市场和行业变化，随时对定价策略进行灵活调整，确保企业的竞争力和盈利能力。

成本与价格之间的关系是企业经济活动中不可忽视的重要问题。成本决定了价格的下限，而价格则对成本产生反馈作用。企业在市场竞争中需要巧妙平衡成本和价格，以确保盈利能力、提高竞争力，并满足消费者需求。

有效的成本控制、差异化定价、利润管理等策略都是企业在制定价格时的关键考虑因素。在市场不断变化和竞争加剧的背景下，灵活性和创新性的定价策略将有助于企业在激烈的市场竞争中取得更大的优势。最终，企业需要通过科学的管理和不断的优化调整，实现成本与价格的协调，实现可持续发展。

第四节　财务计划的动态调整

一、财务计划的灵活性与调整机制

（一）概述

财务计划是企业经营管理中至关重要的一环，它为企业提供了对未来财务状况的预测和规划。然而，企业在面对不断变化的市场环境、经济形势和内外部因素时，财务计划必须具备灵活性，并设立有效的调整机制，以确保企业能够适应新的挑战，长期稳健发展。本书将探讨财务计划的灵活性及其调整机制，以应对不确定性和风险。

（二）财务计划的基本概念

1. 财务计划的定义

财务计划是企业在一定时期内，通过对财务信息的系统分析和整理，预测并规划未来经营活动的一项管理工作，包括资金、收益、成本、投资等方面的计划，是企业管理层制定决策、掌握财务状况、实现经营目标的基础。

2. 财务计划的要素

财务计划涵盖多个要素，其中主要包括：

预算：预测和规划企业在未来一段时间内的财务收入、支出和盈利状况，是财务计划的核心组成部分。

资金计划：针对企业资金流动的情况，规划现金流量，确保企业有足够的流动资金支持经营活动。

投资计划：规划企业在未来对资本和资产的投资，包括新项目、设备更新、市场拓展等。

财务报表：根据企业财务数据编制资产负债表、利润表和现金流量表，为决策提供详尽的财务信息。

（三）财务计划的灵活性

1. 定性灵活性

定性灵活性主要指企业管理层对未来经济环境、市场变化、行业竞争等因素的预测和感知能力。这需要管理层具备敏锐的洞察力，能够及时察觉市场风险和机遇，以便灵活调整财务计划。

市场变化：对市场趋势的把握，包括市场需求的波动、竞争格局的变化等。

经济环境：对宏观经济形势的分析，包括通货膨胀、利率变动、政策调整等。

行业竞争：对行业竞争格局的了解，及时调整企业在市场中的定位和策略。

2. 定量灵活性

定量灵活性是指企业在财务计划中设置灵活的数值指标和调整机制，以适应不同情况下的经营需求。这需要在制订财务计划时考虑多种可能的变化因素，并为其设立合理的容忍度和应对方案。

预算弹性：在编制预算时，可以设置一些预算项目的弹性范围，以应对市场波动和不确定性。

投资回报率：对于投资计划，可以设定不同的投资回报率目标，根据市场反馈和项目进展进行动态调整。

成本控制：在成本预算中设置可变成本和固定成本的弹性范围，以适应生产规模的变化。

资金计划：制订灵活的资金计划，包括灵活的融资方案、资金使用计划等。

（四）财务计划的调整机制

1.定期检查和评估

财务计划的调整应该建立在对企业当前状况的深入了解和全面评估的基础上。管理层需要定期对财务计划进行检查和评估，以了解与实际情况的偏差，发现问题和风险。

财务报表分析：对企业的资产负债表、利润表和现金流量表进行详细分析，找出与预期目标的偏差。

经济环境分析：关注宏观经济形势的变化，了解对企业的影响，及时调整计划。

市场调研：定期进行市场调研，了解市场需求、竞争格局等信息，为财务计划的调整提供依据。

2.灵活的决策机制

调整财务计划需要建立灵活的决策机制，确保企业能够及时作出决策，应对变化。这包括：

决策权限：设定财务计划调整的决策权限，确保在合适的层级和时间内做出决策。

危机应对机制：在面临重大变化或危机时，设立专门的危机应对机制，由专业团队负责制订应对方案和调整财务计划。

紧急会议：当发现财务计划出现较大偏差时，召开紧急会议进行讨论和决策，确保能够及时采取措施。

信息反馈：建立快速、准确的信息反馈机制，及时获知市场、经济和行业的变化，为调整财务计划及时提供信息支持。

3. 预案制订与演练

调整财务计划需要有预案和演练，以应对各种可能的风险和挑战。

风险评估：对可能影响财务计划的风险进行评估，确定风险的概率和影响程度。

预案演练：定期组织财务计划调整演练，让相关人员熟悉应对流程和方法，提高应对突发事件的效率。

灵活性测试：针对不同的市场情景和经济形势，进行财务计划灵活性测试，验证财务计划的可调性和可适应性。

4. 持续学习和改进

财务计划的灵活性不仅依赖机制和预案，还需要建立学习与改进文化。管理层和团队需要时刻关注市场变化，及时总结经验教训，不断完善财务计划的制订和调整过程。

经验分享：建立内部的经验分享机制，让不同部门之间能够及时交流财务计划的执行情况和调整经验。

外部学习：关注同行业和跨行业的最佳实践，学习其他企业在面对市场变化时的应对策略。

持续改进：在每一次财务计划的执行和调整过程中，总结经验，找出不足，进行持续改进。

财务计划的灵活性与调整机制是企业在不断变化的市场环境中保持竞争力和可持续发展的关键。通过建立定性和定量的灵活性机制，以及科学的调整机制，企业能够更加敏锐地应对外部不确定性，更好地实现财务计划的目标。

管理层的意识觉醒、决策机制的灵活、预案制订与演练、持续学习与改进，都是构建财务计划灵活性的重要组成部分。在经济不断发展和市场竞争日益激烈的环境中，企业需要将灵活性与调整机制纳入常态化管理，以便更好地适应变化、把握机遇，稳健、可持续地发展。

二、环境变化对财务计划的影响

（一）概述

在当今复杂多变的商业环境中，企业面临各种内外部不确定性和变化。这种环境的动荡不仅影响着企业的经营策略和市场竞争力，还对财务计划产生了深远影响。本书将探讨环境变化对财务计划的影响，分析其可能带来的挑战和机遇，以及企业应对策略。

（二）财务计划的基本概念

1. 财务计划的定义

财务计划是企业为了实现其长期目标而制定的财务目标和行动计划的总和。它涵盖了多个方面，包括资金管理、投资决策、成本控制、收入预测等，是企业管理层为了提高决策效率、优化资源配置而进行的系统性规划。

2. 财务计划的要素

财务计划包括多个要素，主要包括：

预算：对未来一定时期内的收入、支出和利润进行的详细规划，是财务计划的核心组成部分。

资金计划：规划企业的现金流动，确保有足够的流动资金支持经营活动。

投资计划：未来一段时间内对资本和资产的投资，包括新项目、设备更新、市场拓展等。

财务报表：包括资产负债表、利润表和现金流量表，提供详尽的财务信息。

（三）环境变化对财务计划的影响

1. 宏观经济环境的变化

宏观经济环境的不稳定性和波动性是企业经营中不可忽视的因素之一。通货膨胀率、利率水平、汇率变动等宏观经济指标的波动都可能对企业的财务计划产生直接或间接的影响。

通货膨胀率：高通货膨胀率可能导致成本上升，影响企业的盈利水平，需要调整成本结构和价格策略。

利率水平：利率的变化对企业的融资成本和还款压力产生影响，需要调整资金计划和债务结构。

汇率变动：对跨国企业而言，汇率的波动可能导致资产负债表的波动，需要灵活应对汇率风险。

2. 行业竞争格局的变化

随着科技进步、市场需求变化以及新的竞争者进入，行业竞争格局可能发生变化，这直接影响企业的市场份额和盈利水平。

技术创新：新的技术可能改变产品生命周期和市场需求，企业需要调整产品投资计划和研发方向。

竞争者增加：新的竞争者的进入可能导致价格战和市场份额的变动，需要调整价格策略和销售计划。

市场需求：消费者需求的变化可能影响产品销售，需要调整生产计划和库存策略。

3. 政策法规的调整

政府政策和法规的变化对企业的经营环境与成本结构有直接的影响。税收政策、环保法规、劳动法规的调整都可能引起企业财务计划的调整。

税收政策：税率的变动可能影响企业的盈利水平，需要进行税务规划和成本控制。

环保法规：提高环保要求可能导致生产成本的增加，需要调整生产计划和投资计划。

劳动法规：劳动力市场的法规变化可能导致人力成本的变动，需要调整人力资源计划和薪酬政策。

4. 技术和市场趋势的变化

技术和市场趋势的变化对企业的产品开发和销售模式产生了深远影响，可能需要调整投资计划和销售策略。

数字化转型：技术的进步可能促使企业进行数字化转型，需要调整 IT 投资计划和相关技术人才的培养计划。

新兴市场：新兴市场的崛起可能改变产品需求，需要调整市场拓展计划和国际业务战略。

消费习惯：消费者对于可持续性和个性化的追求可能改变产品设计与销售渠道，需要调整生产计划和市场推广策略。

（四）环境变化对财务计划的挑战

1. 不确定性增加

环境的变化导致不确定性增加，这使财务计划的编制变得更加困难。企业难以准确预测未来的经济状况、市场需求和竞争环境，导致财务计划可能面临更多的调整。

市场波动：行业竞争激烈、市场需求波动大等因素增加了市场的不确定性，使销售预测变得更加困难。

政策变动：政府政策和法规的变动通常较难预测，企业需要灵活应对可能的政策风险。

技术创新：技术的快速发展使市场上不断涌现新产品，企业需要适应市场的技术变革，以保持竞争力。

2. 成本结构调整

环境变化可能导致企业成本结构的调整，包括原材料成本、人力成本、资金成本等。不同的环境变化可能对这些成本产生不同的影响，企业需要灵活调整财务计划以适应新的成本压力。

原材料价格波动：全球原材料市场的波动可能导致生产成本不定，企业需要谨慎制订采购计划和定价策略。

人力成本压力：由于劳动力市场供需关系和法规的变化，人力成本可能面临上升压力，企业需要调整薪酬政策和培训计划。

资金成本波动：利率的变化和融资条件的变动可能导致资金成本的波动，企业需要灵活调整资金计划和债务结构。

3. 市场份额和竞争力

行业竞争格局的变化可能影响企业的市场份额和竞争力。新的竞争者进入、现有竞争者退出或市场份额的变动都可能对企业的销售和盈利产生影响。

竞争者压力：行业竞争加剧可能导致价格下降、毛利率压力增大，企业需要调整定价策略和控制成本。

市场份额变动：市场份额的增加或减少直接影响企业的市场地位，需要调整市场推广计划和产品战略。

新兴市场机会：新兴市场的崛起可能带来新的商机，企业需要灵活调整市场拓展计划和国际业务战略。

4. 资金和投资风险

宏观经济环境的变化以及市场不确定性可能增加企业面临的资金和投资风险。这对企业的资金计划和投资计划提出了更高的要求。

融资难度增加：环境变化可能导致融资渠道的收缩，企业需要寻找更多的融资途径，包括债务和股权融资。

投资回报不确定：行业和市场的不确定性可能使投资回报的预测变得更加困难，企业需要谨慎制订投资计划和风险管理策略。

汇率和利率风险：跨国企业可能面临汇率和利率的波动，需要实施有效的风险管理措施。

三、动态调整在企业经营中的应用

（一）概述

企业经营环境日益复杂多变，传统的静态计划和固定战略已难以适应快速变化的市场需求和竞争压力。动态调整作为一种灵活、实时的管理方式，在企业经营中扮演着越来越重要的角色。本书将深入探讨动态调整的概念、原则以及在企业经营中的应用，旨在为企业管理提供深刻理解和实践指导。

（二）动态调整的概念

1. 动态调整的定义

动态调整是指企业在面对外部或内部环境的变化时，通过及时、灵活的方式对战略、计划和操作进行调整的管理方法。与传统的静态计划相比，动态调整强调实时性、敏捷性和持续性，使企业能够更好地适应变化并保持竞争优势。

2. 动态调整的原则

实时响应：动态调整强调对市场和业务环境的实时响应能力，企业能够快速获取、分析并利用最新的信息。

灵活性与敏捷性：企业应具备灵活性，能够迅速调整战略、计划和业务流程，以适应外部环境和内部变化。敏捷性是指企业在变化中保持高效运作的能力。

持续优化：动态调整是一个持续的过程，企业需要不断优化战略、运营和管理，以确保适应性和竞争力的持续提升。

（三）动态调整在企业经营中的应用

1. 实时市场反馈与产品调整

在竞争激烈的市场中，企业需要通过实时获取市场反馈，了解消费者需求的变化。通过实时收集销售数据、客户反馈和市场趋势，企业可以迅速调整产品设计、定价策略和营销活动，以满足市场需求。

产品优化：企业可以根据市场反馈对产品进行实时调整，改进功能、设计或性能，提升产品竞争力。

定价策略：基于实时市场定价策略的反馈，企业可以调整产品价格以更好地满足市场需求并提高市场份额。

2. 资金和成本的动态管理

动态调整在资金和成本管理方面发挥着关键作用。通过实时监测企业的财务状况、成本结构和现金流，企业可以更好地管理资金风险，灵活调整投资计划和成本控制策略。

资金风险管理：企业可以通过实时监测现金流状况，灵活调整融资计划，降低资金风险。

成本优化：基于实时成本分析，企业可以调整成本结构，降低变动成本，提高运营效率。

3. 灵活的组织架构和人力资源管理

动态调整要求企业建立灵活的组织架构和人力资源管理体系，以适应市场和业务的变化。这包括弹性的人力资源配置、快速的决策机制和敏捷的团队合作。

弹性人力资源：企业可以通过灵活的雇佣模式、人员调配和培训，更好地适应业务需求的波动。

快速决策：动态调整要求企业具备快速决策的能力，通过简化决策流程和推行分散化管理，加速战略调整的实施。

4. 技术创新与数字化转型

动态调整与技术创新和数字化转型密切相关。通过采用先进的技术和数字化工具，企业可以更好地应对市场变化，提高决策效率和灵活性。

数字化决策支持：利用数据分析、人工智能等技术，提供实时决策支持，帮助企业更准确地评估市场趋势和业务状况。

智能运营：通过引入智能化生产、物流等系统，提高运营效率，降低生产和运营成本。

（四）动态调整的挑战和应对策略

1. 数据安全和隐私保护

随着企业在动态调整中更多地依赖数据，数据安全和隐私保护成为一次重要挑战。企业需要采取有效的措施，确保数据的安全性和隐私保护，避免信息泄露和滥用。

数据加密与脱敏：采用先进的数据加密技术和脱敏技术，确保敏感信息在传输和存储过程中得到充分保护，降低数据泄露的风险。

合规性管理：企业需要遵守相关法规和标准，建立合规性管理体系，确保数据的收集、处理和存储符合法律法规，并对员工进行相应的培训。

2. 组织文化与员工适应

动态调整需要企业建立一种灵活的组织文化，但这也可能面临员工适应的问题。传统的组织文化可能存在惯性，员工可能需要时间适应新的工作方式和决策模式。

变革管理：引入变革管理的理念，通过有效的沟通、培训和参与，帮助员工理解和接受新的组织文化与工作方式。

激励机制：设立激励机制，鼓励员工参与变革过程，分享创新想法，建立共同的动态调整意识。

3. 技术架构的升级与整合

实施动态调整需要企业具备先进的技术架构，但现有的技术基础设施可能不足以支持快速变化的需求。因此，技术架构的升级和整合成为一次挑战。

系统集成：采用先进的系统集成方法，将不同业务系统和数据源整合为一个统一的平台，提高信息流畅度和准确性。

云计算和边缘计算：利用云计算和边缘计算等先进技术，提高系统的弹性和灵活性，支持更高效的动态调整。

4. 风险管理与不确定性

动态调整在一定程度上增加了企业面临的风险和不确定性。企业需要有效的风险管理策略，以应对可能带来的经济、市场和运营风险。

风险评估：建立完善的风险评估机制，通过实时监测市场和业务状况，及时发现和评估可能的风险。

多样化投资：分散投资组合，降低特定业务或市场的风险，保持企业整体的抗风险能力。

第三章 投资决策与资本预算

第一节 投资决策的基本概念

一、投资与企业长期发展战略

（一）概述

投资是企业实现长期发展战略的重要手段之一。通过明智的投资决策，企业能够获取资本、提高生产效率、拓展市场份额，并在竞争激烈的市场中保持竞争力。本书将深入探讨投资与企业长期发展战略的关系，分析投资的基本类型、决策过程、风险管理以及与企业长期发展的协同作用。

（二）投资的基本类型

1. 资本性投资

资本性投资通常指的是用于购置长期资产和设备的投资。这类投资的回报通常在较长时间内实现，涉及较高的资金规模。资本性投资对企业的生产力和竞争力有着深远的影响，例如购置新设备、扩建生产线等。

2. 运营性投资

运营性投资是企业用于日常运营活动的投资，包括原材料采购、人员培训、广告宣传等。这些投资通常短期内能够见效，直接影响企业的日常经营和市场竞争。

3. 研发与创新投资

为了保持市场竞争力和推出新产品，企业需要进行研发与创新投资。这包括新产品开发、技术研究、市场调查等，对企业未来的长期发展至关重要。

4. 股权投资

企业可以通过购买其他公司的股权来获取长期投资回报。这种投资形式通常涉及战略性投资，旨在获取对目标公司的控制权或影响力。

（三）投资决策过程

1. 目标设定与战略对接

投资决策的第一步是明确投资的目标，并确保与企业的长期发展战略相一致。这需要企业明确自身的战略定位、市场定位以及未来发展方向。

2. 投资评估与风险分析

在投资决策中，对潜在投资项目进行全面的评估和风险分析是至关重要的。这包括市场分析、财务分析、竞争环境分析等，以评估投资的可行性和潜在风险。

3. 资金筹措与融资选择

确定投资项目后，企业需要考虑如何筹措所需的资金。这可能涉及内部资金、债务融资、股权融资等多种方式。选择合适的融资方式关乎企业未来的财务状况和资本结构。

4. 实施和监控

一旦投资决策制定并融资完成，企业需要将其付诸实施，并建立监控机制以确保投资项目按照计划进行。实施和监控的过程需要及时调整，以适应外部环境的变化。

5. 评估与调整

投资项目的周期通常较长，因此需要定期评估投资的效果并进行调整。这可能包括对投资项目进行战略调整、资源重新配置，以确保项目能够持续对企业发展产生积极影响。

（四）风险管理与投资决策

风险管理是投资决策中至关重要的一环，企业需要在投资过程中识别、评估和管理各类风险。以下是一些常见的投资风险：

1. 市场风险

市场风险涉及宏观经济、行业发展等因素，对企业长期战略和投资决策有着直接的影响。通货膨胀、汇率波动、市场需求的不稳定性都可能导致企业投资回报的波动。

2. 财务风险

财务风险涉及企业的资本结构、财务健康状况等方面。高额的负债、不合理的资本结构以及财务管理不善都可能对企业的长期发展产生不利影响。

3. 技术和创新风险

对于涉及研发和创新的投资，技术风险是一个重要考虑因素。技术变革的快速发展可能导致企业之前的投资迅速过时，影响长期的竞争力。

4. 管理和执行风险

企业投资项目的成功与否还与管理层的执行力和决策能力密切相关。缺乏有效的管理和执行可能导致投资项目的失败。

5. 政策和法规风险

政策和法规的变化对企业的经营环境有着深远的影响。政策的不确定性和法规的频繁变动可能使企业的投资决策面临额外的风险。

6. 持续创新和技术领先

企业的长期发展需要不断的创新和领先的技术。因此，投资应着眼于研发和技术升级，以确保企业在市场上保持竞争力。

7. 市场拓展和多元化

在长期战略中，企业可能考虑市场拓展和多元化经营，以降低单一市场或产品带来的风险。这涉及对不同市场的深入了解和适应能力。

8. 可持续发展和社会责任

随着社会对可持续发展和社会责任的关注不断增加，企业的长期投资战略也应考虑到环境、社会和治理（ESG）等方面的因素，以确保企业的可持续发展。

（五）投资与企业长期发展的协同作用

1. 提高竞争力

通过合理的投资，企业能够提高自身的生产效率、降低成本、提升产品或服务质量，从而在市场中保持竞争力。

2. 拓展市场份额

投资不仅可以用于维护现有市场份额，还可以用于拓展新市场。企业可以通过投资进入新的市场，扩大产品线，实现市场份额的增长。

3. 创造附加值

投资不仅是为了获取回报，还是为了创造附加值。通过技术创新、产品创新等方面的投资，企业能够为客户提供更有价值的产品和服务。

4. 适应变化

投资能够使企业更好地适应外部环境的变化。在市场竞争、科技进步、法规变动等方面出现变化时，企业通过灵活的投资策略能够更好地应对这些变化。

5. 长期稳定增长

合理的投资能够为企业创造长期、稳定的增长。通过对不同领域的投资分布，降低整体业务的风险，实现长期发展的稳健性。

投资与企业长期发展战略密不可分。通过明确的目标设定、全面的投资评估、有效的风险管理，企业可以更好地实现投资的最大化效益，推动长期发展战略的成功实施。在不断变化的商业环境中，企业需要不断优化投资决策过程，灵活调整投资策略，以适应市场的需求和变化，确保企业在长期发展中保持竞争力和可持续发展。

二、投资决策的关键要素

（一）概述

投资决策是企业管理中的重要环节之一，涉及资本的配置、风险的评估、未来回报的预测等多方面因素。在一个复杂多变的商业环境中，正确的投资决策对企业的长期发展至关重要。本书将深入探讨投资决策的关键要素，包括目标设定、市场分析、资本成本、风险评估、可行性分析等多个方面。

（二）投资决策的基本流程

在深入讨论投资决策的关键要素之前，首先了解一下投资决策的基本流程，以便更好地理解这些关键要素的作用。

1. 目标设定

投资决策的第一步是明确投资的目标。企业需要明确投资的目标，包括财务目标（如投资回报率）、战略目标（如市场份额扩大）、风险承受力等。

2.市场分析

进行全面的市场分析是投资决策的基础。这包括对行业的了解、市场趋势的分析、竞争对手的评估等，以便确定投资的方向和策略。

3.资本成本估算

企业需要评估投资所需的资本成本，包括债务成本和股权成本。资本成本的估算对于确定投资的可行性和预期回报至关重要。

4.风险评估

对投资项目的风险进行全面的评估是保障投资决策质量的关键步骤。风险评估涉及市场风险、财务风险、执行风险等多个方面。

5.投资可行性分析

通过进行投资可行性分析，企业可以评估投资项目的可行性，包括财务可行性、技术可行性、市场可行性等。这有助于排除不符合实际情况的投资方案。

6.决策制定

在充分分析了市场、风险、可行性等因素后，企业需要制定明确的投资决策。这可能包括确定投资规模、融资方式、投资时间等。

7.实施与监控

制定决策后，企业需要将投资计划付诸实施，并建立监控机制，确保投资项目按照计划执行。实施与监控是投资决策过程的持续性环节。

8.评估与调整

投资项目的周期较长，企业需要定期评估投资的效果并进行调整。这可能包括战略调整、资源重新配置等，以确保项目能够持续对企业发展产生积极影响。

（三）投资决策的关键要素

1.目标设定

战略目标明确：投资决策的首要任务是明确战略目标。企业需要清晰地定义投资的目标，是追求短期回报还是长期增长，是市场份额扩大还是技术领先等。

风险承受力评估：不同企业在面对风险时有不同的承受力。因此，目标设定时需要评估企业的风险承受力，确定投资的风险水平是否符合企业整体战略。

2. 市场分析

行业趋势分析：对所在行业的趋势有深入的了解是关键。了解市场的成长性、竞争格局、创新趋势等，有助于选择符合企业战略方向的投资项目。

竞争对手评估：了解竞争对手的战略动向、市场份额、产品创新等，可以帮助企业更好地定位自己在市场中的位置，并制定更具竞争力的投资策略。

3. 资本成本估算

债务和股权成本计算：企业需要计算债务和股权的成本，以确定最经济有效的资本结构。这关系到企业的财务稳健性和长期投资回报。

机会成本分析：除了直接的资本成本，还需要考虑机会成本。如果资金用于某个投资项目，那么无法用于其他潜在的有利可图的机会。

4. 风险评估

市场风险分析：对市场风险的识别和分析是投资决策的核心。通货膨胀、利率变动、政治不稳定等都可能对投资项目产生不同程度的影响。

项目执行风险评估：评估项目执行的风险，包括管理层的执行能力、项目实施的可行性等，是确保投资成功的重要环节。

财务风险评估：财务风险涉及企业资本结构、偿债能力等方面。企业需要评估投资项目对其财务状况的影响，以确保财务风险在可控范围内。

5. 投资可行性分析

财务可行性分析：通过财务可行性分析，企业可以评估投资项目的收益率、投资回收期、净现值等指标，从而判断投资的经济效益。

技术可行性分析：对于涉及技术创新和研发的投资项目，技术可行性分析将评估技术的成熟度、可行性以及项目实施中可能遇到的技术难题。

市场可行性分析：了解投资项目在市场上的接受度和潜在需求是至关重要的。市场可行性分析包括对目标市场的规模、竞争格局、市场份额的预测等。

6. 决策制定

资金筹措方案：在决策制定阶段，企业需要确定资金筹措的方式，包括内部融资、债务融资、股权融资等。选择合适的融资方式关系到投资的成本和资本结构。

投资规模与阶段：决策制定时需要明确投资的规模和阶段，即确定一次性投资的规模和分阶段的投资计划，以便更好地进行实施和监控。

7. 实施与监控

项目实施：将决策付诸实施是投资决策的关键一步。企业需要确保投资项目按照计划有序进行，监督项目的执行过程，确保各项决策得以贯彻。

监控机制建立：建立有效的监控机制有助于及时发现并纠正投资项目中的问题。监控包括对项目进度、成本、质量等方面的实时监测。

8. 评估与调整

定期评估：投资项目的效果需要定期评估。这包括对投资回报率、项目进展、市场反馈等方面的评估，以及对项目目标是否实现的检验。

调整决策：根据评估结果，企业可能需要进行调整决策，可能是对投资计划的调整、战略方向的修正，以确保投资项目能够更好地服务于企业的长期发展战略。

（四）投资决策的成功因素

在考虑投资决策的关键要素时，了解投资决策的成功因素对企业十分重要。以下是一些影响投资决策的因素：

1. 全面信息获取

成功的投资决策离不开对信息的全面获取。企业需要收集并分析与投资相关的市场、竞争、财务等各方面的信息，以便在决策中有充足的依据。

2. 风险管理能力

风险是投资不可避免的一部分，但成功的企业能够有效地管理风险。有强大的风险管理能力意味着企业能够在不确定性的环境中更好地应对各种挑战。

3. 长期战略一致性

投资决策需要与企业的长期战略一致。确保投资项目符合企业长期发展目标，避免短期行为对长期战略造成负面影响。

4. 敏捷性和灵活性

商业环境变化快速，成功的投资决策需要企业具备敏捷性和灵活性。能够及时调整投资计划，适应市场变化是成功投资的关键。

5. 专业团队支持

投资决策需要专业知识和全面的信息分析，因此拥有专业的团队支持是成功的关键。这可能涉及财务、市场、技术等多个领域的专业人才。

6. 合理的财务结构

企业需要保持合理的财务结构，确保投资不会对企业的整体财务状况造成不利影响。财务结构的合理性涉及债务和股权的平衡。

7. 有效的监控机制

建立有效的监控机制有助于及时发现并解决问题。监控机制应包括项目进度、成本、风险等方面的全面监测，以便及时调整投资计划。

三、投资决策与风险管理

（一）概述

投资决策与风险管理是企业在复杂多变的商业环境中取得成功的关键要素。投资决策涉及资本的配置，而风险管理则旨在最大限度地降低不确定性对企业的负面影响。本书将深入研究投资决策的本质和风险管理的核心原则，探讨它们在企业管理中的作用以及如何相互交融以取得长期成功。

（二）投资决策的本质

1. 目标设定

投资决策的起点是明确企业的目标。这涵盖了短期和长期的财务目标，战略目标以及与企业核心价值观和使命相一致的目标。目标设定的清晰性为后续的投资决策提供了方向。

2. 市场分析

在进行投资决策之前，对市场进行全面的分析至关重要。这包括对所在行业的了解、市场趋势的研究、竞争对手的评估等。市场分析为企业选择合适的投资方向提供了基础。

3. 资本成本估算

企业需要评估投资项目的资本成本，包括债务和股权成本。这有助于确定最经济有效的资本结构，确保企业在投资中能够实现最大的价值。

4. 风险评估

在投资决策过程中，风险评估是不可或缺的一部分。这包括对市场风险、财务风险、执行风险等各方面风险的评估。风险评估有助于企业更全面地了解投资项目可能面临的不确定性。

5.可行性分析

通过进行可行性分析，企业可以全面评估投资项目的可行性，包括财务可行性、技术可行性和市场可行性等。可行性分析帮助企业筛选出真正符合战略目标的投资机会。

6.决策制定

在完成前期分析之后，企业需要制定明确的投资决策。这可能涉及资金筹措、投资规模、阶段性投资计划等。决策的制定需要考虑各种因素，以确保符合企业长期战略。

7.实施与监控

投资决策一旦制定，需要付诸实施，并建立有效的监控机制。实施和监控确保投资项目按照计划进行，及时发现并纠正偏离。

8.评估与调整

投资项目的周期较长，需要定期评估其效果并进行调整。评估涉及对投资回报、市场反馈等多个方面的全面分析，以及根据评估结果对项目进行灵活调整。

（三）风险管理的核心原则

1.风险识别

风险管理的第一步是识别潜在的风险。这包括内部和外部的各种因素，如市场波动、政治不稳定、技术风险、财务风险等。企业需要全面了解其面临的环境，以准确识别可能对投资产生负面影响的风险。

2.风险评估

一旦风险被识别，企业需要对其进行全面评估。这涉及确定风险的概率和影响程度，以便为企业提供更清晰的认识。风险评估有助于确定哪些风险最为严重，应该优先考虑。

3.风险应对策略

在确定了风险后，企业需要制定相应的风险应对策略。这包括：

（1）风险规避：采取措施避免潜在的风险，可能包括选择不同的市场、调整投资规模或选择不同的投资方向。

（2）风险减轻：采取措施降低风险的影响，如通过保险、合同条款的设定、多元化投资等方式来减轻风险。

（3）风险转移：将一部分风险通过外包、合作伙伴协议等方式转移出去，以减轻企业自身承担的风险责任。

（4）风险接受：对某些风险，企业可能会选择接受，并通过建立紧急计划和储备金来应对可能的不利影响。

（5）风险控制：设定一系列控制措施，监控风险的发生和发展，并在必要时采取措施加以控制。

4. 风险监控和反馈

风险管理是一个动态的过程，需要不断地监控和反馈。企业应建立有效的监控机制，定期审查投资项目的风险状况，并根据实际情况及时调整风险应对策略。

5. 风险文化建设

成功的风险管理需要在企业内部建立一种风险文化，使员工在面对风险时能够敏感、主动并适度承担责任。企业应鼓励员工报告风险，提供培训以增强其风险意识，并确保风险管理的流程被纳入企业文化中。

（四）投资决策与风险管理的关系

1. 风险是投资决策的内在属性

风险是投资不可避免的内在属性，因为投资本质上是面对未来不确定性的决策。企业进行投资决策时，需要全面了解潜在的风险，而不是试图完全消除它们。风险管理的目标是在承担一定风险的同时，获得最大化回报。

2. 风险管理是投资决策的保障

风险管理为投资决策提供了一种保障机制。通过识别、评估和应对风险，企业可以更好地应对外部环境的变化，减少不确定性对投资项目的影响。有效的风险管理有助于确保投资项目能够顺利实施并取得期望的效果。

3. 风险管理是投资决策的持续性过程

投资决策不是一次性事件，而是一个持续性的过程。随着时间的推移，外部环境、市场条件、企业内部因素都可能发生变化，因此风险管理也需要不断地进行。在投资项目的整个生命周期中，风险管理是一个持续不断的活动，确保企业在变化的环境中保持灵活性和适应能力。

4. 风险管理与长期战略一致

投资决策的风险管理需要与企业的长期战略一致。企业在制定战略目标时，应考虑到长期风险因素，并在投资决策中纳入相应的风险管理策略。这有助于确保投资项目不仅符合短期目标，还与企业长期发展方向保持一致。

5. 风险管理对企业治理的影响

风险管理是企业治理的重要组成部分。在投资决策中，有效的风险管理有助于提高企业治理的质量。它要求企业建立透明的决策流程、建立有效的内部控制机制，并加强对关键风险的监控。这对于维护企业的声誉、降低股东和利益相关者的担忧具有重要意义。

6. 风险管理与投资回报的平衡

风险管理与投资回报之间存在平衡关系。过度谨慎的风险管理可能导致错失一些潜在的高回报机会，而过于冒险可能增加企业承担的风险。企业需要在追求回报的同时，以合理的风险水平为前提，寻求最优的风险—回报平衡。

第二节　资本预算技术与方法

一、静态与动态资本预算的区别

（一）概述

资本预算是企业在长期投资决策中的一个重要工具，用于评估和选择各种投资项目。资本预算主要分为静态资本预算和动态资本预算两种类型。本书将深入探讨静态资本预算和动态资本预算的概念、特点、优势，以及其在企业长期投资决策中的应用。

（二）静态资本预算

1. 概念

静态资本预算是指在一个固定时点上，对未来现金流入流出的估算和分析。它主要关注项目的初始投资和预期未来的现金流入流出，不考虑资金在不同时间点的价值变化。静态资本预算常用于简单的投资项目，其中未来现金流较为稳定，且投资项目的生命周期相对较短。

2. 特点

单一时点分析：静态资本预算将所有现金流入和流出都聚焦在一个特定的时点，通常是投资项目开始的时候。

不考虑时间价值：静态资本预算没有考虑资金在不同时间点的时间价值。即使未来现金流有多年的时间跨度，也没有对这些现金流进行折现或调整。

固定预算：一旦做出静态资本预算，投资计划的金额就被视为固定不变。这意味着在分析过程中不考虑未来的通货膨胀、资本成本变化等因素。

适用于简单项目：静态资本预算更适用于投资项目比较简单、现金流相对稳定的情况。如果项目的未来现金流比较复杂或不确定，静态资本预算的精度可能会受到影响。

3. 优势

简单易懂：静态资本预算的计算相对简单，易于理解和操作，适用于一些较为简单的投资项目。

适用于短期项目：在项目生命周期较短、现金流相对稳定的情况下，静态资本预算能够提供足够的信息来支持决策。

（三）动态资本预算

1. 概念

动态资本预算是考虑资金在不同时间点的时间价值的一种投资分析方法。与静态资本预算只关注特定时点不同，动态资本预算考虑到投资项目在整个生命周期内的现金流，并使用贴现率来调整未来现金流的价值。这种方法更贴近实际情况，因为它认识到同一金额的现金在不同时间点的价值是不同的。

2. 特点

多时点分析：动态资本预算将现金流入和流出考虑在投资项目的整个生命周期内，而不是只关注一个时点。

时间价值考虑：采用贴现率（折现率）来考虑资金在不同时间点的时间价值，反映了货币的时间价值和投资项目的风险。

适用于长期项目：动态资本预算更适用于那些投资项目生命周期较长、未来现金流相对不稳定的情况，因为它更能准确反映资金在不同时间点的实际价值。

考虑通货膨胀和资本成本：动态资本预算能够更全面地考虑通货膨胀和资本成本的影响，因为它允许在未来的现金流中应用适当的调整。

灵活性：由于动态资本预算考虑了时间价值，因此在项目生命周期内灵活地进行贴现和现金流的分析，适应了复杂和多变的商业环境。

3. 优势

更精确的决策依据：动态资本预算提供了更精确、更全面的决策信息，因为它考虑了资金在不同时期的时间价值。

适用于复杂项目：对于投资项目生命周期较长、未来现金流较为复杂的情况，动态资本预算能够更好地应对这些复杂性。

更全面的风险考虑：动态资本预算通过考虑时间价值和贴现率，更全面地考虑了投资项目的风险，有助于做出更为明智的决策。

（四）静态与动态资本预算的比较

1. 时间点分析 VS 多时点分析

静态资本预算关注特定时点的现金流，而动态资本预算考虑投资项目整个生命周期内的现金流。动态资本预算提供了更全面的信息，能够更好地支持长期决策。

2. 不考虑时间价值 VS 考虑时间价值

静态资本预算不考虑资金在不同时间点的时间价值，而动态资本预算通过贴现率考虑了这一点。动态资本预算的时间价值考虑更符合实际情况，更有助于做出准确的决策。

3. 适用于简单项目 VS 适用于复杂项目

静态资本预算更适用于较为简单、生命周期较短、现金流较为稳定的项目；而动态资本预算更适用于复杂、生命周期较长、现金流较为不稳定的项目。

4. 固定预算 VS 更灵活的分析

静态资本预算在制定后被视为固定预算，不考虑未来变化。相比之下，动态资本预算允许在项目生命周期内进行灵活的贴现和现金流分析，更容易适应不同的商业环境。

5. 简单易懂 VS 更精确的决策依据

静态资本预算相对简单易懂，适用于初步的投资项目评估；而动态资本预算提供更精确、全面的决策信息，适用于需要更深入分析的决策过程。

静态资本预算和动态资本预算都是在企业长期投资决策中应用的方法，它们分别关注于特定时点和整个生命周期的现金流。选择使用哪种方法取决于具体的投资项目特征和企业的决策需求。

二、不同行业资本预算的特殊考虑

（一）概述

资本预算是企业在长期投资决策中的关键工具，用于评估和选择各种投资项目。不同行业之间存在差异，涉及市场特性、技术创新、法规环境等方面的考虑。本书将深入探讨不同行业在资本预算中的特殊考虑，以帮助企业更好地应对各自行业的挑战和机遇。

（二）制造业

1.高度依赖技术和设备

在制造业，资本预算需要特别关注技术和设备的更新换代。制造业通常依赖先进的生产技术和设备以提高生产效率与产品质量。因此，资本预算要考虑投资新技术和设备的可行性，以保持竞争力。

2.周期性市场波动

制造业通常受到市场需求的周期性波动影响。资本预算需要考虑市场的不确定性，尤其是在经济周期的不同阶段。在高峰期，可能需要增加生产能力以满足需求，而在低谷期可能需要谨慎控制投资以避免过度承担风险。

3.质量和效率的重要性

制造业对产品质量和生产效率的要求较高。资本预算需要考虑投资质量管理系统、自动化生产线和供应链优化等方面，以确保产品符合标准，并提高生产效率。

（三）零售业

1.库存管理和季节性需求

零售业在资本预算中需要特别考虑库存管理和季节性需求。零售商通常面临销售季节性波动，因此在预算中需要考虑对库存的投资和管理，以便在销售高峰期满足需求。

2. 投资电子商务和科技

随着电子商务的兴起，零售业需要不断投资在线销售平台、数字化支付系统和客户关系管理工具。资本预算要考虑电子商务的发展趋势，以适应消费者购物习惯的变化。

3. 店铺扩张和定位选择

零售业在扩张时需要谨慎选择店铺的定位和位置。资本预算要考虑到市场调研、人口密度、竞争对手等因素，以确保新店铺的盈利能力。

（四）IT 行业

1. 技术更新和研发投资

在 IT 行业，技术更新和研发投资是资本预算的关键考虑因素。IT 企业需要保持技术领先地位，因此需要大量投资研发新产品和更新现有产品。

2. 市场竞争和快速变化

IT 行业市场竞争激烈，产品生命周期短，市场变化迅速。资本预算需要灵活，以迅速适应市场变化，并在竞争中保持竞争力。

3. 人才和培训投资

IT 行业对人才的依赖较大，因此资本预算需要考虑培训和招聘的投资。保持员工的技术水平和创新能力对企业的长期发展至关重要。

（五）医疗保健行业

1. 医疗设备和技术更新

医疗保健行业需要不断投资最新的医疗设备和技术。资本预算要考虑设备的寿命、维护成本以及技术的更新速度，以确保医疗服务的质量和效率。

2. 法规和合规性投资

医疗保健行业受到严格的法规和合规性要求。资本预算需要考虑投资满足法规标准的信息技术系统、医疗记录管理等，以保护患者的隐私和数据安全。

3. 人力和培训成本

医疗保健行业对高素质的医疗人才有很高的要求。资本预算需要考虑人力和培训成本，以确保医疗服务的质量和患者满意度。

（六）能源行业

1. 新能源投资

在能源行业，资本预算需要特别关注对新能源的投资。随着社会对可持续能源需求的增加，能源公司需要考虑投资风能、太阳能等新能源项目。

2. 环境法规和可持续性考虑

能源行业受到环境法规的影响较大。资本预算需要考虑投资环保设施和技术，以符合法规标准，并提高企业的可持续性。

3. 原材料价格波动性

在能源行业，原材料的价格波动对资本预算有着直接的影响。资本预算需要考虑原材料价格的波动性，以制定有效的成本管理策略，降低生产成本。

（七）物流和运输行业

1. 车队和船队管理

物流和运输行业的资本预算需要特别关注车队与船队的管理。投资新型交通工具、物流管理系统和维护设施等方面是资本预算的重要组成部分。

2. 投资物流网络和信息系统

随着全球化的发展，物流和运输行业需要投资建设高效的物流网络和信息系统，以提高运输效率和服务水平。资本预算需要考虑这些网络和系统的建设与维护成本。

3. 燃油价格和环保投资

对于物流和运输行业而言，燃油价格是一个关键的成本因素。资本预算需要考虑燃油价格的波动性，并可能投资更环保和节能的交通工具与技术，以降低对石油能源的依赖。

（八）不同行业共同考虑的因素

1. 技术创新和数字化转型

在不同行业中，技术创新和数字化转型都是一个共同的趋势。资本预算需要考虑投资先进的信息技术、人工智能、大数据分析等方面，以提高生产力和竞争力。

2. 法规和合规性要求

各行各业都受到各种法规和合规性要求的约束。资本预算需要考虑投资满足法规标准的设施和系统，以避免可能的法律风险。

3. 人才管理和培训

人才管理和培训是各行业共同的关注点。资本预算需要考虑投资员工培训、人力资源管理系统等方面，以确保企业具备足够的人才储备和竞争力。

4. 环境和可持续性

环境和可持续性问题在各行业都逐渐成为资本预算的重要考虑因素。投资环保技术、可再生能源、减少碳足迹等方面，有助于企业提升社会责任感和可持续经营。

不同行业在资本预算中都有其特殊的考虑因素，这些因素涉及行业的特性、市场环境、技术发展等多个方面。企业需要根据自身所处的行业，制定符合行业特点的资本预算策略，以确保资本的有效利用，提高企业的竞争力和可持续发展能力。在面对日益复杂和变化的商业环境时，灵活性、创新性和战略性的资本预算规划将成为企业成功的关键。

第三节　投资风险分析与评估

一、风险因素的识别与分类

（一）概述

在商业和项目管理中，风险是无法避免的存在，但通过对风险进行有效的识别和分类，企业可以更好地应对和规避潜在的不确定性。本书将深入探讨风险因素的识别与分类，帮助企业建立全面的风险管理体系，提高决策的准确性和企业的稳健性。

（二）风险的定义

在商业环境中，风险通常被定义为可能导致负面影响的不确定性事件。这些事件可能威胁到企业的目标、项目的成功实施、财务状况等方面。风险不仅包括负面风险（威胁），还包括正面风险（机会），即可能带来正面影响的不确定性事件。

（三）风险因素的识别

1. 制订风险识别计划

在识别风险因素之前，企业需要制订风险识别计划，明确识别的范围、方法和参与者。这可以通过召开风险识别研讨会、使用专业的风险识别工具和方法，以及借助过往经验等途径来完成。

2. 参与者的角色

风险识别应该是一个多方参与的过程，包括项目团队成员、管理层、业务专家等。不同层级和角色的参与者能够提供不同层面和角度的风险因素，有助于全面、多维度地识别潜在的风险。

3. 使用专业工具和技术

企业可以利用各种专业的风险识别工具和技术，如 SWOT 分析（优势、劣势、机会、威胁）、PESTLE 分析（政治、经济、社会、技术、法律、环境因素）、头脑风暴等，来全面系统地进行风险识别。

（四）风险因素的分类

风险因素可以根据不同的维度进行分类，这有助于更清晰地理解和管理风险。

1. 按来源分类

内部风险：来自组织内部的因素，包括管理层决策、员工行为、内部流程等。例如，员工离职、管理层变动等。

外部风险：来自外部环境的因素，包括市场变化、政治因素、自然灾害等。例如，经济衰退、政治动荡、天灾等。

2. 按性质分类

战略风险：涉及组织整体战略方向的不确定性，可能影响长期目标的实现。例如，市场竞争激烈、新技术的出现等。

操作风险：涉及组织内部流程和运营的不确定性，可能导致流程中断、效率降低等问题。例如，供应链中断、技术故障等。

财务风险：涉及资金管理和财务决策的不确定性，可能导致财务损失。例如，汇率波动、利率上升等。

合规风险：涉及组织在法规和法律方面的不确定性，可能导致法律诉讼等。例如，合规性要求变更、违反法规等。

3. 按影响程度分类

高影响风险：影响程度较大，可能对组织的目标和利益产生重大负面影响。通常需要高度关注和紧急应对。

中影响风险：影响程度适中，可能对组织产生一定的负面影响，但不至于引发灾难性后果。

低影响风险：影响程度较小，可能对组织产生轻微的负面影响，通常可通过常规管理手段控制。

（五）风险识别与评估工具

1. 风险矩阵

风险矩阵是一种常用的风险识别与评估工具，通过将风险的可能性和影响程度划分为不同的等级，形成一个矩阵。这有助于企业确定哪些风险需要更紧急地处理，以及分配适当的资源进行管理。

2. 事件树分析

事件树分析是一种系统性的风险评估方法，通过图形化表示事件的发展过程，从而识别潜在的风险源和影响。它有助于深入理解风险事件的可能性和后果，为决策提供更为全面的信息。

3. 风险登记和风险档案

风险登记是一个记录各种风险信息的文档，包括风险的描述、来源、可能性、影响程度、应对措施等。风险档案则是对风险信息进行整理和归档，以便在需要时能够轻松访问历史风险数据，进行经验总结和教训学习。

（六）风险管理的流程

1. 风险识别

风险管理的第一步是识别潜在的风险。通过上述提到的方法，企业可以全面、系统地识别可能影响目标实现的风险因素。

2. 风险评估

风险评估是对已经识别的风险进行定量或定性的分析，确定其可能性和影响程度。这一步骤有助于优先处理高影响、高可能性的风险，以及评估风险对组织整体目标的影响。

3. 风险应对

一旦风险被评估出来，企业需要制定相应的风险应对策略。这可能包括规避、减轻、转移或接受风险。风险应对策略的制定应该考虑到企业的风险承受能力、目标和资源状况。

4. 风险监控

风险管理并非一次性的工作，而是需要持续不断地进行监控和调整。通过建立监控机制，企业可以及时发现新的风险，评估现有风险的变化，并调整应对策略以适应变化的环境。

（七）风险管理的挑战与应对

1. 不确定性与复杂性

挑战：市场变化、技术进步、政策法规等因素带来的不确定性和复杂性，使得风险管理变得更加困难。

应对：建立灵活性强、能够迅速适应变化的风险管理机制，采用敏捷的方法来处理不确定性。

2. 多元化的风险因素

挑战：来自不同方向的多种风险因素交织在一起，企业需要同时应对多元化的风险。

应对：建立综合的风险管理框架，充分利用各种风险管理工具和技术，以全面、多维度地应对风险。

3. 信息不对称

挑战：风险信息可能存在不对称，有些风险可能并不容易被察觉，导致未能及时采取应对措施。

应对：建立信息共享和沟通机制，鼓励员工报告潜在风险，采用先进的技术手段来提高风险信息的收集和分析能力。

4. 人为因素

挑战：人为因素，如管理层的决策偏差、员工的行为问题等，可能引发潜在的风险。

应对：加强组织文化建设，推动风险意识的普及，建立有效的内部控制机制，降低人为因素引发风险的可能性。

风险管理是企业管理的核心要素之一，有效的风险管理能力有助于企业更好地应对不确定性、提高决策质量、保障企业的可持续发展。通过系统性的风险识别与分类，企业可以更全面地了解各种风险因素，从而制定出切实可行的风险管理策略。在不断变化的商业环境中，建立灵活、持续、全面的风险管理机制将是企业成功的关键之一。

二、风险评估方法与工具

（一）概述

在当今不断变化的商业环境中，企业面临着各种潜在的风险，这些风险可能来自内部或外部，包括市场波动、竞争压力、技术变革、法规变化等。为了更好地应对这些风险，企业需要采用有效的风险评估方法与工具，以全面、系统地识别、评估和管理风险。本书将深入探讨风险评估的基本概念、方法和常用工具，以帮助企业建立健全的风险管理体系。

（二）风险评估的基本概念

1. 风险评估的定义

风险评估是指通过对潜在风险进行识别、分析和评估的过程，以确定其可能性和影响程度，并为制定有效的风险管理策略提供依据。风险评估旨在帮助企业全面了解潜在的威胁和机会，从而更好地做出决策，提高组织的抗风险能力。

2. 风险评估的重要性

决策支持：风险评估为管理层提供了基于客观数据和分析的决策依据，帮助其更准确地预测可能的风险和后果。

资源分配：通过评估风险的可能性和影响程度，企业可以更有效地分配资源，重点关注对组织产生最大影响的风险。

目标实现：风险评估有助于识别潜在威胁，从而提前采取措施，确保组织的目标能够顺利实现。

持续改进：通过不断进行风险评估，企业能够不断学习和改进其风险管理体系，适应不断变化的商业环境。

（三）风险评估的步骤

1. 风险识别

风险识别是风险评估的第一步，目的是确定潜在的风险因素。这一步骤通常包括：

头脑风暴：通过团队协作，搜集各方意见和观点，全面罗列可能的风险。

文献调研：分析相关行业报告、市场趋势以及历史数据，寻找可能影响企业的潜在风险。

专家访谈：与行业专家、内部员工进行沟通，获取其经验和见解，识别可能被忽视的风险。

2. 风险分析

在识别潜在风险后，风险分析的目标是深入了解每个风险的特征、可能性和影响。这一步骤通常包括：

风险描述：详细描述每个风险的特征，包括来源、类型、影响对象等。

可能性评估：评估每个风险发生的可能性，通常使用定性或定量的方法进行评估。

影响程度评估：评估每个风险发生时可能对组织的影响程度，包括财务、声誉、运营等方面。

3. 风险评估

在风险分析的基础上进行风险评估，目的是综合考虑可能性和影响程度，确定每个风险的整体风险水平。这一步骤通常包括：

风险矩阵：利用风险矩阵将可能性和影响程度结合起来，形成整体的风险评估。

优先级排序：根据风险评估的结果，对风险进行优先级排序，确定哪些风险需要优先处理。

（四）风险评估的方法

1. 定性风险评估

定性风险评估主要侧重于描述和分析风险的性质与特征，而不涉及具体的数值。这种方法通常通过主观判断、专家访谈、头脑风暴等方式来获取信息。主要的定性评估方法包括：

风险矩阵：将可能性和影响程度划分为几个等级，形成一个矩阵，用于描述风险的相对重要性和紧急程度。

SWOT 分析：将组织的优势、劣势、机会、威胁进行分析，帮助识别和理解内部与外部的风险因素。

头脑风暴：通过团队的协作和创造性思维，收集各种潜在风险的观点和意见。

定性风险评估的优势在于简便易行，不需要大量数据，适用于早期风险识别和初步策略制定。然而，由于其主观性较强，可能存在不同人员之间的主观判断差异。

2. 定量风险评估

定量风险评估涉及使用具体的数值和数据，以量化风险的可能性、影响程度和整体风险水平。这种方法通常需要更多的数据收集和分析，但提供了更精确、量化的结果。主要的定量评估方法包括：

敏感性分析：通过改变特定变量的数值，观察对整体风险的影响，以量化各种因素对风险的敏感性。

蒙特卡洛模拟：使用概率分布对可能性和影响进行建模，通过多次模拟计算，得到风险的概率分布和整体风险水平。

数学模型：利用统计学、数学方程式等方法，构建数学模型来描述和量化风险。

定量风险评估的优势在于提供更准确的数值结果，有助于更精细地理解和管理风险。然而，这种方法需要更多的数据支持，且通常较为复杂，可能需要专业知识和工具的支持。

（五）常用的风险评估工具

1. 风险矩阵

风险矩阵是一种简单而直观的风险评估工具，将可能性和影响程度划分为不同等级，形成一个矩阵。风险矩阵通常分为几个级别，如低、中、高，根据风险的可能性和影响程度确定相应的风险水平。这有助于组织识别哪些风险需要重点关注，制定相应的应对策略。

2. 敏感性分析工具

敏感性分析工具通过改变特定变量的数值，观察对整体风险的影响。这种工具能够帮助企业了解各种因素对风险的敏感性，从而在制定风险管理策略时有针对性地调整关键变量。

3. 蒙特卡洛模拟工具

蒙特卡洛模拟工具通过模拟随机变量的不同取值，来计算风险的概率分布。这种工具能够更全面地考虑不确定性因素，为企业提供风险的概率分布图，帮助制定更为灵活和全面的风险管理策略。

4. 专业风险评估软件

现代企业可以利用各种专业风险评估软件，这些软件通常整合了多种风险评估方法和工具，提供直观、高效的风险评估和管理功能。企业可以根据实际需求选择适用的软件，提高风险管理的效率和精度。

三、风险管理在投资决策中的实践

（一）概述

投资决策是企业生命周期中关键的环节之一，直接影响到企业的盈利能力和长期发展。然而，投资过程充满了各种不确定性和风险，因此，风险管理在投资决策中的实践变得至关重要。本书将深入探讨在投资决策中如何有效地进行风险管理，以确保企业能够在复杂的商业环境中做出明智的投资选择。

（二）风险管理在投资决策中的角色

1. 风险识别

风险管理的第一步是识别潜在的风险。在投资决策中，风险可能来自多个方面，包括市场风险、行业风险、政治风险、经济风险等。有效的风险识别需要全面了解外部环境和内部因素，通过市场调研、行业分析等手段，识别可能影响投资项目的各种风险因素。

2. 风险评估

一旦潜在的风险被识别出来，下一步是进行风险评估。这涉及对每种风险的可能性和影响进行评估，以确定其严重程度。通过定性和定量的方法，投资者可以更全面地了解每种风险的特点，并为后续的决策提供依据。风险评估的目标是为每种潜在风险建立一个相对权衡的评估，帮助投资者聚焦在对企业最重要的风险上。

3. 风险应对

在风险识别和评估的基础上，投资者需要制定相应的风险应对策略。这可能包括规避高风险项目、采取保险措施、进行多样化投资等。制定风险应对策略需要充分考虑企业的风险承受能力、投资目标和长期战略，确保风险管理策略与企业整体战略一致。

4. 风险监控

风险管理并非一次性的工作，而是需要持续不断地进行监控和调整。一旦投资项目启动，就需要建立有效的监控机制，及时发现新的风险，评估已有风险的变化，并根据实际情况调整风险应对策略。风险监控需要与企业的运营管理相结合，确保风险管理与业务活动的紧密配合。

（三）投资决策中的风险因素

1. 市场风险

市场风险是由市场波动、竞争加剧等因素导致的投资价值波动。投资者需要考虑市场的周期性、行业的竞争格局以及整体经济环境等因素。在面对市场风险时，投资者可以通过制定投资组合、采取对冲策略等方式降低风险。

2. 行业风险

不同行业面临的风险差异巨大。行业风险可能来自技术创新、法规变化、市场需求不稳定等方面。在进行投资决策时，投资者需要深入了解所涉及行业的发展趋势、竞争格局和未来前景，以更准确地评估行业风险。

3. 政治经济风险

政治和经济环境的不稳定性可能对投资项目产生深远影响。政策变化、政治动荡、货币波动等因素都可能导致投资风险的增加。投资者需要密切关注国际和国内的政治经济状况，及时调整投资策略以适应外部环境的变化。

4. 公司特定风险

每个公司都有其特定的风险，这可能包括管理层问题、财务稳定性、品牌声誉等方面的风险。投资者在进行公司分析时，需要仔细评估这些特定风险对投资项目的影响，并制定相应的风险管理策略。

（四）风险管理在不同类型投资中的实践

1. 股票投资

在股票投资中，投资者可能面临市场波动、公司业绩不佳等风险。为降低市场风险，投资者可以通过构建多样化的股票组合、定期调整仓位等方式进行风险分散。对于公司特定风险，投资者需要进行详细的财务分析、管理层评估，以降低公司特定风险的影响。

2. 债券投资

债券投资通常被认为是相对低风险的投资方式，但仍然存在利率风险、信用风险等方面的潜在风险。投资者在进行债券投资时，可以采取以下风险管理实践：

利率敏感性分析：债券价格与市场利率之间存在反向关系。投资者可以通过利率敏感性分析，评估不同利率水平下债券投资的表现，从而制定更为灵活的投资策略。

信用评级分析：对债券进行信用评级分析，以评估债券发行方的信用风险。选择高信用评级的债券可以降低信用风险。

3. 私募基金投资

私募基金投资涉及风险更为复杂的私人市场，投资者需要更为谨慎地进行风险管理。以下是私募基金投资中的一些风险管理实践：

尽职调查：在选择私募基金时，进行充分的尽职调查，包括基金经理的背景、过往业绩、投资策略等方面。通过详细了解基金的运营情况，可以降低潜在的投资风险。

合同条款审查：仔细审查私募基金的合同条款，包括投资期限、退出机制、费用结构等。确保投资者在基金生命周期内能够充分了解和掌握投资情况。

分散投资：私募基金通常包含多种投资项目，投资者可以通过投资多个基金，实现更为广泛的投资分散，降低整体投资组合的风险。

4. 创业投资

创业投资是一种高风险高回报的投资形式，投资者需要在风险中找到机会。以下是创业投资中的一些风险管理实践：

初创公司评估：对初创公司进行全面评估，包括商业模式、团队背景、市场潜力等方面。了解初创公司的内外部情况，有助于降低投资风险。

投后管理：在投资后积极参与被投企业的管理，提供战略指导和支持。通过与创业者合作，共同应对市场风险和业务挑战。

投资组合管理：创业投资者通常通过构建投资组合来分散风险。投资者可以投资不同行业、不同阶段的初创公司，以实现更广泛的风险分散。

第四节　资本成本与资本结构

一、资本结构与企业财务稳健性

（一）概述

资本结构是企业资本的组织和融资方式，它直接关系到企业的财务稳健性和长期经营能力。在企业财务管理中，合理构建和维护适当的资本结构对于实现企业的长期可持续发展至关重要。本书将深入探讨资本结构的概念、影响因素以及其与企业财务稳健性之间的关系。

（二）资本结构的概念

资本结构是指企业通过债务和权益来筹集资金，以支持其业务运营和发展的方式和比例。一般而言，企业可以通过发行股票（权益）或发行债务（债务）来融资，资本结构就是这两者的组合。资本结构的主要组成部分包括：

1. 权益

权益是指企业通过发行股票而筹集的资金，投资者通过购买公司的股票成为公司的股东。权益的代表形式主要包括普通股和优先股。权益的成本通常是股东所要求的股息和资本增值。

2. 债务

债务是指企业通过发行债券或贷款而筹集的资金，投资者成为公司的债权人。企业需要按照一定的利率和期限支付利息，并在到期时偿还本金。债务的成本通常是债券利息和相关的融资费用。

（三）影响资本结构的因素

资本结构的构建受到多种因素的影响，企业需要综合考虑这些因素来确定最合适的资本结构。主要的影响因素包括：

1. 企业性质和行业特点

不同行业和企业性质可能对资本结构有不同的要求。例如，科技公司可能更倾向于使用权益融资，而传统制造业可能更侧重于债务融资。同时，行业的竞争环境和盈利模式也会对资本结构的选择产生影响。

2. 财务政策

企业的财务政策也会直接影响资本结构的选择。一些公司更注重稳定的股息支付，可能更倾向于使用债务融资，而一些高成长性的公司可能更愿意通过发行股票来支持其扩张计划。

3. 税收政策

税收政策对企业资本结构的影响主要表现为债务利息的税收抵免。在某些国家，债务利息支出可能用于减少企业应纳税额，这可能促使企业更多地选择债务融资。

4. 市场条件

市场的融资条件，包括债券和股票市场的状况，也会对资本结构的选择产生重要影响。例如，在利率较低的环境下，企业更可能选择发行债务。

5. 公司规模和历史经营状况

公司的规模和历史经营状况也是影响资本结构选择的因素。规模较大、信誉较好的公司可能更容易获得低成本的债务融资，而刚刚起步的初创公司可能更依赖权益融资。历史经营状况也会影响投资者对公司的信心，从而影响资本结构的选择。

（四）资本结构与企业财务稳健性的关系

资本结构直接关系到企业的财务稳健性，而财务稳健性则对企业的长期发展和抗风险能力产生深远影响。以下是资本结构与企业财务稳健性之间的关系：

1. 财务杠杆效应

财务杠杆效应是指企业通过债务融资，以债务成本低于其投资回报率的方式，通过杠杆放大股东的收益。当企业的投资回报率高于债务成本时，财务杠杆效应可以提高股东的收益水平。然而，财务杠杆同时带来了债务风险，一旦企业无法满足债务偿还要求，可能面临财务困境。

2. 风险分散

适当的资本结构可以帮助企业分散风险。通过同时使用权益和债务融资，企业可以在资本结构中取得一种平衡，降低单一融资方式带来的特定风险。例如，债务融资可能使企业更容易面临偿还风险，而权益融资可能导致股东权益过度稀释。通过巧妙配置资本结构，企业可以更好地应对市场波动和不确定性。

3. 成本与灵活性权衡

资本结构的选择涉及债务成本和权益成本的权衡。债务通常有着较低的成本，但带有一定的偿还义务，可能增加财务压力。权益成本较高，但相对更为灵活，不要求固定的偿还义务。企业在选择资本结构时需要考虑成本和灵活性之间的平衡，以满足自身的资金需求同时确保财务的稳健性。

4. 长期可持续发展

资本结构的良好选择有助于企业的长期可持续发展。适当的资本结构可以支持企业的投资计划、新项目的开展以及应对市场变化。在资本结构的构建中，企业需要考虑未来的成长需求和资金支持，以确保在长期内保持财务的健康稳定。

5. 财务灵活性

灵活性是企业在应对各种经济环境和市场变化时的关键。通过选择适当的资本结构，企业可以获得更大的财务灵活性，更好地应对外部冲击。例如，在经济衰退时，企业可能更倾向于权益融资，以避免债务偿还的财务压力。

（五）资本结构的优化策略

1. 动态调整资本结构

企业在不同的发展阶段和市场条件下，对资本结构的需求可能有所变化。因此，企业需要定期审视和调整其资本结构。在不同的经济周期中，企业可以根据市场条件和财务目标来动态地调整权益与债务的比例，以实现最优的资本结构。

2. 灵活运用混合融资方式

混合融资方式是指同时使用权益和债务融资，以充分发挥两者的优势。

企业可以根据具体情况，采取不同的融资方式，以最大限度地降低融资成本、提高财务灵活性，并同时降低财务风险。

3. 增强财务规划与预算

有效的财务规划和预算有助于企业更好地管理与运用资金。通过合理的财务规划，企业可以提前评估资金需求，优化融资结构，避免紧急融资和财务危机的发生。

4. 关注财务健康指标

企业应该关注一些关键的财务健康指标，如负债比率、权益比率、利息支付覆盖率等，以评估资本结构的合理性和企业的财务健康状况。这些指标可以作为企业管理层和投资者判断企业是否适当使用债务与权益融资的依据。

5. 注重投资者沟通

企业需要与投资者保持积极的沟通，特别是在涉及资本结构调整的时候。透明度和沟通可以增强投资者对企业财务决策的理解，提高市场对企业未来发展的信心。

6. 风险管理与避免过度负债

企业在构建资本结构时应该注重风险管理，避免过度负债。过度依赖债务可能增加财务风险，尤其是在高利率、经济不景气或不利的市场条件下。企业需要合理评估债务承受能力，确保能够按时偿还债务，避免陷入财务困境。

二、资本成本与股东价值最大化

（一）概述

资本成本是企业为融资和运营而支付的成本，对于企业的经营和发展至关重要。资本成本的优化与股东价值最大化密切相关，因为资本成本的降低可以提高企业的盈利能力，进而增加股东的权益回报。本书将深入探讨资本成本的概念、影响因素以及如何通过优化资本成本实现股东价值最大化。

（二）资本成本的概念

资本成本是企业用于融资和经营活动的成本，是债务和权益的成本总和。

它涵盖了债务成本（利息支出）和权益成本（股东要求的回报）。资本成本是企业追求股东价值最大化的基础，因为企业必须在融资和投资决策中谨慎权衡成本和收益。

（三）资本成本的组成部分

1.债务成本

债务成本是企业通过发行债券或贷款融资所支付的利息和相关费用。债务成本的计算通常包括债券或贷款的利率以及发行时的各类费用，如发行费、承销费等。

2.权益成本

权益成本是企业通过发行股票融资所支付的成本，主要包括向股东支付的股息和对股东权益的回报。权益成本相对复杂，因为股东对资本的要求不仅包括股息，还可能包括资本利得和其他权益回报。

（四）影响资本成本的因素

资本成本的水平受到多种因素的影响，企业需要综合考虑这些因素以制定合理的资本结构和融资策略。

1.利率水平

市场利率水平是影响债务成本的关键因素。当市场利率较低时，企业倾向于选择债务融资，以获取相对较低的资金成本。相反，高利率环境可能导致企业更倾向于使用权益融资。

2.公司信用评级

企业的信用评级直接影响其债务成本。具有较高信用评级的企业通常能够以较低的利率融资，因为投资者认为这些企业还款的风险较低。因此，企业需要维护或提高其信用评级，以降低债务成本。

3.市场风险偏好

投资者对风险的偏好也会影响企业的权益成本。如果市场对高风险资产的需求较低，企业可能需要提供更高的权益回报以吸引投资者。因此，市场风险偏好是权益成本的一个重要决定因素。

4.公司的财务状况

企业的财务状况直接关系到其融资成本。财务健康的企业通常能够获得更有利的融资条件，而财务困境的企业可能面临更高的融资成本。因此，通过维护健康的财务状况，企业能够降低资本成本。

（五）降低资本成本的策略

1. 多元化融资来源

企业可以通过多元化融资来源来降低资本成本。不是仅依赖单一融资渠道，而是灵活运用债务和权益融资，根据市场条件和企业需求选择最优的融资方式。

2. 优化资本结构

企业需要审慎权衡债务和权益的比例，以优化资本结构。通过合理配置债务和权益，企业可以降低整体资本成本，提高股东权益回报率。

3. 提高公司信用评级

维护或提高公司的信用评级可以降低债务成本。企业可以通过保持良好的财务状况、及时履行财务承诺和提高市场声誉来提高信用评级。

4. 财务规划和预算

有效的财务规划和预算有助于企业更好地管理资金流动，减少财务风险。企业可以通过详细的财务规划，合理预测资金需求，避免紧急融资的情况，从而降低融资成本。

5. 持续改善财务状况

持续改善企业的财务状况，包括提高盈利水平、降低负债水平和增强流动性，有助于降低融资成本。这可以通过提高效益、降低负债率、增加现金流等手段实现。

6. 利用金融工具进行风险管理

企业可以运用金融工具，如利率互换、货币互换等，进行风险管理，以降低资本成本的波动。这有助于企业更好地应对市场利率波动和外汇风险，降低未来的融资成本。

7. 定期审查融资结构

定期审查融资结构是确保企业资本成本优化的重要手段。企业需要根据市场条件、财务状况和战略目标，定期评估并调整资本结构，以适应不断变化的经济环境。

（六）资本成本与股东价值最大化的关系

资本成本的降低直接有助于股东价值的最大化。以下是资本成本与股东价值最大化的关系：

1. 提高股东回报率

通过降低资本成本，企业可以提高股东回报率。债务和权益的成本降低意味着企业能够以更低的成本融资，从而提高盈利水平。高效的资本结构可以使企业更有效地运用资本，提高股东的权益回报率。

2. 赢得投资者信任

优化资本成本有助于提高企业的财务稳健性，从而赢得投资者的信任。投资者更愿意投资财务健康、资本成本合理的企业，这有助于提高公司的市值，从而增加股东的价值。

3. 降低投资风险

合理的资本成本降低了企业的财务风险。通过优化融资结构、控制成本，企业可以降低偿还负债的风险，保护股东权益。这有助于减少投资者的不确定性，提高投资者对企业长期发展的信心。

4. 促进企业成长

降低资本成本有助于企业更容易融资，支持新项目的开展，加速企业成长。通过降低融资成本，企业能够更灵活地进行投资和扩张，进而增加盈利能力，从而为股东创造更多价值。

5. 提高市场竞争力

合理的资本成本使企业更具竞争力。在市场条件相对良好时，企业能够以较低的成本融资，降低生产成本，提高产品价格竞争力。这有助于企业在市场中取得更大份额，增加市值，进而提高股东的价值。

资本成本与股东价值最大化之间存在密切的关系。企业通过优化资本结构、降低融资成本，可以提高股东回报率，赢得投资者信任，降低投资风险，促进企业成长，提高市场竞争力。因此，企业管理层应该认识到资本成本的重要性，通过科学合理的财务管理和融资策略，不断追求资本成本的降低，实现股东价值的最大化。

第四章　并购与收购

第一节　并购与收购的战略目标

一、并购与企业战略规划的整合

（一）概述

并购是企业在发展战略中的一项重要手段，它不仅可以帮助企业拓展市场、增加收入，还有助于获取关键资源、提高竞争力。然而，成功的并购不仅依赖交易本身，还需要与企业战略规划有机整合。本书将探讨并购与企业战略规划的整合关系，分析在并购过程中如何充分考虑企业战略，以实现战略协同和价值最大化。

（二）并购的背景与动机

1. 并购的定义

并购是指企业通过购买其他公司的股权或资产，或与其他公司进行合并，以实现资源整合、业务拓展或提高经济效益的行为。并购通常包括股权收购、资产收购和合并等形式。

2. 并购的动机

企业进行并购的动机多种多样，主要包括：

市场扩张：通过并购可以迅速拓展市场份额，进入新的地区或行业，增加销售渠道，提高市场占有率。

资源整合：并购有助于获取关键的资源，如人才、技术、品牌、专利等，以提高企业的竞争力。

降低成本：通过合并，企业可以实现规模效益，减少重复性成本，提高生产效率。

创新能力：并购可以引入创新的理念和技术，加速企业的创新过程，提高产品或服务的差异化竞争优势。

（三）企业战略规划的核心元素

1.使命与愿景

企业战略规划的起点是明确企业的使命和愿景。使命是企业存在的根本目的，愿景则是企业未来的理想状态。使命和愿景为企业制定战略提供了明确的方向。

2.SWOT 分析

SWOT 分析是对企业内外部环境进行综合评估的工具，包括企业的优势、劣势、机会和威胁。通过 SWOT 分析，企业能够更全面地了解自身状况，制定相应的战略方案。

3.目标设定

在战略规划中，企业需要设定具体、可衡量的目标。这些目标应该与企业的使命和愿景相一致，有助于指导组织各层次的行动。

4.竞争战略

竞争战略是企业在市场上获取竞争优势的计划，包括成本领先、差异化、专注等不同类型的战略。企业需要选择适合自身情况的竞争战略，以保持市场竞争力。

5.执行计划

战略规划的关键在于执行。企业需要制订详细的执行计划，明确责任人、时间表和资源分配，确保战略能够在组织内部得到有效实施。

（四）并购与企业战略规划的整合

1.对齐战略目标

在进行并购之前，企业应确保并购的目标与企业战略规划相一致。并购的动机和目标应与企业的使命、愿景及战略目标相契合，确保新并入的业务能够为整个企业创造价值。

2.考虑战略协同效应

成功的并购应该创造出协同效应，使整个企业更具竞争力。战略协同效应意味着合并后的企业能够在某些方面比独立存在时更具优势，例如在市场份额、供应链、研发能力等方面的提升。

3. 评估组织文化的一致性

企业的文化是其独特的核心竞争力之一。在并购过程中，企业需要评估两个组织的文化是否一致。文化的差异可能导致整合困难，因此在并购之前应该进行充分的文化尽调，并制订整合计划，确保组织文化的一致性。

4. 确保资源整合

并购不仅是财务交易，还是资源整合的过程。企业在进行并购时需要确保能够充分整合各类资源，包括人力资源、技术资源、市场资源等。整合资源有助于实现规模效益，提高整体效能。

5. 考虑市场和行业变化

在并购之际，企业需要充分考虑市场和行业的变化。竞争环境、法规政策、技术发展等因素都可能对并购后企业的发展产生影响。因此，在并购决策中，企业应该进行充分的市场和行业分析，以预测潜在的变化，并制定相应的战略来适应这些变化。

6. 强调长期战略

并购不应仅关注短期的财务回报，更应强调长期战略价值。企业在并购中应考虑如何在未来实现战略协同，促进组织的持续发展。这需要对并购后整合的规划和实施进行深入思考，以确保企业在长期内能够受益于并购决策。

7. 整合战略规划和执行计划

在并购过程中，企业战略规划和执行计划需要与并购战略相互整合。这涉及将并购战略融入企业整体战略规划中，同时确保执行计划能够有效地支持并购目标的实现。整合的过程需要紧密协同各个部门，使并购战略的实施能够有序进行。

8. 风险管理

并购过程中存在一系列的风险，包括财务风险、法律风险、执行风险等。在整合企业战略规划和执行计划时，企业需要对这些风险进行全面评估，并制定相应的风险管理策略。通过有效的风险管理，企业可以更好地把握并购的机会，降低潜在风险。

（五）成功并购的关键因素

1. 领导层的重要角色

企业领导层在并购过程中扮演着至关重要的角色。领导者需要对并购的整体战略有清晰的认识，并能够在整个过程中提供明确的指导。领导层的坚定决心和领导力是确保并购成功的关键因素之一。

2. 充分的尽调工作

在并购决策之前，进行充分的尽调工作是确保成功的重要步骤。尽调工作需要涵盖财务、法律、市场、人力资源等多个方面，以确保对目标企业的全面了解，避免潜在的风险。

3. 战略一致性

并购决策需要确保与企业整体战略一致。如果并购的目标与企业战略不符，很可能导致整合困难，甚至失败。因此，在并购之前，企业需要明确战略目标，确保并购的目标与之相一致。

4. 人才管理

并购后，如何有效整合人才是成功的关键。企业需要充分考虑两个组织的文化、价值观的差异，制订相应的人才整合计划。对于关键人才的保留和激励也是至关重要的一环。

5. 持续沟通

在并购过程中，持续的沟通是确保整个组织能够理解并支持并购决策的关键。透明度和沟通能力有助于减少员工的不确定性和抵触情绪，使整个组织更加协同合作。

6. 合理的估值与定价

并购的估值和定价直接关系到交易的成败。企业需要通过合理的估值方法，确定目标企业的价值，以确保交易价格合理，同时在交易谈判中保护自身的利益。

二、收购目标选择与定位

（一）概述

收购是企业实现战略目标、提升竞争力的重要手段之一。在众多潜在目标中，选择合适的收购目标，并将其定位在企业整体战略中，是确保收购成功的关键一步。本书将深入探讨收购目标选择与定位的重要性，以及在这一过程中需要考虑的关键因素。

（二）收购目标选择的重要性

1. 与企业战略一致性

选择与企业战略一致的收购目标是确保收购活动对企业长期发展有益的关键因素。收购目标应当符合企业的使命、愿景和战略目标，以确保整合后的企业能够形成有机的战略协同效应。

2. 产业与业务领域的拓展

通过选择与现有业务相关或具有战略关联的收购目标，企业能够实现对产业链的拓展和业务领域的延伸。这有助于提升企业的综合竞争力，增加市场份额，同时降低经营风险。

3. 资源补充与强化

选择合适的收购目标可以实现资源的补充与强化。这包括人才、技术、品牌、市场渠道等资源的获取，以弥补企业在某些方面的短板，提升整体资源利用效率。

4. 创新能力提升

通过收购创新型企业或拥有先进技术的公司，企业能够提升自身的创新能力。这有助于保持竞争优势，加速新产品研发与上市，更好地适应市场变化。

5. 市场地位与品牌价值

选择市场上有竞争力的企业作为收购目标，可以迅速提升企业的市场地位与品牌价值。这对于扩大市场份额、吸引更多客户和合作伙伴具有显著的战略意义。

（三）收购目标定位的关键因素

1. 尽调与风险评估

在收购目标的选择过程中，充分的尽调工作是至关重要的。通过深入了解潜在目标的财务状况、经营状况、法律风险等方面的情况，企业能够更准确地评估收购的可行性，并降低潜在风险。

2.技术与知识产权

对于科技或知识密集型企业，技术和知识产权的价值至关重要。在选择收购目标时，企业需要评估目标公司的技术实力、专利布局以及研发团队的实力，以确保收购能够增强企业的技术竞争力。

3.文化与价值观一致性

企业文化的一致性对于收购后的整合至关重要。选择与企业文化相近的收购目标，有助于减少文化冲突，提高整合的顺利进行。共同的价值观有助于员工的融合，推动组织的协同发展。

4.市场与行业前景

对目标公司所处市场和行业的前景进行深入分析是选择收购目标时的必要步骤。了解行业趋势、市场竞争格局以及未来发展潜力，有助于企业选择与自身战略相契合、具有良好增长潜力的目标。

5.法律与政策环境

考虑到法律与政策环境对企业收购活动的影响，企业需要在选择收购目标时充分了解目标所在地的法律法规、政策环境以及潜在的法律风险。这有助于确保收购活动的合规性，降低法律风险。

6.财务状况

目标公司的财务状况是选择收购目标时的重要考虑因素。企业需要评估目标公司的财务健康状况，包括资产负债表、利润表、现金流量等方面的情况，以确保收购后能够实现经济效益。

（四）收购目标选择与定位的实践步骤

1.明确收购目标的战略地位

在开始收购前，企业需要明确收购目标在整体战略中的地位。是扩大市场份额、提升技术实力，还是强化品牌影响力？明确战略目标有助于确定收购的方向和重点。

2.制订明确的尽调计划

尽调是收购前的关键步骤。企业需要制订详细的尽调计划，包括财务、法律、技术、市场等多个方面的调查。具体而言，尽调计划可以包括：

财务尽调：对目标公司的财务报表进行详细分析，了解其财务状况、盈利能力、偿债能力等方面的情况。

法律尽调：评估目标公司的法律合规性，包括合同、知识产权、劳动法律等方面的法律风险。

技术尽调：考察目标公司的技术实力，了解其研发能力、技术专利、创新能力等，以确定技术协同效应。

市场尽调：分析目标公司所处市场的竞争格局、发展趋势、顾客需求等，以评估市场前景。

文化尽调：了解目标公司的企业文化、价值观，以确保与自身企业文化的一致性。

3. 确定战略协同点

在收购目标选择的过程中，企业需要明确战略协同的关键点。这包括资源整合、业务协同、市场协同等方面。确定战略协同点有助于制订整合计划，确保整合后的企业能够形成有机的战略协同效应。

4. 考虑未来发展方向

选择收购目标时，企业需要考虑未来发展的方向。这包括行业趋势、技术发展方向、市场变化等因素。通过对未来发展方向的深入思考，企业可以选择更具前瞻性和可持续性的收购目标。

5. 制订整合计划

在确定收购目标后，企业需要制订详细的整合计划。整合计划涉及组织结构调整、人才整合、技术融合等方面。确保整合计划与企业整体战略一致，能够最大化地释放潜在的协同效应。

6. 完善法律合同

在收购目标选择后，企业需要与目标公司进行详细的法律合同谈判。法律合同应该明确双方的权利和义务，以及整个收购过程中的各项法律条款。合同的完善有助于降低法律风险，确保收购的合规性。

7. 沟通与协商

在整个过程中，与目标公司的沟通与协商是至关重要的。充分的沟通有助于双方更好地理解彼此的需求和期望，协商则能够在谈判中找到双赢的方案。建立良好的合作关系有助于后续的整合工作。

8. 风险管理与备案计划

在收购目标选择的过程中，企业需要充分考虑各类潜在风险。建立完善的风险管理机制，制订备案计划，有助于在面对突发状况时能够迅速应对，降低风险对整个收购过程的影响。

三、并购对企业价值的影响

（一）概述

并购作为企业发展战略的一种重要手段，对企业价值产生深远的影响。成功的并购不仅可以带来资源整合和经济效益，还有助于提升企业的市场地位和竞争力。然而，并购过程中也存在一系列的挑战和风险，如果管理不善，可能对企业价值造成负面影响。本书将深入探讨并购对企业价值的影响，从战略协同、财务绩效、市场地位等多个维度进行分析。

（二）战略协同与企业价值

1. 战略协同的定义

战略协同是指通过合并或收购，使合并后的企业获得比独立存在时更大的战略优势。这种协同效应能够在市场竞争中创造附加值，提高整体企业的市场地位。

2. 战略协同的影响

资源整合效应：通过并购，企业能够整合双方的资源，包括人才、技术、品牌、市场渠道等。这种资源整合有助于提高整体效率，减少重复投入，实现规模经济。

技术创新：并购常常伴随着技术的引入和创新。被收购公司可能具有先进的技术或研发能力，通过整合这些技术，企业能够提升自身的技术水平，更好地适应市场变化。

市场占有率提升：通过合并拥有相似或互补市场份额的公司，企业能够扩大市场占有率，提高在行业中的竞争力。这有助于增加销售收入，提高盈利水平。

3. 实现战略协同的关键因素

目标选择与一致性：选择与企业战略一致、能够产生协同效应的收购目标是成功实现战略协同的基础。目标的业务、文化、价值观应与企业相契合。

充分尽调：在并购前进行充分的尽调工作，了解目标公司的资源、能力、风险等方面的情况，有助于更好地评估战略协同的潜力。

有效整合计划：制订详细的整合计划，包括组织结构整合、人才整合、技术整合等方面。有效的整合计划有助于确保协同效应的顺利实现。

（三）财务绩效与企业价值

1. 影响财务绩效的因素

成本效益：通过资源整合和规模经济效应，企业能够实现成本的降低。共享资源和减少重复性支出有助于提高整体的财务绩效。

营收增长：成功的并购可以拓展市场份额，增加销售渠道，提高企业的营收规模。这对于提升财务绩效具有积极的影响。

利润水平：通过战略协同、规模效应以及市场地位的提升，企业可以实现利润水平的提升。共享资源和优化业务流程有助于提高生产效率，从而提高企业的盈利水平。

2. 财务绩效的关键指标

EBITDA（息税折旧摊销前利润）增长：EBITDA 是衡量企业经营绩效的重要指标，通过并购实现的战略协同和规模效应应当反映在 EBITDA 的增长上。

利润率改善：成功的并购可以提高企业的利润率，即每单位销售收入中的盈利比例。这体现了企业在资源配置和运营管理上的效率提升。

财务杠杆效应：通过并购获得的资金或资产可以带来财务杠杆效应，即以较低的成本获取更多的资金。这有助于提高企业的投资回报率。

3. 实现财务绩效的关键措施

整合财务体系：在并购后，整合双方的财务体系是确保财务绩效的关键一步。合并账目、报表和财务流程，确保财务信息的准确性和一致性。

优化资本结构：通过整合双方的资本结构，优化资产和负债的配置，实现财务杠杆效应，降低融资成本。

降低固定成本：通过整合业务，降低固定成本，实现规模效应。这包括减少重复性支出、合并设施和资源等。

（四）市场地位与企业价值

1. 提升品牌价值

通过并购，企业有机会强化品牌影响力。被收购公司可能具有独特的品牌价值和市场声誉，通过整合这些资源，企业可以提升自身品牌在市场中的地位，增强顾客认知和信任。

2. 扩大市场份额

并购有助于企业扩大市场份额，特别是在竞争激烈的行业中。通过整合双方的市场份额，企业能够增加销售规模，提高市场占有率，从而在行业中获得更有利的竞争地位。

3. 进入新市场

通过收购进入新的市场是拓展业务的有效途径。被收购公司可能在新兴市场或地理区域拥有强大的市场份额，通过整合，企业可以迅速进入这些市场，实现全球业务的布局。

4. 实现差异化竞争

成功的并购有助于企业实现差异化竞争，通过整合双方的核心竞争力，提供独特的产品或服务，满足不同市场细分的需求。这有助于降低价格敏感性，提高产品或服务的溢价能力。

（五）企业文化与员工价值观

1. 企业文化整合

企业并购往往伴随着不同企业文化的整合。成功整合企业文化有助于创造协同效应，增强员工的凝聚力和归属感。反之，文化冲突可能导致员工流失、低工作效率等问题。

2. 员工价值观的融合

员工是企业的核心资产，而不同企业可能有不同的员工价值观。在并购中，融合员工价值观是保持组织和谐稳定的关键。这包括对员工的培训、激励等方面的工作。

3. 影响员工绩效

并购对员工绩效有直接影响。成功的文化整合和员工价值观融合有助于提高员工满意度、减少流失率，从而提升整体的绩效水平。相反，文化冲突可能导致员工不适应并购环境，影响工作表现。

（六）风险管理与企业价值保护

1. 风险识别与评估

在并购过程中，伴随着一系列的风险，包括财务风险、法律合规风险、市场风险等。企业需要通过全面的风险识别和评估，确保在并购中不会因为各种潜在的风险而损害企业的价值。

2. 制定风险应对策略

针对不同类型的风险，企业需要制定相应的风险应对策略。这包括制订财务风险管理计划、法务尽调和法律合规计划、市场风险防范计划等。及时的风险应对策略有助于最大限度地保护企业的价值。

3. 完善的备案计划

在风险发生时，备案计划是确保企业及时应对和恢复的关键。企业需要建立完善的备案机制，包括应急预案、业务恢复计划、法律争端解决方案等。这有助于降低风险造成的损失，保护企业的长期价值。

4. 遵循合规标准

在并购中，合规性是保护企业价值的基石。确保所有交易符合法律法规，遵循合规标准，可降低法律风险，并确保企业在市场中的信誉和声誉不受损害。法律合规性的维护有助于确保企业可持续发展。

5. 人才流失防范

在并购中，人才流失是一项重要的风险。员工的不确定性、工作环境的变化等都可能导致人才流失，从而影响企业的运营和价值。通过制订员工留任计划、提供培训和发展机会，企业可以更好地防范人才流失风险。

（七）收购后续管理与价值持续增长

1. 有效的整合管理

成功的并购并非仅停留在交易完成阶段，更需要在后续管理中实现有效的整合。这包括组织结构的调整、流程的优化、文化的融合等方面。通过有效的整合管理，企业能够更好地释放协同效应，提升整体价值。

2. 持续的业务创新

并购后，企业需要保持对业务的持续创新。这包括产品创新、服务创新、市场模式创新等方面。持续的业务创新有助于企业适应市场变化，保持竞争优势，实现长期的价值增长。

3.强化品牌管理

被收购公司的品牌管理是保持和提升企业价值的关键。企业需要精心管理合并后的品牌形象，确保顾客、合作伙伴和员工对企业的信任和认可。强化品牌管理有助于维护和提升企业的市场地位。

4.持续的绩效评估

定期进行绩效评估是确保企业价值持续增长的必要步骤。通过制定关键绩效指标（KPIs）并进行监测，企业能够及时发现问题、调整战略，保持在市场中的竞争力。

综上所述，企业并购对企业价值产生了深远的影响，涉及战略协同、财务绩效、市场地位、企业文化以及风险管理等多个层面。成功的并购能够推动企业价值的提升，实现资源的整合和优化，提升市场地位，提高财务绩效，并为持续创新和发展打下基础。然而，企业在并购过程中也会面临一系列的挑战和风险，需要通过有效的管理和持续的监测来确保并购的成功实施和价值的持续增长。只有在充分考虑各方面因素的基础上，企业才能最大化地实现并购对企业价值的正向影响。

第二节　并购财务尽职调查与估值

一、财务尽职调查的程序与方法

（一）概述

财务尽职调查（Due Diligence）是企业进行并购、重组或其他战略决策时的一项关键活动。它旨在通过全面、系统地了解目标公司的财务状况、经营风险、法律合规性等，帮助投资方做出明智的决策。财务尽职调查的过程和方法对于降低交易风险、确保合规性、保护投资方的利益至关重要。

（二）财务尽职调查的程序

1.制订尽职调查计划

在开始财务尽职调查之前，首先需要制订尽职调查计划。该计划应明确调查的范围、目标、时间表和涉及的团队成员。制订清晰的计划有助于确保调查的全面性和系统性。

2.收集基础信息

在正式开始尽职调查前，收集目标公司的基础信息是必要的。这包括公司的注册信息、股权结构、主要经营地点、主要股东等。这些信息可以通过公开资料、公司文件以及相关机构查询获得。

3.财务信息的搜集和分析

（1）财务报表分析

对目标公司的财务报表进行深入分析是尽职调查的核心内容之一，包括资产负债表、利润表、现金流量表等。主要关注公司的财务稳健性、盈利能力、偿债能力以及现金流状况。

（2）财务指标分析

通过计算和比较一系列财务指标，如利润率、偿债能力指标、运营效益指标等，对目标公司的财务状况进行更深入的评估。这有助于发现潜在的财务风险和机会。

（3）关键业务绩效指标

除了财务指标外，关注一些关键业务绩效指标也是重要的，如市场份额、客户满意度、产品研发进展等。这些指标能够反映公司在市场上的竞争力和未来发展潜力。

4.法务尽职调查

（1）合规性审查

对目标公司的合规性进行审查，包括法律文件的完整性、公司行为的合规性等。确保公司的经营活动符合相关法规，防范法律风险。

（2）合同审查

对目标公司的合同进行审查，包括与供应商、客户、员工等的合同。关注合同的条款、到期日、违约条款等，确保了解公司的合同义务和风险。

5. 战略风险评估

评估目标公司所处行业的竞争格局、市场趋势、未来发展空间等，以便更好地理解目标公司的战略风险和机会。这需要对市场环境和竞争者进行深入研究。

6. 管理团队评估

评估目标公司的管理团队，包括高管层的经验、能力、团队协作等方面。了解管理团队的素质对于投资方判断公司未来的发展潜力至关重要。

7. 报告和总结

根据尽职调查的结果，编制详细的尽职调查报告。报告应包括对目标公司各方面的评估、发现的问题、给出解决方案等内容，并最终总结出是否推荐进行交易以及需要注意的事项。

8. 决策和谈判

根据尽职调查的结果，投资方需要做出最终的决策。如果决定继续交易，还需要进一步进行谈判，明确交易条款、价格等关键事项。

（三）财务尽职调查的方法

1. 文件审查法

文件审查法是最基本的尽职调查方法之一。通过查阅目标公司的文件，包括财务报表、合同文件、公司章程、知识产权文件等，获取详尽的信息。

2. 会计师审计法

利用会计师进行审计是一种常见的财务尽职调查方法。会计师通过对目标公司的财务报表进行专业审计，评估财务信息的真实性和准确性。

3. 实地调查法

实地调查法包括对目标公司的实际经营地点、生产设施等进行现场访查。这有助于了解公司的运营状况、设备状况以及可能存在的问题。

4. 专业顾问法

借助专业顾问，如法律顾问、财务顾问、行业顾问等，进行尽职调查也是一种有效的方法。这些专业顾问能够提供深入的行业洞察、法律合规性评估以及财务分析，为投资方提供专业建议。

5. 数据分析法

随着大数据和数据分析技术的发展，数据分析法在财务尽职调查中也逐渐得到了应用。通过对大量数据的挖掘和分析，可以发现隐藏在数据背后的关联、趋势和潜在风险。

6. 模型分析法

利用财务模型对目标公司的未来经营状况进行预测是一种常见的尽职调查方法。通过建立财务模型，投资方可以更好地理解并评估投资的回报和风险。

（四）财务尽职调查的挑战与应对

1. 复杂性挑战

目标公司的业务复杂性可能导致信息的碎片化和难以整合。应对方法包括制订更加详细的计划和进行更深入的调查，确保全面了解目标公司的各个方面。

2. 时间压力

尽职调查常常在有限的时间内完成，这可能导致信息收集不完全或者忽略了一些重要的细节。应对方法包括提前规划、高效协调工作团队、使用先进的技术工具来提高效率。

3. 信息真实性

有时目标公司可能会故意提供虚假或不完整的信息，以掩盖潜在的问题。应对方法包括开展多方渠道信息核实和进行深入的实地调查。

4. 法律合规性挑战

跨国并购可能涉及多个国家的法规和标准，提高了法律合规性的复杂度。应对方法包括聘请专业法务顾问、了解各国法规、建立法务专业团队等。

5. 人才调查

了解目标公司的管理团队和关键员工是尽职调查的关键部分，但有时这也可能面临信息不透明的情况。应对方法包括建立信任关系、与关键人员进行直接沟通、借助独立的第三方调查机构。

财务尽职调查是企业在重大决策中不可或缺的环节，通过系统、全面的了解目标公司，有助于投资方做出明智的决策，降低交易风险。在进行财务尽职调查时，充分的规划、多样化的调查方法、专业的团队和对挑战的及时应对，都是确保尽职调查有效性和成功实施的关键。只有通过深入的调查和全面的评估，投资方才能更好地了解目标公司的真实状况，确保投资决策的准确性和可持续性。

二、企业估值模型与工具

（一）概述

企业估值是指对企业的价值进行评估和测定的过程，是投资决策、并购交易以及财务规划中的关键环节。企业估值模型和工具通过对企业财务、经营、市场等多方面因素的分析，为投资者提供了决策参考，帮助他们理解企业的价值和潜在风险。本书将探讨企业估值的基本概念、常用估值模型和工具，以及它们在实际业务中的应用。

（二）企业估值的基本概念

企业估值是对企业在市场上的真实价值进行评估，以确定其合理的价格或估值范围。在进行估值时，投资者通常会考虑多个因素，包括财务状况、盈利能力、行业前景、市场竞争力等。以下是一些企业估值中常用的基本概念。

1. 市场价值与账面价值

市场价值：企业在市场上的真实价值，通常通过市值、市盈率等指标反映。市场价值受市场供需关系和投资者情绪等影响。

账面价值：企业在财务报表上披露的各项资产、负债和股东权益的价值总和。账面价值通常是历史成本，可能不反映企业的真实价值。

2. 现金流量

自由现金流量（FCF）：指企业在扣除所有运营和投资支出后剩余的现金流。FCF通常被用作企业估值模型中的重要参数。

贴现现金流量（DCF）：是将未来的自由现金流量按一定的折现率进行现值计算，用于估算企业的现值。

3. 盈利能力

净利润：企业在扣除所有费用和税收后的纯利润。是估值模型中常用的财务指标之一。

市盈率：是市场价值与净利润之比，用于衡量投资者对企业未来盈利的期望。

4. 成长性

收入增长率：反映企业过去和未来一段时间内收入的增长趋势，是成长性评估的重要指标。

PEG 比率：是市盈率与收入增长率之比，用于评估企业盈利与成长的关系。

（三）常用估值模型

1. 市场比较法

市场比较法是一种通过比较目标企业与类似企业的市场指标来估值的方法。常用的市场比较法包括：

（1）市盈率法

同业市盈率法：将目标企业的市盈率与同行业公司的市盈率进行比较，来估计目标企业的市值。

历史市盈率法：利用目标企业过去一段时间内的市盈率平均值来估算未来市值。

（2）市销率法

同业市销率法：将目标企业的市销率与同行业公司的市销率比较，用于估算目标企业的市值。

（3）市净率法

同业市净率法：将目标企业的市净率与同行业公司的市净率进行比较，用于估算目标企业的市值。

2. 收益法

收益法通过考虑企业未来的盈利能力、成长性和风险来进行估值。常用的收益法包括：

（1）贴现现金流量法（DCF）

自由现金流量贴现：将未来的自由现金流量贴现到现值，计算出企业的净现值（NPV）。

股权贴现：将企业的股权贴现到现值，得出企业的公允价值。

（2）资本资产定价模型（CAPM）

风险调整的折现率：使用 CAPM 模型计算企业的权益资本成本，用于贴现未来现金流。

3. 成本法

成本法基于企业的资产和负债，通过计算净资产的公允价值来进行估值。其中，净资产等于总资产减去总负债。成本法的常见方法为调整净资产法：对企业的净资产进行调整，考虑无形资产、商誉等因素，得出企业的公允价值。

4. 实证估值模型

实证估值模型通过利用市场数据和历史经验，构建数学模型来估算企业的价值。常用的实证估值模型包括：

（1）回归分析模型

多元线性回归：利用多个影响企业价值的变量，通过回归分析建立数学模型，对企业价值进行估计。

（2）蒙特卡洛模拟

蒙特卡洛模拟：利用随机抽样方法，模拟多种不同的未来情景，从而估算企业在不同情景下的可能价值范围。

（四）企业估值工具

1. 电子表格软件

电子表格软件如 Microsoft Excel 等常用于构建估值模型。利用电子表格的公式功能和数据分析工具，可以灵活地设计和调整不同的估值模型。

2. 专业估值软件

一些专业的估值软件如 Bloomberg Terminal、FactSet 等，提供了丰富的市场数据、财务数据和估值工具，可用于更复杂的估值分析。

3. 在线估值平台

一些在线估值平台如 ValuationUP、EquityNet 等，提供了基于云计算的估值工具，方便用户进行快速、简便的估值分析。

4. 数据服务提供商

数据服务提供商如 S&P Global、Thomson Reuters 等，提供了大量的财务和市场数据，可用于企业估值中的数据支持。

5. 商业智能工具

商业智能工具如 Tableau、Power BI 等，可用于可视化估值结果，帮助用户更直观地理解和解释估值模型的输出。

（五）企业估值的挑战与应对

1. 不确定性和风险

应对方法：使用蒙特卡洛模拟等方法，考虑不同的情景和概率，提高对不确定性的容忍度。

2. 数据质量和可靠性

应对方法：使用多个数据源进行交叉验证，关注数据的来源和质量，确保估值模型的可靠性。

3. 模型简化和假设

应对方法：在估值报告中清晰地陈述模型中的简化和假设，以及它们对估值结果的影响。

4. 宏观经济环境变化

应对方法：考虑宏观经济因素对企业的影响，建立敏感性分析模型，评估宏观环境变化对估值的影响。

（六）企业估值的应用领域

1. 并购与收购

企业估值在并购与收购中起到了关键作用，能够帮助买方确定合理的收购价格，降低交易风险。

2. 股权投资

股权投资者使用估值模型来评估潜在投资机会，制定投资策略，并优化投资组合。

3.IPO 定价

在首次公开募股（IPO）过程中，企业估值有助于确定合适的发行价格，吸引投资者参与。

4. 财务规划和决策

企业估值有助于制定财务规划和决策，帮助企业管理层优化资源配置和战略规划。

企业估值是企业金融管理中的重要环节，通过采用不同的估值模型和工具，投资者可以更全面地了解企业的价值和风险。然而，在进行估值时，需要注意考虑不同的估值方法之间的差异和偏差，以及模型中的简化和假设对估值结果的影响。综合应用市场比较法、收益法和成本法等多种估值方法，结合实际业务的具体情况，能够提高估值的准确性和可靠性。企业估值的过程是一个动态的、复杂的任务，需要不断地更新和调整以应对不断变化的市场和经济环境。

三、财务尽职调查在并购中的实践

（一）概述

并购（Mergers and Acquisitions，M&A）是企业通过购买、合并或收购其他公司来实现业务扩张、资源整合和价值创造的战略行为。在并购过程中，财务尽职调查（Financial Due Diligence）是至关重要的环节，它通过对目标公司的财务状况、业务运营、法律合规性等方面进行深入的审查，为投资方提供全面的信息和风险评估，帮助做出明智的决策。

（二）财务尽职调查的定义与目标

1. 定义

财务尽职调查是指在并购或投资交易中，对目标公司的财务相关信息进行全面审查和评估的过程。其目的是揭示目标公司的真实状况，识别潜在的风险和机会，为投资方提供决策支持和谈判策略。

2. 目标

财务尽职调查的主要目标包括：

（1）了解目标公司的财务状况

审查目标公司的财务报表、资产负债表、利润表等财务信息，了解其财务稳健性、盈利能力和资产负债状况。（2）评估商业运营风险

分析目标公司的业务模式、市场地位、竞争环境，识别可能影响业务运营的风险因素。

（3）发现潜在的法律和合规风险

审查目标公司的法律文件、合同、知识产权等，评估其法律合规性，防范潜在法律风险。

（4）确认目标公司的商誉和无形资产价值

对商誉和无形资产进行评估，确认其真实价值，避免未来出现商誉减值等问题。

（三）财务尽职调查的步骤

财务尽职调查通常包括以下步骤：

1. 制订调查计划

在开始调查之前，制订详细的调查计划，明确调查的范围、重点和时间表。确定调查团队成员和各自职责。

2. 收集财务信息

收集目标公司的财务报表、会计记录、审计报告等文件，了解其财务状况和经营绩效。

3. 分析财务状况

对收集到的财务信息进行深入分析，评估目标公司的盈利能力、资产负债状况、现金流等方面的情况。

4. 了解商业运营

审查目标公司的业务模式、市场份额、客户结构等，了解其商业运营状况和未来发展潜力。

5. 法律合规审查

进行法务尽职调查，审查目标公司的法律文件、合同、诉讼记录等，确保其合法合规经营。

6. 评估风险和机会

综合分析各个方面的调查结果，识别潜在的风险和机会，为投资方提供风险评估报告。

7. 汇报调查结果

向投资方提供详尽的调查报告，清晰地陈述目标公司的财务状况、法律合规性和商业风险，为投资方的决策提供依据。

（四）财务尽职调查的方法

1. 文件审查

通过查阅目标公司的财务报表、会计记录、审计报告等文件，获取财务信息，并核实其真实性。

2. 实地调查

对目标公司的生产制造基地、办公场所进行实地考察，了解实际经营状况和设备情况。

3. 口头询问

与目标公司的管理层、员工、合作伙伴进行沟通，获取内部信息，了解公司的经营管理情况。

4. 第三方专业评估

借助专业评估机构对目标公司的资产、商誉、无形资产进行独立评估，确保估值的准确性。

5. 数据分析工具

利用数据分析工具对大量的财务数据进行统计和分析，发现异常情况和潜在问题。

（五）财务尽职调查在并购决策中的作用

1. 降低投资风险

财务尽职调查有助于全面了解目标公司的财务状况和风险因素，从而减少投资方在并购过程中的风险。通过深入调查和分析，投资方能够更准确地评估目标公司的价值和潜在风险，避免未来可能导致投资失败的问题。

2. 提高谈判策略的合理性

财务尽职调查为投资方提供了有力的谈判筹码。通过了解目标公司的财务状况和商业运营，投资方能够更好地制定谈判策略，争取更有利的交易条件，包括价格、交易结构和其他关键条款。

3. 保护投资方的权益

财务尽职调查有助于发现目标公司可能存在的法律和合规风险，为投资方提供及时的警示。这有助于保护投资方的权益，防范潜在的法律纠纷和合规问题，确保交易的顺利进行。

4. 优化并购战略

通过深入了解目标公司的商业模式、市场地位和竞争优势，财务尽职调查有助于优化投资方的并购战略。投资方可以根据调查结果调整战略方向，选择更符合自身战略目标的目标公司。

5. 为未来整合提供基础

财务尽职调查的结果为未来的整合提供了基础。投资方在了解目标公司的基础上，可以更好地制订整合计划，确保整合的顺利进行，最大化地创造合并后的价值。

（六）财务尽职调查的挑战与解决方案

1. 大量信息处理

挑战：目标公司通常有大量的财务信息需要处理，包括财务报表、会计记录等。

解决方案：制订详细的调查计划，明确调查重点，利用数据分析工具和专业团队高效处理信息。

2. 数据真实性

挑战：目标公司提供的财务信息可能存在夸大或隐瞒的情形，数据真实性难以保证。

解决方案：结合文件审查、实地调查和口头询问等多种方法，综合核实财务信息的真实性。

3. 法务合规审查

挑战：法务合规审查需要综合考虑目标公司的法律文件、合同等信息，难以全面了解。

解决方案：聘请专业的法务团队参与，借助第三方法务专家进行独立法务审查。

4. 时间压力

挑战：并购交易通常有时间限制，需要在较短时间内完成财务尽职调查。

解决方案：提前制订调查计划，高效协同团队，确保在规定时间内完成调查。

财务尽职调查在并购中的实践是确保投资方能够做出明智决策、降低投资风险的重要步骤。通过深入了解目标公司的财务状况、商业运营和法律合规性，财务尽职调查为投资方提供了全面的信息支持，有助于制定合理的谈判策略，保护投资方权益，并优化整个并购过程。尽管面临一系列挑战，但通过科学合理的方法和高效的团队协同，这些挑战是可以克服的。在未来，随着并购交易的不断增加和市场竞争的加剧，财务尽职调查将继续在并购领域发挥不可替代的作用。

第三节　并购交易的融资结构

一、融资结构的选择与优化

（一）概述

在企业运营和发展的过程中，融资结构的选择与优化是一项至关重要的战略决策。融资结构涉及企业通过债务和股权两种方式获取资金的比例和形式，直接影响企业的财务状况、成本结构以及未来的盈利能力。本书将探讨融资结构的定义、选择原则、常见融资工具，以及优化融资结构的策略和影响因素。

（二）融资结构的定义

融资结构是指企业在满足资金需求时，通过不同比例的债务和股权融资形成资本组合。债务融资和股权融资分别代表了企业通过债务和股票发行获取资金的方式。企业的融资结构直接影响其财务风险、成本和盈利分配。

（三）融资结构的选择原则

1. 成本效益原则

融资结构的选择应考虑不同融资方式的成本效益。债务融资通常只需较低的成本，但带来了固定利息负担；股权融资避免了固定利息，但可能导致股权分散和盈利分配问题。企业需要权衡两者，以达到最佳的成本效益。

2. 税收优惠原则

债务融资通常能够享受税收优惠，因为支付利息可抵扣税收的成本，这使债务融资在税收方面更具吸引力。然而，企业需要谨慎，避免过度依赖债务，导致财务杠杆过高，增加偿债风险。

3. 风险容忍度原则

融资结构的选择还需考虑企业的风险容忍度。债务融资增加了财务杠杆，可能加大财务风险，尤其是在经济不景气时。股权融资降低了财务杠杆，但可能削弱现有股东权益。企业需要根据自身经营状况和行业特点确定适当的风险容忍度。

4.灵活性原则

融资结构的选择应具备灵活性，以适应未来的经营变化和市场波动。灵活性体现在还款期限、利率调整、提前还款等方面。过于刚性的融资结构可能使企业在面对不确定性时难以灵活应对。

5.市场接受度原则

企业的融资结构选择还需考虑市场对不同融资方式的接受度。投资者和债权人对企业融资的结构和方式有不同的偏好，企业需要根据市场反馈和投资者需求进行合理的选择。

（四）常见融资工具

1.债务融资工具

（1）公司债券

公司债券是企业通过发行债券向投资者借款的一种方式。债券通常具有固定利率和到期日，企业需要按期支付利息，并在到期时偿还本金。

（2）银行贷款

银行贷款是企业向银行申请贷款，以获取资金。银行通常会收取一定的利息和可能的手续费。贷款可以分为长期贷款和短期贷款，根据企业的资金需求和还款能力选择不同类型的贷款。

（3）私募债券

私募债券是企业以非公开方式向特定投资者发行的债券。相比于公开发行，私募债券发行过程更为灵活，通常适用于规模较小或信用较差的企业。

2.股权融资工具

（1）IPO

首次公开发行（Initial Public Offering，IPO）是企业通过在证券交易所上市发行股票，向公众募集资金的过程。IPO提供了股权融资的一种重要途径，使企业能够吸引更多的投资者。

（2）风险投资

风险投资是指风险投资者通过购买企业的股权来提供资金支持。风险投资通常涉及早期阶段的企业，投资者期望通过企业成长获得高额回报。

（3）公开发行增发

企业在已经上市的情况下，可以通过公开发行增发新股的方式获取资金。这种方式相对灵活，但也可能对现有股东权益造成一定的冲击。

（五）融资结构的优化策略

1. 多元化融资工具

多元化融资工具是指企业不依赖于单一种类的融资工具，而是通过混合使用股权融资和债务融资工具，以降低整体融资风险。通过灵活运用不同的融资工具，企业可以更好地适应市场变化和资金需求的不同阶段。

2. 周期匹配

企业可以根据项目投资、资金需求和经营周期等因素，选择合适期限的融资工具，实现融资结构与企业经营周期的匹配。例如，长期资产投资可以选择长期债务融资，短期流动性需求可以采用短期贷款等。

3. 利率风险管理

对于选择债务融资的企业，利率风险是需要重点关注的因素。企业可以采用利率互换、利率期货等工具进行利率风险的管理，以确保在不同市场利率变动的情况下，财务成本的可控性。

4. 盈利稳定性与财务杠杆的平衡

在融资结构的优化中，企业需要平衡盈利稳定性与财务杠杆之间的关系。高度依赖债务融资可能增加财务风险，而高财务杠杆也可能导致财务压力。通过适度的股权融资和债务融资的结合，企业可以实现财务杠杆的平衡，降低财务风险。

5. 股权回购

股权回购是企业购买自己已经发行的股票，用于减少股本规模。通过股权回购，企业可以提高每股收益、改善财务指标，并灵活运用股本，进一步优化融资结构。

（六）融资结构的影响因素

1. 行业特性

不同行业具有不同的融资需求和特性。一些资本密集型行业可能更倾向于进行债务融资，以降低资金成本；而一些创新型行业可能更侧重于进行股权融资，以吸引风险投资，支持研发和创新。

2. 公司规模与信用状况

公司规模和信用状况直接影响融资的渠道和成本。较大规模的企业通常能够获得更有利的融资条件，信用状况较好的企业也更容易获得低成本的债务融资。

3. 经济环境

宏观经济环境对融资结构的选择有着重要的影响。在经济增长期，企业更容易通过股权融资获取更多的资金支持；而在经济下行期，债务融资可能更为吸引企业，因为利率较低。

4. 法规政策

法规政策对企业的融资活动有着直接的引导作用。政府对股权市场和债务市场的监管政策、税收政策等都会影响企业的融资结构选择。

5. 市场投资者偏好

市场投资者对不同融资结构的偏好也是一个重要的影响因素。一些投资者更愿意投资于稳定分红的企业，而另一些可能更看重股价的增长潜力。企业需要根据市场投资者的偏好，更好地匹配自身融资结构。

融资结构的选择与优化是企业财务战略中至关重要的一环。企业需要在综合考虑成本效益、税收优惠、风险容忍度、灵活性等因素的基础上，制定合理的融资结构策略。通过多元化融资工具、周期匹配、风险管理、股权回购等手段，企业可以更好地适应市场变化，确保资金的稳健获取。在影响因素方面，企业需要关注行业特性、公司规模与信用状况、经济环境、法规政策和市场投资者偏好等因素，以制定更加符合实际情况的融资结构战略。综上所述，科学合理的融资结构选择和优化对企业的长期发展具有重要意义。

二、并购融资的市场条件与策略

（一）概述

并购融资是企业通过收购、合并等手段获取资金以扩大规模、优化资源配置的重要途径。在进行并购融资时，企业需要充分考虑市场条件，制定科学的融资策略，以确保交易的成功和企业的可持续发展。本书将深入探讨并购融资的市场条件、融资策略以及影响因素。

（二）并购融资的市场条件

1. 资本市场状态

资本市场的状态是影响并购融资的重要因素之一。在牛市时，投资者对并购活动的热情通常较高，融资成本相对较低，有利于企业通过股权融资获取资金。在熊市时，融资条件可能变得更加严格，企业可能更倾向于进行债务融资或选择更为稳健的并购项目。

2. 利率水平

利率水平直接影响债务融资的成本。较低的利率有助于企业以更优惠的条件获取债务资金，提高融资效益。因此，在利率较低的市场环境中，企业更有动力选择债务融资来支持并购活动。

3. 经济环境

宏观经济环境对并购融资的市场条件有着深远的影响。在经济增长期，企业更有可能通过并购融资来寻找增长机会，市场对此也更为开放。而在经济衰退时，融资难度可能增加，企业需要更为谨慎地选择合适的融资策略。

4. 法规政策

法规政策对并购融资的市场条件具有直接影响。政府对于跨境并购、行业并购等可能出台不同的政策措施，影响企业的并购融资可行性。因此，企业需要密切关注并遵循相关法规政策，以降低法律风险。

（三）并购融资的策略

1. 股权融资

（1）IPO

首次公开发行（Initial Public Offering, IPO）是一种通过在股票市场上市，发行新股票来融资的方式。企业可以通过 IPO 获取公开市场资金，支持并购活动。IPO 有助于提高企业的知名度和透明度，吸引更多投资者的关注。

（2）公开发行增发

已上市的企业可以通过公开发行增发新股的方式募集资金。这种方式相对灵活，不需要企业进行全面的重组，可以更快速地获取融资，但需要注意的是，增发可能对现有股东权益产生一定冲击。

（3）私募股权融资

私募股权融资是指企业通过非公开方式向特定的投资者发行股权，获取融资支持。这种方式通常用于规模较大的并购项目，可以灵活制定融资条件，但需要谨慎选择合作伙伴。

2. 债务融资

（1）公司债券

发行公司债券是一种常见的债务融资方式，企业通过向债券市场发行债券来募集资金。公司债券通常具有一定期限和利率，适用于长期的资本需求。

（2）银行贷款

银行贷款是企业向银行申请贷款获取资金的方式。银行通常会根据企业的信用状况和还款能力制定贷款条件。银行贷款具有灵活性，适用于短期和中期的融资需求。

（3）私募债券

私募债券是企业向特定的投资者非公开发行的债券。相比于公开市场发行，私募债券的发行过程更为灵活，适用于规模较小或信用较差的企业。

3. 混合融资

混合融资是指企业通过股权融资和债务融资相结合的方式获取资金。混合融资的优势在于能够充分利用不同融资方式的优势，降低融资成本，提高融资灵活性。

（四）影响并购融资的因素

1. 企业财务状况

企业自身的财务状况是影响并购融资的关键因素。财务状况较好的企业更容易获得融资支持，融资成本相对较低。因此，企业在进行并购融资前需要评估自身财务状况，包括资产负债结构、盈利能力、现金流状况等，以确定合适的融资方式和策略。

2. 并购项目的质量与可行性

并购融资的成功与否和所选择的并购项目的质量、可行性密切相关。企业在选择并购目标时需进行充分的尽职调查，评估目标企业的财务状况、商业模式、市场地位等因素，以确保并购项目的可行性和长期价值。

3. 市场对并购的反应

市场对并购活动的反应直接影响融资能否成功。如果市场对并购持积极态度，投资者更愿意参与股权融资，融资成本相对较低。反之，市场的不确定性和负面反应可能导致融资困难，增加融资成本。

4. 利益相关方的态度

利益相关方的态度对并购融资也有着重要的影响。股东、债权人、员工等利益相关方的支持与否，会影响融资的顺利进行。企业在进行并购融资前需要进行充分的沟通和协商，确保各方的利益得到充分考虑。

5. 法律与合规风险

法律与合规风险是并购融资中不可忽视的因素。违反相关法规和合规要求可能导致交易被否决或产生法律纠纷，增加融资的风险。因此，企业在进行并购融资前需要充分了解并遵循相关法规，降低法律风险。

（五）并购融资的策略建议

1. 多元化融资方式

在选择融资方式时，企业可以采取多元化的策略，灵活运用股权融资和债务融资。根据市场条件、企业财务状况以及项目特点，选择最合适的融资方式，降低融资风险。

2. 科学评估并购目标

在进行并购时，企业需要进行全面、深入的尽职调查，科学评估并购目标的财务状况、战略契合度等方面。确保所选择的并购目标具有长期增值潜力，能够为企业创造持续价值。

3. 灵活运用融资工具

企业在融资过程中应灵活运用不同的融资工具。根据不同的阶段和项目需求，选择适当的融资工具，包括股权融资、债务融资、混合融资等，以满足资金需求的多样性。

4. 提前规避法律合规风险

在进行并购融资前，企业需要提前规避法律合规风险。充分了解相关法规和合规要求，确保交易的合法性和合规性。在融资文件的起草和执行过程中，与法律专业团队密切合作，减少法律风险。

5. 建立有效的沟通机制

在并购融资过程中，与利益相关方建立有效的沟通机制至关重要。及时与股东、债权人、员工等各方进行沟通，解释并购的战略意义和长期价值，争取更多的支持，确保融资的成功进行。

并购融资是企业实现快速扩张、优化资源配置的有效手段，但也伴随着一系列的市场条件、策略选择和风险管理挑战。企业在进行并购融资时，需要充分考虑市场的动态变化，科学制定融资策略，全面评估并购目标，降低法律合规风险，建立良好的沟通机制。通过合理的融资结构选择和灵活的融资方式运用，企业可以更好地应对市场变化，确保并购融资的顺利进行，为企业的长期发展注入新的动力。

三、并购融资的风险管理

（一）概述

并购融资作为企业实现扩张、提升市场地位的重要手段，同时也伴随着众多的风险和挑战。有效的风险管理是确保并购融资顺利进行、实现预期目标的关键因素。本书将深入探讨并购融资的风险，以及相应的风险管理策略。

（二）并购融资的主要风险

1. 市场风险

（1）估值波动

并购交易中，目标企业的估值可能会受到市场波动的影响，导致交易价格波动。尤其在不确定的经济环境中，企业可能难以准确评估目标企业的价值，从而面临估值不准确的风险。

（2）资本市场不稳定

资本市场的不稳定性会直接影响融资的成本和融资可行性。市场的大幅波动可能导致股权融资的困难和成本上升，增加并购交易的复杂性。

2. 财务风险

（1）不良财务状况

目标企业的财务状况可能存在不确定性，包括负债结构、不良资产、财务造假等问题。这些财务风险可能对企业的财务健康产生负面影响，影响并购的可行性和价值创造。

（2）财务整合难度

合并后的财务整合是一个复杂的过程，可能涉及会计政策的统一、财务系统的整合等方面。如果财务整合不当，可能导致信息不对称、财务报告不准确等问题，影响企业的经营稳定性。

3. 法律合规风险

（1）合同风险

并购交易中的合同风险主要包括合同的履行能力、合同中的隐含条件等。如果目标企业在合同中存在隐含的法律责任或未履行的义务，可能导致潜在的法律风险。

（2）反垄断法风险

在一些国家，反垄断法规定了企业合并的条件和程序。如果企业未能遵守相关法规，可能面临政府的调查和罚款，甚至可能导致并购交易的失败。

4. 经营风险

（1）文化差异

合并后，不同企业文化的融合可能会带来员工团队合作问题，影响企业的运营效率和绩效。文化差异也可能导致管理层的不稳定，进而影响企业的战略执行。

（2）客户流失

并购可能导致目标企业的客户流失，特别是当客户对并购交易持负面看法时。客户流失可能导致企业营收下降，进而影响并购交易的收益。

5. 操作风险

（1）技术集成难题

如果并购涉及技术领域，技术集成难题可能会威胁企业的运营稳定性。技术系统的不兼容和整合困难可能导致生产中断、服务质量下降等问题。

（2）人才流失

在并购后，人才流失可能是一个严重的问题。关键员工对并购后的企业发展产生负面影响，可能导致业务中断、战略实施困难等。

（三）并购融资的风险管理策略

1. 尽职调查

在并购融资前，充分的尽职调查是降低各类风险的重要手段。这包括财务尽职调查、法务尽职调查、商业尽职调查等。通过深入了解目标企业的各个方面，企业能够更准确地评估风险水平。

2. 合理估值

对目标企业的合理估值是避免市场风险和财务风险的关键。企业需要使用合适的估值方法，考虑市场的波动性和目标企业的财务健康状况，以确保交易价格的合理性。

3. 持续监控市场变化

在整个并购过程中，企业需要持续监控市场变化，关注资本市场的动态、行业的发展趋势等。及时调整并购策略，以适应市场的变化，降低市场风险。

4. 制定合理的合同和协议

在法律合规方面，制定合理的合同和协议是关键的风险管理策略。合同和协议应该清晰规定双方的权利和义务，充分考虑到可能的风险因素，包括法律责任、履行条件、违约责任等。在合同中设置有效的保护性条款，以最大限度地减轻法律合规风险。

5. 制订合理的财务整合计划

为了降低财务风险，企业在并购过程中需要制订合理的财务整合计划。这包括财务制度的整合、财务报告的统一标准、会计政策的调整等方面。财务整合计划的执行需要充分考虑到两个企业的财务体系的差异，确保财务整合的顺利进行。

6. 强化沟通与文化融合

为了应对经营和操作风险，企业需要在并购后积极推动文化融合和员工沟通。建立有效的沟通机制，清晰传达企业战略、并购目标和文化价值观，有助于减轻员工团队不稳定性和客户流失的风险。

7. 灵活使用融资结构

在市场不确定的情况下，灵活使用融资结构可以帮助企业更好地适应市场变化。根据市场情况，可以调整股权融资和债务融资的比例，选择最适合当前环境的融资方式，降低融资成本。

8.设立专业团队

为了有效应对各类风险,企业可以设立专业的并购团队,包括财务、法务、市场、人力资源等多个专业领域的专家。这样的团队能够更全面地评估风险,制定相应的风险管理策略。

9.制订退出计划

在并购融资过程中,企业需要制订清晰的退出计划,考虑到可能的风险和未来变化。合理的退出计划有助于企业在面临风险时能够迅速调整战略,保障企业的长期稳健发展。

并购融资作为企业战略的一部分,不仅能够带来巨大的机遇,也伴随着多样化的风险。为了降低这些风险,企业需要制定科学的风险管理策略。尽职调查、合理估值、合同协议的制定、文化融合、持续监控市场等都是有效的风险管理手段。

第四节　并购后的财务整合

一、并购后财务报告的合并与规范

（一）概述

并购是企业实现快速扩张、提升市场地位的重要手段,然而,并购后的财务报告合并与规范是一项复杂而关键的任务。合并后的企业需要整合不同的会计体系、报告标准和财务信息,以确保财务报告的准确性、可比性和透明度。本书将深入探讨并购后财务报告的合并与规范,包括合并会计准则、合并报表的编制、财务信息披露等方面的内容。

（二）合并会计准则

在并购后的财务报告中,选择合适的会计准则是首要任务之一。全球范围内,主要的合并会计准则包括国际财务报告准则(IFRS)和美国通用会计准则(GAAP)。企业在选择会计准则时需要考虑到并购交易的地域、交易结构以及股权或资产的性质等因素。

1.IFRS

IFRS 是由国际会计准则理事会 (IASB) 制定和发布的国际性财务报告准则。在并购后，采用 IFRS 的企业需要遵循 IAS 36《资产减值》、IFRS 3《企业合并》等相关准则。IFRS 强调公允值的使用，要求合并后的企业以公允值计量合并交易中的资产、负债和权益。

2.GAAP

GAAP 是美国企业遵循的财务报告准则，由美国财务会计准则委员会 (FASB) 颁布。GAAP 规定了并购过程中需要遵循的会计准则，包括 FASB Statement No. 141(R)《关于企业合并的新准则》和 FASB Statement No. 142《关于企业购并后的商誉会计的新准则》。

3. 选择会计准则的考虑因素

在选择合适的会计准则时，企业需要综合考虑以下因素：

（1）地域和交易结构

企业所处的地域和并购交易的结构可能影响到选择会计准则。在一些国际性的并购交易中，IFRS 可能更为适用，而在美国境内的交易中，则可能更倾向于使用 GAAP。

（2）股权或资产的性质

如果并购交易涉及股权的交换，可能需要考虑采用适用于企业合并的特定准则。如果是资产的交易，可能需要遵循其他相关的会计准则。

（3）公司治理结构

企业的治理结构也可能影响到会计准则的选择。一些上市公司可能更倾向于与其上市交易所所在地的会计准则保持一致，以提高透明度和可比性。

（三）合并报表的编制

合并报表是并购后财务报告的核心，它反映了合并后企业整体的财务状况、经营业绩和现金流量。在编制合并报表时，需要遵循一系列的准则和程序。

1. 核算方法

（1）股权法

股权法是一种广泛应用于合并报表编制的方法。按照股权法，投资者在合并后对被投资企业的股权占比反映在合并报表中。这种方法要求在投资者的财务报表中核算投资企业的资产、负债和权益。

（2）采用企业合并法

在采用企业合并法时，合并报表中将合并方和被合并方的各项资产、负债和权益进行合并。这种方法适用于一个企业完全控制另一个企业的情况。

2. 商誉的处理

商誉是企业合并中常见的资产，其处理方式在合并报表中具有重要影响。根据不同的会计准则，商誉的处理方式可能会有所不同。

（1）IFRS

在 IFRS 下，商誉应当在合并后的报表中以公允值计量。在后续的会计期间，商誉需要按照每年的资产减值测试进行评估，以确定是否存在减值。

（2）GAAP

在 GAAP 下，商誉一般在合并后的报表中以公允值计量，然后按照每年的减值测试进行评估。与 IFRS 类似，如果商誉发生减值，需要调整其价值。

3. 关联方交易的披露

合并报表中的关联方交易披露对于确保财务报告的透明度至关重要。在并购后，如果合并方和被合并方存在关联方交易，应当在合并报表中明确披露这些交易的性质、金额以及对合并后财务状况的影响。关联方交易的披露有助于审计机构和投资者更全面地了解合并后企业的商业关系和潜在风险。

4. 资产和负债的重估

在并购后，合并方和被合并方的资产与负债可能需要进行重估，以符合合并后的公允值。这可能涉及固定资产、无形资产、金融资产等各个方面。重估的目的是确保合并后报表的准确性和可比性。

（1）固定资产和无形资产

固定资产和无形资产的重估通常涉及对其公允值的评估。这可能需要借助专业估值师对各类资产进行独立的估值。公允值的确定影响到资产的折旧和摊销计算，直接影响合并后的财务状况。

（2）金融资产和负债

对于金融资产和负债，可能需要重新评估其公允值，并将其调整到市场水平。这对于涉及衍生工具、债券等金融工具的企业尤为重要，以确保合并后报表反映出真实的市场价值。

5. 税务影响的处理

并购后的企业可能面临复杂的税收影响，包括资产重估、商誉的摊销和抵扣、关联方交易的税收处理等。合并报表中应当详细披露这些税收影响，并遵循相关的税收法规，以降低潜在的税务风险。

（四）财务信息披露

在并购后的财务报告中，财务信息披露是提供给投资者、股东和其他利益相关方的重要途径。充分、透明的披露有助于提高财务报告的可读性和可理解性。

1. 合并后业绩披露

在合并后的财务报告中，需要对合并后的业绩进行详细的披露。这包括合并后的收入、成本、净利润等关键财务指标。业绩披露应当以合并后的整体业务为基础，清晰地呈现企业合并后的经营状况。

2. 风险披露

财务报告中应当充分披露并购后可能面临的风险因素。这包括合并后可能出现的商业风险、市场风险、法律风险等。投资者和利益相关方需要了解并购后企业的风险状况，以做出明智的投资和经营决策。

3. 关联方交易披露

财务报告中的关联方交易披露应当清晰明了，包括交易的性质、金额、对企业财务状况的影响等。这有助于投资者了解合并后企业与关联方之间的商业往来，及时发现潜在的关联方交易风险。

4. 财务指标和非 GAAP 财务指标

在财务报告中，除了传统的财务指标外，一些企业还可能提供非 GAAP 财务指标，以更全面地反映企业的经营状况。然而，企业在提供非 GAAP 财务指标时应当谨慎，确保这些指标的计算方法透明、合理，并与 GAAP 财务指标保持一致。

并购后的财务报告合并与规范是确保企业财务透明度和合规性的关键步骤。选择合适的会计准则、采用适当的核算方法、处理商誉、重估资产和负债、税务影响的处理以及充分披露各类信息，都是构建合并后财务报告的重要组成部分。企业需要在并购后及时建立起合适的财务管理和报告制度，以确保合并后的企业能够稳健经营、适应市场环境，并向投资者和其他利益相关方提供真实、准确、全面的财务信息。

二、组织文化整合与财务协同

（一）概述

企业并购不仅涉及财务合并，还包括组织文化整合。组织文化整合是确保并购后企业实现协同效应和可持续成功的重要因素之一。与此同时，财务协同也是确保企业经济实体合并后财务体系稳健运作的关键。本书将深入探讨组织文化整合与财务协同的关系，以及在并购过程中的重要性和实施策略。

（二）组织文化整合

1. 什么是组织文化

组织文化是指企业内部员工共享的信仰、价值观、行为规范和工作风格等元素所形成的共同文化。每个企业都有其独特的组织文化，它反映了企业的身份认同和内部运作方式。

2. 并购中的文化差异

在并购中，参与企业通常拥有不同的组织文化，这可能是由于行业差异、地域差异、历史差异等原因造成的。文化差异可能表现为沟通方式、领导风格、员工价值观等方面的不同，甚至可能导致员工不适应新文化，产生阻力。

3. 组织文化整合的目标

组织文化整合的目标是在合并后创建一种共同的、有利于企业长期成功的文化。整合过程需要关注以下几方面：

（1）识别核心价值观

确定并定义组织文化的核心价值观，明确员工在新组织中应该共享的共同信仰和原则。

（2）促进沟通与合作

创造一个开放、透明的沟通环境，鼓励员工交流、分享经验，并促进不同部门和团队之间的协作。

（3）培养领导力

培养新文化下的领导力，确保领导团队能够引导员工适应新的组织文化，发挥团队的最大潜力。

（4）建立共同的工作习惯

制定一致的工作规范和行为准则，帮助员工适应新的工作环境，提高工作效率。

4. 实施组织文化整合的策略

（1）领导层的参与

组织文化整合需要得到高层领导的明确支持与参与。领导层的积极参与有助于向员工传递文化整合的重要性，并确保整个组织朝着共同的文化目标努力。

（2）文化评估和比较

在并购前，进行全面的文化评估，识别两个企业的文化特点和差异。在比较中，找出相互补充的文化元素，为整合提供基础。

（3）渐进式的整合计划

采取渐进式的整合计划，而非强制性的快速整合。这有助于员工更好地适应变化，减少文化冲突，确保文化整合的可持续性。

（4）员工参与和反馈

鼓励员工参与文化整合过程，收集他们的反馈和建议。员工的积极参与可以增强他们对变化的接受度，并提供宝贵的实际经验。

（5）培训和教育

提供相关的培训和教育，帮助员工理解新文化的核心价值观、期望和工作方式。培训可以帮助员工更好地适应变革，减少不确定性和阻力。

（6）培养文化大使

培养文化大使，他们可以在组织内部担任引领者，传递文化理念，帮助员工理解和融入新文化。

（三）财务协同

1. 财务协同的定义

财务协同是指在企业并购过程中，通过整合并购方和被并购方的财务体系，实现协同效应，提高财务绩效和效益。财务协同关注的范围包括财务流程、财务管理、财务人员的协同工作等方面。

2. 财务协同的重要性

（1）实现成本效益

通过整合财务流程和资源，避免重复投入，实现成本的合理控制和降低。

（2）提高经营效率

财务协同有助于提高企业内部的经营效率，通过标准化财务流程和信息系统，降低运营风险。

（3）加强内部控制

整合财务管理可以提升内部控制的水平，确保财务数据的准确性和透明度，降低财务风险。

3. 实施财务协同的策略

（1）统一财务流程和制度

在并购后，对两个企业的财务流程和制度进行统一。确保会计准则、报表格式、审计流程等方面的一致性，提高财务信息的可比性。

（2）整合财务团队

整合并购方和被并购方的财务团队，明确各自的职责和角色，确保协同工作的顺畅进行。这包括设定清晰的财务目标、绩效评估机制等。

（3）优化财务信息系统

整合财务信息系统，确保数据的流通畅通，减少手工操作和数据传递的错误。优化系统结构，提高信息处理的效率。

（4）制订财务整合计划

在并购初期就制订财务整合计划，明确整合的步骤、时间表和责任人。在计划中充分考虑业务差异、信息系统的兼容性等因素。

（5）强化内部控制

加强内部控制，确保财务报告的准确性和真实性。实施合并后的内部审计机制，及时发现并解决潜在的财务问题。

4. 持续监测和调整

财务协同是一个动态的过程，需要持续监测和调整。随着市场变化、业务发展等，可能需要对财务协同策略进行调整，确保其与企业整体战略保持一致。

（四）文化整合与财务协同的关系

1. 共同目标

文化整合和财务协同都应该服务于并购的共同目标，即实现整体业务的协同效应，提高企业的竞争力和盈利能力。

2. 互为支撑

文化整合和财务协同相互支撑，文化整合的成功有助于减少内部阻力，为财务协同提供良好的组织环境。财务协同的高效执行也有助于支持整合后企业的运作和管理。

3. 全员参与

文化整合需要全员的参与，财务协同同样需要全员的理解和协作。积极向上、协同有序的企业文化有助于财务协同的推进。

4. 统一战略

文化整合和财务协同的成功都需要统一的战略指导。确保两者在企业整体战略的框架下，相互协调一致，共同推动企业的发展。

组织文化整合和财务协同是企业并购中两个不可分割的方面。文化整合关注员工的信仰、价值观和行为规范，旨在创造共同的组织文化。财务协同注重整合企业的财务流程、管理和资源，实现经济实体的合并效益。两者相辅相成，共同为企业的长期成功奠定基础。在并购过程中，企业需要在文化整合和财务协同之间取得平衡，确保它们相互支持、相互促进。

三、并购后的绩效评估与调整

（一）概述

企业并购是实现战略增长和市场优势的重要手段，然而，并购后的绩效评估与调整同样至关重要。通过对并购后绩效进行全面、科学的评估，企业能够及时发现问题、优化资源配置，确保并购达到预期目标。本书将深入探讨并购后绩效评估的重要性、评估指标、调整策略等方面的内容。

（二）并购后绩效评估的重要性

1. 评估并购目标的实现情况

并购通常以一系列的战略目标为依托，如扩大市场份额、提高竞争力、降低成本等。绩效评估是对这些目标实现情况的检验，有助于企业了解并购战略的成败。

2. 及时发现问题并优化资源配置

绩效评估是及时发现并解决问题的关键工具。可能涉及组织结构不合理、文化融合问题、财务问题等各个方面，通过评估可以及时调整战略和资源，提高企业运营的灵活性和适应性。

3. 确保并购的可持续发展

通过评估并购后绩效，企业可以更好地了解整个并购过程，为未来类似的并购提供宝贵的经验教训，确保可持续发展。

（三）并购后绩效评估指标

1. 财务指标

（1）利润与收入增长

利润与收入的增长是最直观的绩效评估指标之一。通过对比并购前后的财务报表，企业可以清晰地了解并购是否为企业带来了经济效益。

（2）财务稳定性

财务稳定性包括企业的偿债能力、流动比率、净利润率等指标。这些指标能够反映并购后企业的财务健康状况，评估是否存在财务风险。

2. 运营指标

（1）生产效率

通过评估生产效率，企业可以了解并购后生产流程的优化情况，是否实现了资源的最大化利用。

（2）供应链管理

供应链管理涉及原材料采购、生产、物流等环节。通过评估供应链的管理状况，企业可以发现潜在的问题并进行及时调整。

3. 市场指标

（1）市场份额

市场份额是评估企业在行业中地位的重要指标。并购后，通过对市场份额的评估，企业可以了解其在市场竞争中的表现。

（2）顾客满意度

顾客满意度反映了企业提供产品或服务的质量。通过绩效评估，企业可以了解顾客满意度的变化，从而调整市场策略。

4. 人力资源指标

（1）员工离职率

员工离职率可以反映企业文化整合、员工满意度等方面的问题。评估并购后员工离职率有助于发现潜在的人力资源管理问题。

（2）人才引进与培养

评估人才引进与培养情况，可以了解企业是否成功留住了关键的人才，并为未来的发展进行了足够的人才储备。

（四）并购后绩效调整策略

1. 调整组织结构

通过评估并发现问题，可能需要对组织结构进行调整。这可能包括部门的合并、重组、人员的重新分配等，以适应新的经营需求。

2. 优化资源配置

根据绩效评估的结果，企业可能需要重新考虑资源的分配。这包括资金、人力、技术等方面的优化，确保资源的最大化利用。

3. 文化调整

如果文化整合存在问题，可能需要对企业文化进行调整。这可能包括重新明确企业的价值观、制定新的文化政策等，以提高员工的凝聚力和认同感。

4. 重新制订战略规划

根据并购后的绩效评估结果，企业可能需要重新制订战略规划。这可能包括调整市场定位、产品线、服务策略等，以更好地适应市场变化。

5. 加强沟通与管理

绩效评估的结果可能需要通过有效的沟通传达给全体员工。加强沟通与管理，解释并购战略的意义，以得到员工的理解和支持。

6. 持续监测和反馈

绩效调整是一个动态的过程，需要持续监测和反馈。企业应建立起有效的监测机制，定期评估调整策略的实施效果，并根据反馈信息及时做出进一步的调整。这有助于企业在不断变化的市场环境中保持敏锐的洞察力和灵活的应变能力。

7. 人才培训与发展

绩效评估可能会揭示员工的培训和发展需求。企业可以制定相应的培训计划，提升员工的技能水平，使其更好地适应新的工作要求。同时，也需要关注人才的发展，培养并留住关键的人才。

绩效评估与调整是并购过程中不可或缺的环节。通过对并购后的多方面指标进行综合评估，企业能够及时发现问题、调整战略、提高竞争力。在评估指标的选择上，财务、运营、市场、人力资源等方面的指标都需要充分考虑，形成全面的绩效评估体系。

调整策略需要根据评估结果的不同而灵活选择，可能涉及组织结构、资源配置、文化调整、战略规划等多个方面。在调整过程中，企业需要保持灵活性和适应性，不断优化运营模式，确保并购能够取得长期的、可持续的成功。最终，通过科学的绩效评估和灵活的调整策略，企业能够更好地实现并购战略的预期目标，推动组织的健康发展。

第五章　风险投资与私募股权

第一节　风险投资的基本模式

一、风险投资与创业生态系统

（一）概述

随着科技的迅速发展和市场竞争的日益激烈，创业生态系统成为推动创新和经济增长的关键力量。风险投资作为创业生态系统的重要组成部分，扮演着促进初创企业成长、推动科技创新的关键角色。本书将深入探讨风险投资与创业生态系统之间的关系，以及风险投资在推动建设创业生态系统中的作用和影响。

（二）风险投资概述

1. 风险投资定义

风险投资，又称风险投资资本、风险资本，是指投资者为了获取更高回报，愿意承担一定的投资风险，投资于高风险、高成长潜力的项目或公司的资金。风险投资的本质是通过提供资金支持，帮助创新型企业实现初创和成长阶段的发展。

2. 风险投资的分类

（1）种子轮投资

种子轮投资是指对创业公司进行初期投资，通常用于验证业务概念、开发原型等早期阶段。投资者在这个阶段通常是创业者自己、天使投资人或种子基金。

（2）天使轮投资

天使轮投资是指对初创公司进行较大规模的投资，用于帮助公司进一步发展产品、扩大市场份额。天使投资人通常是经验丰富的创业者、前期投资成功的天使投资人等。

（3）A轮、B轮、C轮等

A轮、B轮、C轮等表示不同的融资阶段。A轮是初创公司规模较小，需要大规模资金支持的阶段，B轮是在A轮获得市场验证后需要进一步扩大规模，C轮以后则是公司已经相对成熟，需要进一步扩张、上市或退出。

3.风险投资的特点

（1）高风险高回报

风险投资的本质是高风险高回报，投资者愿意承担较大的投资风险，希望通过成功投资获取较高的回报。

（2）长期投资

风险投资通常是一种长期的投资，因为创业公司的成长和盈利需要一定的时间，投资者需要有足够的耐心和战略眼光。

（3）提供战略支持

除了资金支持，风险投资还提供战略性的支持，包括经验分享、业务导向、市场拓展等，以帮助被投资公司更好地发展。

（三）创业生态系统

1.创业生态系统的定义

创业生态系统是一个包含了创业者、初创企业、投资者、孵化器、政府机构、大学研究机构等各种相关主体的复杂网络。它是一个相互依赖、相互促进的系统，促使创新和创业活动的发生、发展和繁荣。

2.创业生态系统的组成

（1）创业者

创业者是创业生态系统的核心，他们通过创新、创业来推动经济的增长和社会的发展。

（2）初创企业

初创企业是创业者的具体实践，是创新的源泉和经济增长的动力。初创企业在创业生态系统中占据重要地位。

（3）投资者

投资者是创业生态系统中的重要组成部分，包括天使投资人、风险投资机构等，他们为初创企业提供资金支持。

（4）孵化器与加速器

孵化器和加速器是为初创企业提供支持和资源的组织。孵化器通常提供办公空间、导师指导、市场推广等资源，帮助初创企业在初始阶段稳步发展。加速器则更注重短期内的快速成长，提供有限期的加速计划，通常伴随着资金投资、导师指导、行业资源等。

（5）政府机构

政府在创业生态系统中的提供政策支持、法规制定、创业政策执行，以及建设和维护创业环境等帮助。

（6）大学研究机构

大学研究机构在创业生态系统中通过科研成果转化、技术创新等方式为初创企业提供技术支持和人才培养。

3.创业生态系统的优势

（1）促进创新

创业生态系统通过整合各类资源，为创新提供了更为广泛的平台。创业者可以通过获取资金、技术、市场等资源，更好地推动创新。

（2）提高企业存活率

创业生态系统提供了丰富的资源和支持，帮助初创企业渡过起步阶段的困难，提高了企业的存活率。

（3）加速企业成长

通过创业生态系统的支持，初创企业可以更快地获取资金、市场份额、人才等资源，加速企业的成长和扩张。

（四）风险投资与创业生态系统的关系

1.风险投资推动创业生态系统发展

（1）提供资金支持

风险投资为初创企业提供了资金支持，帮助它们更好地进行产品研发、市场推广、团队建设等，推动了创业生态系统的发展。

（2）促进创新

风险投资对高风险、高创新的项目更具吸引力，这促使创业者更加注重创新，推动了整个创业生态系统的创新活动。

（3）提供战略支持

除了资金支持，风险投资还通过提供战略性的支持，如导师指导、行业资源整合等，促使初创企业更好地发展。

2.创业生态系统为风险投资提供良好环境

（1）丰富的投资机会

创业生态系统中存在大量初创企业，为风险投资提供了丰富的投资机会，使投资者能够更好地分散风险。

（2）多元化的资源支持

创业生态系统中各类组织和机构提供了多元化的资源支持，包括孵化器、大学研究机构等，为风险投资提供了更为广泛的资源渠道。

（3）强大的创业文化

创业生态系统中存在强大的创业文化，使更多的人愿意成为创业者，增加了创业项目的数量，提高了投资者的选择空间。

（五）风险投资在创业生态系统中的作用

1.推动经济增长

风险投资通过支持初创企业的创新和成长，促进了新技术、新产业的发展，推动了整个经济的增长。

2.培养创业者精神

风险投资为创业者提供了创业的机会和支持，促进形成创业者精神，推动了创业文化的形成和发展。

3.提高创新水平

风险投资对高风险、高创新的项目更有吸引力，这促使初创企业更加注重创新，提高了整个社会的创新水平。

4.带动产业升级

通过投资高科技、高附加值的初创企业，风险投资带动了产业结构的升级，推动了传统产业向智能化、数字化方向的转变。

（六）风险投资与创业生态系统的挑战

1. 风险投资的失败率

由于投资初创企业的高风险性质，风险投资的失败率较高。一些投资可能无法取得预期的回报，这对投资者构成了挑战。

2. 投资过度集中

在一些创业生态系统中，可能存在投资过度集中的问题，即部分热门行业或领域得到过多关注，而其他潜在的有机会的领域被忽视。

3. 短期回报压力

部分投资者可能面临短期回报压力，特别是那些需要在短时间内向投资人展示成果的风险投资机构。这可能导致初创企业过度追求短期收益，而不是长期可持续的发展。

4. 缺乏专业化人才

有些创业生态系统可能缺乏足够的专业化人才，包括行业专业人才、风险投资专业人才等。这可能影响风险投资的决策水平和对初创企业的有效支持。

5. 泡沫风险

在一些热门行业或领域，可能存在泡沫风险，即投资者过度追逐热点，导致估值虚高，最终可能引发市场泡沫破裂。

（七）未来展望

1. 加强生态系统建设

为了更好地发挥风险投资在创业生态系统中的作用，需要加强生态系统建设，提高各方协同效应。政府、投资者、企业和研究机构等各方应共同努力，形成更加完善的创业生态系统。

2. 多元化投资策略

风险投资者应当采取多元化的投资策略，关注不同阶段、不同行业和不同类型的初创企业，降低投资风险，提高整体投资组合的回报率。

3. 加强专业培训

为了提高风险投资的专业水平，需要加强相关专业培训。培养更多具有行业专业知识、创业经验和风险投资技能的人才，提升整个创业生态系统的质量。

4. 强化长期价值观

投资者应更加注重长期价值观，理性看待投资回报的周期。鼓励对长期发展有潜力的初创企业进行更为持续的支持，而非过度追求短期回报。

风险投资与创业生态系统之间存在着紧密的互动关系。风险投资通过提供资金支持和战略引导，推动了创业生态系统中初创企业的成长和创新。同时，创业生态系统为风险投资提供了丰富的投资机会和多元化的资源支持。然而，挑战也存在，包括投资失败率高、投资过度集中等问题。通过加强生态系统建设、多元化投资策略、加强专业培训和强化长期价值观，可以更好地发挥风险投资在创业生态系统中的积极作用，推动创新和可持续发展。

二、风险投资的投资阶段与特点

（一）概述

风险投资是一种通过投资高风险、高回报的项目或企业来获取收益的资本活动。在整个风险投资过程中，不同的投资阶段呈现出各自独特的特点和关注点。本书将深入探讨风险投资的不同投资阶段及其特点，包括种子轮、天使轮、A 轮、B 轮、C 轮等阶段，以便更好地理解风险投资的运作机制。

（二）种子轮投资

1. 定义

种子轮投资是风险投资的最早阶段，通常发生在初创企业的成立阶段。这一阶段的投资主要用于验证创业点子、开发初步的产品原型和确定商业模式。

2. 特点

（1）高风险高不确定性

种子轮投资的项目通常处于概念验证阶段，存在较高的商业模式不确定性和市场潜力不确定性，因此投资者需要对项目有更大胆的判断。

（2）创始团队的综合水平

在种子轮阶段，投资者更加关注创始团队的素质和能力，因为初创企业在这一阶段往往还没有完整的产品和市场验证数据。

（3）小额投资

由于项目尚处于早期阶段，投资金额相对较少。投资者可能会提供一定的资金，以帮助创始团队验证概念和建立初步的业务。

（4）尽早退出可能性低

由于项目的早期阶段存在高度不确定性，种子轮投资的项目有较大可能性无法成功，因此投资者对尽早退出并获得回报的期望相对较低。

（三）天使轮投资

1. 定义

天使轮投资是种子轮投资后的一轮资金注入，用于帮助初创企业进一步发展产品、扩大市场份额和吸引更多用户。

2. 特点

（1）产品验证和市场适应性

在天使轮阶段，初创企业通常已经完成了产品的初步开发，并开始验证其在市场上的适应性。投资者更关注产品的创新性和市场潜力。

（2）风险降低

相比于种子轮，天使轮投资的项目通常已经降低了一定的商业模式和市场验证风险，但仍然存在高度的不确定性。

（3）初创企业估值开始提升

由于项目风险降低，天使轮投资往往会为初创企业带来较高的估值，投资者可能会获得相对较大的股权份额。

（4）小规模市场试点

投资者可能鼓励初创企业进行小规模市场试点，以验证产品在实际市场中的表现，为下一阶段的融资做好准备。

（四）A轮投资

1. 定义

A轮投资是初创企业在完成种子轮和天使轮融资后的下一轮资金注入，用于支持企业进行更大规模的市场推广和产品开发。

2. 特点

（1）商业模式验证

在A轮阶段，投资者更加关注初创企业是否能够验证其商业模式的可行性，产品是否能够持续吸引用户和市场份额是否能够扩大。

（2）用户基础和收入增长

初创企业在 A 轮投资后，通常需要展示其用户基础和收入的增长潜力，以证明企业有望成为市场的领导者。

（3）进一步提升估值

随着初创企业的发展，A 轮投资通常会进一步提升企业的估值，投资者可能会期望获得更高比例的股权。

（4）资金规模相对较大

相比于种子轮和天使轮，A 轮投资的资金规模通常更大，用于支持企业更大范围的市场扩张和产品优化。

（五）B 轮、C 轮及后续投资

1.B 轮投资

（1）定义

B 轮投资是初创企业在完成 A 轮融资后的下一轮资金注入，用于加速企业的增长，进一步巩固市场地位。

（2）特点

在 B 轮阶段，初创企业通常需要进一步加大市场推广力度，增加用户数量，并进一步优化产品。

2.C 轮及后续投资

（1）定义

C 轮及后续投资是初创企业在完成 B 轮融资后的进一步资金注入，旨在支持企业实现更大规模的市场份额占有、产品创新和全球扩张。

（2）特点

在 C 轮及后续阶段，初创企业已经建立了相对稳定的商业模式，拥有大规模的用户基础和一定的市场份额。

投资者关注企业的持续增长潜力、全球扩张计划以及盈利能力的提升。

（六）投资阶段的切换与特点演变

1. 投资阶段的切换

在风险投资的生命周期中，初创企业可能会经历多个融资阶段的切换，如从种子轮到天使轮、从天使轮到 A 轮，以此类推。每个阶段的切换通常伴随企业在商业模式验证、市场推广和产品优化方面的不同需求。

2. 特点演变

随着投资阶段的升级，初创企业呈现出一系列特点的演变：

风险降低：随着产品的不断优化和市场的逐步验证，投资项目的整体风险逐渐降低，投资者更愿意参与较大规模的融资。

估值提升：伴随企业的成长和市场地位的巩固，企业的估值通常会相应提升。这也反映了投资者对企业未来潜力的更高期望。

资金需求增加：随着企业规模的扩大和全球市场的拓展，资金需求也会相应增加。因此，随着投资阶段的提升，融资规模通常呈逐步增加的趋势。

（七）投资阶段的选择与战略

1. 投资者的选择

不同类型的投资者对于不同投资阶段的项目有着不同的偏好。例如，天使投资者通常更喜欢参与种子轮和天使轮，而风险投资基金可能更倾向于参与 A 轮及以后的阶段。

2. 初创企业的策略

初创企业在选择投资阶段时，需要根据自身发展阶段和资金需求合理选择投资者。此外，初创企业在融资过程中也需要注意保持透明沟通，以吸引更多的投资者参与。

3. 投资策略的调整

投资者在不同阶段的投资策略也需要灵活调整。在早期阶段，投资者可能更注重团队的创新能力和产品的市场潜力；在后期阶段，投资者可能更注重企业的盈利能力和全球扩张计划。

（八）风险投资的未来趋势

1. 行业多元化

未来，风险投资可能呈现出更多的行业多元化趋势。不仅关注互联网和科技行业，还可能涉足更多传统行业的创新和发展。

2. 区域化与全球化

随着全球化进程的不断推进，风险投资可能越来越关注不同地区和国家的创新机会。投资者可能更倾向于寻找全球性的领先企业，而非局限于特定区域。

3. 社会影响投资

社会责任投资和环保投资可能成为未来风险投资的重要方向。投资者可能更关注那些具有社会影响力和可持续发展目标的初创企业。

4. 科技驱动的投资

随着科技的不断进步，风险投资可能更加注重科技创新。人工智能、区块链、生物技术等领域的初创企业可能会成为投资者追逐的热点。

风险投资的投资阶段呈现出多样化的特点，从种子轮到C轮及后续投资，初创企业在不同阶段需要应对不同的挑战和需求。投资者的选择和投资策略也在不同阶段发生变化，需要灵活调整。未来，随着行业的多元化、全球化趋势以及对社会影响力的关注，风险投资可能会迎来更多的机遇和挑战。在这个不断演变的环境中，初创企业和投资者需要紧密合作，共同推动创新和可持续发展。

三、风险投资与创新驱动经济的关系

（一）概述

随着全球经济的不断发展和科技的迅速进步，创新已经成为推动经济增长和社会进步的关键力量。在创新过程中，风险投资作为一种资本投入方式，扮演着至关重要的角色。本书将深入探讨风险投资与创新驱动经济的关系，分析其相互作用、影响机制以及对经济的贡献。

（二）风险投资的概念与特点

1. 风险投资的定义

风险投资是指投资者通过向具有潜在高回报但伴随较高风险的企业或项目提供资金，以期获得相应的经济回报。这种资本注入通常发生在初创企业或高成长性企业的早期阶段，涉及较高的不确定性和创新性。

2. 风险投资的特点

（1）高风险高回报

风险投资的本质是承担高风险以追求高回报。由于投资对象通常是初创企业，其商业模式和市场前景存在较大不确定性，因此投资者需要面对潜在的高风险。

（2）激励创新

风险投资不仅仅是资本的注入，更是对创新的激励。投资者往往会通过股权投资或其他激励机制，与创业者共享企业成长的果实，以推动创新。

（3）长期投资

风险投资通常是一种长期的投资，因为初创企业的成功往往需要较长的时间。投资者需要在相对较长的周期内支持企业的发展，直至企业成熟并能够实现盈利。

（4）专业化投资

风险投资领域需要投资者具备一定的行业专业知识，因为对初创企业的评估需要深入了解其所在行业的特点和发展趋势。这使风险投资更加专业化。

（三）创新驱动经济的重要性

1. 创新的定义

创新是指在生产、管理、技术或组织等方面引入新的理念、方法、产品或服务的过程。创新不仅包括科技创新，还包括商业模式创新、社会创新等多个层面。

2. 创新对经济的影响

（1）促进经济增长

创新是推动经济增长的动力之一。通过引入新的技术、产品和服务，企业能够提高生产效率、拓展市场份额，从而促进整体经济的发展。

（2）提高竞争力

创新使企业能够不断适应市场变化，提高产品或服务的质量和性能，增强竞争力。在全球化的经济环境下，具有创新能力的企业更容易在竞争中脱颖而出。

（3）促使产业升级

创新有助于推动产业升级。通过引入先进的生产工艺和技术，企业能够实现产业结构的升级，推动整个产业链向高附加值方向发展。

（4）提高社会福祉

创新不仅对企业有益，也对社会产生了积极影响。创新可以改善人们的生活品质，解决社会问题，推动可持续发展。

（四）风险投资与创新的相互作用

1. 风险投资推动创新

（1）提供资金支持

风险投资为初创企业提供了必要的资金支持，使创新型项目得以启动。这种资金注入可以用于产品研发、市场推广、团队建设等方面，推动创新的实际发生。

（2）提供经验和资源

除了资金，风险投资者还往往具备丰富的行业经验和资源。通过与投资者的合作，初创企业可以借助投资者的网络、技术支持等资源，加速创新过程。

（3）激励创业者

风险投资的激励机制提高了创业者的积极性和创新动力。创业者在有了投资者的支持和激励后，更有动力去尝试新的创新性项目。

2. 创新推动风险投资

（1）提供投资机会

创新不断地创造出新的投资机会。新兴产业、前沿技术、独特的商业模式等创新成果为投资者提供了更多选择和机会，使其能够发现有潜力的企业进行投资。

（2）提高投资回报

创新驱动的企业往往具备更高的增长潜力和市场竞争力。因此，投资创新型企业有望获得更高的投资回报。创新的成功不仅意味着企业自身的繁荣，也为投资者带来了丰厚的利润。

（3）塑造新的市场格局

创新不仅改变了现有市场格局，还能够塑造新的市场格局。投资者通过投资创新企业，有机会在新兴市场中占据有利位置，成为市场领导者。

（五）风险投资与创新对经济的贡献

1. 经济增长

风险投资通过支持创新，推动了新技术、新产品和新服务的不断涌现，从而促进了经济的增长。创新驱动的企业往往能够创造新的市场需求，形成新的产业链，为整体经济的扩张提供了动力。

2. 就业机会

创新型企业的发展需要吸引和培养高素质的人才，这为就业市场提供了更多机会。从事创新工作的人员往往需要具备较高的技能和知识，从而提高了整体劳动力市场的素质。

3. 产业升级

风险投资支持的创新有助于推动产业结构的升级。引入新的技术和商业模式，提高了整个产业链的附加值，使经济更加注重知识密集型和高附加值型产业的发展。

4. 国际竞争力

创新是提升国家国际竞争力的关键因素之一。通过风险投资支持创新，国家能够培育具有国际竞争力的企业，提高自身在全球经济中的地位。

（六）挑战与展望

1. 挑战

（1）技术不确定性

创新涉及未知的领域，技术不确定性是风险投资所面临的主要挑战之一。投资者需要在缺乏确切信息的情况下做出决策，增加了投资的风险。

（2）市场不确定性

创新型企业面临市场不确定性，尤其是在新兴市场。由于市场反应的不确定性，投资者很难准确评估企业的市场潜力和前景。

2. 展望

（1）持续技术进步

随着科技的不断进步，新的技术手段如人工智能、区块链等的出现，将为创新提供更多可能性。这为风险投资带来了更广阔的投资领域，同时也加强了对技术不确定性的应对能力。

（2）加强创新生态系统

为了更好地支持创新，各方需要共同努力，建立更加健全和开放的创新生态系统。政府、企业、投资者等多方合作，形成有利于创新的政策环境和资源支持。

（3）强化风险管理

为了降低风险，投资者需要加强风险管理能力。通过更科学的评估和预测手段，降低投资中的不确定性，提高投资决策的准确性。

风险投资与创新驱动经济之间存在密切的关系。风险投资通过为初创企业提供资金、经验和激励，推动了创新的发生。创新又为风险投资提供了更多的投资机会，提高了投资回报。两者相互作用，共同为经济的增长、就业机会的增加、产业升级以及国家竞争力的提升做出了积极贡献。然而，面对技术和市场的不确定性，风险投资也面临一系列挑战。未来，持续的技术进步、健全的创新生态系统以及强化的风险管理将有助于进一步推动风险投资与创新的良性发展，为经济的可持续增长注入新的动力。

第二节 初创企业的融资过程

一、私募股权融资的优势与劣势

（一）私募股权融资的优势

1. 资金筹集灵活性

私募股权融资允许企业与特定投资者进行一对一的谈判，使融资方案更加灵活。这种灵活性有助于满足企业特定的资金需求，而不受公开市场波动和规模限制。

2. 长期战略合作关系

私募股权投资通常带来与投资者的长期战略合作关系。与短期融资方式相比，这种合作更具持久性，为企业提供稳定的支持和资源，有助于共同实现长期发展目标。

3. 降低财务杠杆

相对于债务融资，私募股权融资不需要支付固定的利息或本金，有助于降低企业的财务杠杆。这种结构使企业在经济不稳定时更具抗风险能力，避免财务困境。

4. 提高企业估值

私募股权融资引入专业投资者的资金，通常需要对企业进行深入的尽职调查。这有助于提高企业的估值，为企业创造更有利的交易条件，同时也提高了市场认可度。

5.减轻财务压力

与债务相比，私募股权投资者更愿意共担风险，提供更灵活的资金支持。这使企业能够更好地应对市场波动和经济不确定性，减轻了财务压力。

（二）私募股权融资的劣势

1.股权稀释

私募股权融资涉及出售公司股份，导致股权稀释。原有股东可能失去控制权，影响决策，需要谨慎平衡融资带来的资金与股权稀释之间的关系。

2.信息透明度要求高

私募股权投资者通常需要更高水平的信息透明度，包括详细的财务和运营信息。这可能对企业内部管理和财务制度提出更高要求，增加运营成本。

3.交易成本较高

私募股权融资涉及的交易成本相对较高，包括法律费用、尽调费用等。这些额外成本可能对企业整体融资成本产生影响，尤其在小规模融资中。

4.市场流动性受限

私募股权融资通常具有较低的流动性，因为股权非公开交易。投资者需要更长的时间来退出投资，这可能对某些投资者造成不便，尤其是需要快速变现的投资者。

5.法规合规风险

私募股权融资涉及的法规合规要求较多，不同国家和地区有不同的规定。企业需要花费更多时间和资源确保合规性，以避免可能的法律纠纷和罚款。

在决策是否选择私募股权融资时，企业需要综合考虑上述优势和劣势，根据自身发展阶段、战略规划和财务需求做出明智的选择。

二、初创企业融资的法律与合规考虑

在初创企业发展过程中，融资是推动企业生长的重要一环。然而，融资涉及复杂的法律和合规问题，企业在进行融资时必须谨慎考虑这些方面，以确保符合法规、降低风险并吸引投资者。以下将详细讨论初创企业融资的法律与合规考虑，涵盖融资前、中、后各个阶段的关键问题。

（一）融资前的法律与合规准备

1. 商业结构和公司治理

在进行融资前，初创企业应明确其商业结构，选择适当的公司形式，如有限责任公司（LLC）或股份有限公司（C-Corp）。此外，健全的公司治理结构也是投资者关注的焦点，包括董事会设置、股东权益和决策程序。

2. 知识产权保护

保护企业的知识产权对融资至关重要。确保产品、技术和品牌受到充分的专利、商标和版权保护，以防止潜在的法律诉讼和保护企业创新。

3. 合同和法律文件

整理和审查与员工、供应商、客户等相关的合同和法律文件，确保它们符合法规，并了解是否存在可能的法律纠纷。此外，确保公司具备解决潜在法律问题的措施。

（二）融资中的法律与合规问题

1. 投资协议

在进行融资时，企业需要起草和制定投资协议。这些协议应清晰规定投资者的权益、股权结构、融资条件、退出机制等，同时确保合规性，以避免未来纠纷。

2. 遵循证券法规

初创企业的股权融资可能涉及证券法规的遵循。企业需要了解并遵循相关的证券法规，可能需要进行注册或符合某些豁免条件，以防止法律追究。

3. 投资者尽职调查

投资者通常会进行尽职调查，了解企业的法律和合规情况。因此，企业应确保其法律文件、财务记录和商业操作都能经得起投资者的审查，减少潜在的问题。

4. 合规披露

企业需要确保向投资者提供准确和完整的信息，包括财务状况、商业风险和未来展望。不准确或误导性的信息可能导致法律责任。

（三）融资后的法律与合规管理

1. 合同执行和履行

融资后，企业需要履行与投资者和其他相关方签订的合同。确保合同的执行符合法律要求，以防止违约和法律纠纷。

2. 公司治理和报告

投资者通常期望参与公司治理，并要求定期报告。企业需要建立健全的治理结构，确保透明度和合规性，以维护投资者信任。

3. 税务合规

融资后的企业需要关注税务合规性，包括及时缴纳税款、报告要求和遵循相关税收法规，以避免潜在的罚款和法律责任。

4. 安全法合规

如果融资涉及股权众筹或其他与安全法相关的事宜，企业需要遵循相关法规，确保合规性，以防止未来产生法律纠纷。

初创企业在融资过程中必须全面考虑法律与合规问题，确保其业务运营在法律框架内合法、透明、有序。建议企业在整个融资过程中寻求专业法律顾问的支持，以确保公司在法律与合规方面做到万无一失。同时，建议企业建立完善的内部合规体系，使其能够及时应对法律变化和风险，为可持续的发展奠定坚实基础。

三、初创企业如何吸引风险投资者

初创企业在发展初期通常面临资金短缺的挑战，而寻求风险投资是一种常见的融资途径。然而，要吸引风险投资者，企业需要展示出潜在的投资价值、稳固的商业模式和可持续的增长潜力。以下将深入探讨初创企业吸引风险投资者的关键策略和实践经验。

（一）清晰的商业模式和愿景

1. 定义清晰的商业模式：

描述企业产品或服务的核心价值。

突出商业模式的创新性和竞争优势。

说明盈利模式，如收费方式、市场定位等。

2. 明确的企业愿景：

清晰而激动人心的愿景能够吸引投资者的关注。

展示企业对未来市场和行业的深刻理解。

突出企业对社会、环境或技术的积极影响。

（二）具备稳健的市场调研和定位

1. 深入的市场调研

提供对目标市场规模、增长趋势和关键趋势的深入理解。

分析目标客户群体的需求、痛点和行为模式。

强调企业在市场中的定位和独特之处。

2. 市场验证和早期用户反馈

展示企业通过实际操作验证了产品或服务的市场需求。

引用客户的正面反馈和成功案例。

说明企业对用户反馈的积极响应和产品迭代。

（三）强大的团队和领导力

1. 优秀的创始团队

强调团队成员的专业背景和经验。

说明团队的协作能力和团队文化。

突出团队成员对行业和市场的了解。

2. 领导力和执行力

展示创始人和领导层的领导力和决策能力。

强调企业的执行力和实现目标的能力。

提供关于团队成功解决挑战的案例。

（四）清晰的财务计划和业务增长策略

1. 财务透明度

提供详细的财务计划，包括收入模型、成本结构和盈利预测。

明确资金用途，展示融资将如何用于推动企业发展。

展示对财务风险的合理管理计划。

2. 业务增长策略

说明企业的市场扩张计划和新客户获取策略。

提供关于产品升级、新产品推出或进入新市场的计划。

强调企业在可持续增长方面的战略视野。

（五）技术创新和知识产权保护

1. 技术创新的证明

展示企业的技术创新如何满足市场需求。

强调技术上的竞争优势和不断创新的能力。

提供已获得的专利或其他知识产权的证明。

2. 知识产权保护

详细说明对知识产权的保护措施，如专利、商标、版权等。

提供知识产权保护的具体成果和成功案例。

展示企业对于保护知识产权的长远计划。

（六）社会责任和可持续发展

1. 社会责任计划

展示企业的社会责任计划，如环保措施、社区支持等。

说明企业的可持续发展战略和社会影响。

强调企业在可持续性方面的长期承诺。

2.ESG（环境、社会、公司治理）实践

提供企业在 ESG 方面的具体实践和政策。

强调公司治理的透明性和合规性。

向投资者展示企业在可持续发展领域的综合价值。

（七）建立良好的关系和沟通

1. 建立投资者关系

建立良好的沟通渠道，与潜在投资者定期保持联系。

通过定期报告和更新，分享企业的进展和成功故事。

对投资者的提问和关切给予及时回应。

2. 公关和市场宣传

利用媒体和社交媒体，积极宣传企业的成功案例和创新经验。

参与行业活动和展会，提高企业的知名度。

利用公关活动强化企业品牌形象。

（八）风险管理和透明度

1. 风险管理计划

展示企业对各类风险的认知和管理计划。

诚实面对潜在的挑战，并提供解决方案。

与投资者分享企业的风险管理文化。

2. 透明度和可信度

提供真实可信的数据和信息，确保透明度。

在业务运作中始终遵循合规和道德标准。

建立与投资者之间的信任关系。

（九）灵活的谈判策略

1. 灵活的融资结构

提供多样化的融资方式，以满足不同投资者的需求。

考虑制定创新性的融资结构，以提高吸引力。

灵活应对不同投资者的定价和股权结构要求。

2. 投资回报和退出机制

清晰阐述投资者的回报机制和期望。

提供合理的退出机制，吸引投资者参与。

明确展示企业的增值点和未来的退出潜力。

（十）遵循法规和合规要求

1. 合规性标准

遵循当地和国际的法规和监管要求。

确保融资过程中的合规性，以避免法律风险。

提供企业的合规记录和证明。

2. 法务支持

寻求专业法律团队的支持，确保交易文件的合法性。

定期进行法律审核，以防范潜在法律问题。

保持对法规变化的敏感性，及时调整合规策略。

初创企业吸引风险投资者需要全方位的策略和实践。清晰的商业模式、市场定位，强大的团队和领导力，以及良好的财务计划是吸引投资者的基石。

此外，技术创新、社会责任、透明度等方面的综合表现也是投资者关注的焦点。建议企业在融资过程中保持开放的沟通渠道，根据市场变化和投资者的反馈灵活调整战略。最终，成功吸引风险投资者不仅为企业注入资金，更为企业带来战略伙伴关系和业务发展的新机遇。通过坚实的基础、创新的理念和透明的管理，初创企业可以在激烈的竞争中脱颖而出，实现可持续增长。

第三节　风险投资的退出策略

一、IPO 与并购作为主要退出途径

初创企业在不断发展的过程中，面临如何回报投资者的问题。两个主要的退出途径是通过首次公开发行（IPO）和并购。这两种方式各有优势和劣势，企业在选择退出途径时需要仔细考虑市场条件、企业状况以及未来发展战略。以下将深入探讨 IPO 与并购作为主要的初创企业退出途径的关键特点、优势与劣势以及选择时的考虑因素。

（一）IPO（首次公开发行）

1. 特点

股权公开交易：通过 IPO，企业可以在证券交易所上市，使其股权可公开交易。这为公司提供了更多的资本，并增强了公司的公众形象。

融资渠道：IPO 是一种重要的融资渠道，通过向公众发行股票，企业可以筹集大量的资本，用于业务扩张、研发、市场推广等方面。

股东流动性：IPO 后，早期投资者和员工通常可以在市场上卖出股份，提高了股东的流动性。

企业价值提升：上市往往会提升企业的知名度和形象，有助于吸引更多的投资者和客户。

2. 优势

融资规模大：IPO 能够为企业提供大规模的融资，有助于支持企业更大范围的发展计划。

公众认可度高：上市后，企业会受到更多的关注，提高品牌知名度，有

助于扩大市场份额。

员工激励机制：上市后，员工可能通过股票期权等方式分享企业获利，增加员工激励。

3. 劣势

成本高昂：IPO过程中，需要支付大量的费用，包括律师费、承销商费用、审计费用等。

信息透明度要求高：上市公司需要更高水平的信息透明度，需要公布更多的财务信息，接受更严格的监管。

市场波动影响大：上市后，公司的股价可能受到市场波动的影响，导致股价波动较大。

（二）并购（Mergers and Acquisitions）

1. 特点

股权转让：通过并购，企业的股权可能被收购方全数或部分收购，从而实现初创企业所有者的退出。

战略整合：并购可以实现企业与其他公司的战略整合，弥补自身在市场、技术、人才等方面的不足。

快速实现价值：对于创始人和投资者而言，通过并购可能更快速地实现投资回报，尤其是在公司估值相对高的情况下。

2. 优势

资金流入：并购交易通常会带来一笔现金流入，为企业迅速提供资金。

风险分担：通过并购，企业可以分散风险，整合资源，提高市场竞争力。

更灵活的交易结构：并购交易通常较为灵活，可以根据交易各方的需求进行定制。

3. 劣势

文化冲突：并购可能导致企业文化的冲突，影响整合效果。

员工流失：并购后，由于组织结构调整，可能导致员工流失，尤其是在管理层。

法律合规风险：并购涉及法务、合规等方面的问题，需要仔细审查，以防范潜在法律风险。

（三）选择时的考虑因素

企业发展阶段：IPO 通常适用于已经在市场上建立了较高知名度和稳定盈利的企业，而并购更适用于初创企业或寻求战略整合的企业。

市场条件：当公开市场投资氛围良好、估值较高时，IPO 可能更具吸引力；而在市场低迷或出现潜在收购机会时，企业可能更倾向于并购。

创始人及投资者期望：不同的创始人和投资者对于退出方式可能有不同期望，一些可能更追求企业的独立性，而另一些可能更追求尽快得到投资回报。

行业特点：不同行业可能更适合不同的退出方式。一些行业更适合通过 IPO 展示业务成果，而另一些行业可能更适合通过并购实现战略整合。

未来战略规划：考虑企业未来的战略规划，选择与公司发展战略相符的退出途径。例如，如果企业希望在独立发展的同时继续追求全球市场份额，IPO 可能是更为合适的选择；如果企业希望通过整合资源迅速壮大规模，提升市场竞争力，那么并购可能更符合战略规划。

财务状况：IPO 通常要求公司有稳定的盈利能力和健康的财务状况，而并购可能对财务状况的要求相对较灵活，取决于交易的具体条件。

交易结构：考虑不同退出方式的交易结构。IPO 通常是一种公开市场的股权交易，而并购涉及私下协商和交易。

法律与合规风险：考虑不同退出方式涉及的法律与合规风险，确保选择的方式符合法规要求，减少法律风险。

股东意见：了解各类股东的意见，包括创始人、初期投资者、员工等。保持与股东的充分沟通，确保选择的退出方式能够获得广泛的支持。

市场状况与投资者信心：了解当前市场的状况和投资者的信心水平。在市场繁荣、投资者信心高涨的情况下，选择 IPO 可能更为有利；而在市场动荡或投资者信心不足的时候，可能更倾向于并购。

IPO 与并购是初创企业最为常见的两种主要退出途径，每种方式都有其独特的优势和劣势。在选择时，企业需要全面考虑企业发展阶段、市场条件、创始人及投资者期望、行业特点、未来战略规划等因素，以及两种方式的具体特点。决策时建议企业充分利用专业顾问团队的支持，进行全面的尽职调查，确保选择的方式符合企业整体战略，并能够最大化股东价值。

随着市场的不断演变和企业自身的发展，初创企业有可能在不同阶段选择不同的退出途径。在整个过程中，保持灵活性和战略敏感性，与各类利益相关方保持密切沟通，将有助于企业在退出过程中实现最佳的战略目标。无论选择 IPO 还是并购，企业需要对市场、行业和自身有的深刻理解，以及有明智的战略规划，以确保企业能够在竞争激烈的商业环境中取得成功。

二、退出时机的把握与决策

初创企业在发展的不同阶段都面临着关键的退出决策。退出时机的把握对企业和投资者都至关重要，涉及最大化股东价值、实现投资回报以及企业未来发展的方向。本书将深入探讨初创企业在何时选择退出，以及如何在不同情境下做出明智的退出决策。

（一）退出时机的关键因素

1. 公司成熟度和发展阶段

早期阶段：有些初创企业在初期就能找到合适的并购机会，而有些可能需要更多的时间来发展和成熟。退出时机通常受到公司发展阶段的影响。

2. 市场环境和行业趋势

市场高度：在繁荣的市场中，公司可能更容易获得更高的估值，提高退出时的回报。相反，在不景气的市场中，选择更谨慎的退出可能更为合适。

行业竞争：行业的竞争态势会影响退出时机，如果竞争激烈，可能需要更早地考虑退出以避免被市场淘汰。

3. 财务状况和业绩表现

盈利能力：盈利能力是退出时决策的一个关键指标。盈利稳健的企业更有可能在 IPO 或并购中取得更好的结果。

成长趋势：投资者通常更愿意投资那些有明确增长趋势的企业。在业绩表现强劲的阶段做出退出决策可能更具吸引力。

4. 投资者和创始团队期望

投资者回报：投资者通常期望在退出时实现较高的回报。了解投资者的期望，以确定何时退出，是非常重要的。

创始人目标：创始人对于公司未来发展的期望也是影响退出时机的因素。有些创始人可能更倾向于保持独立性，而有些可能更愿意接受并购或上市的机会。

5.法规和市场政策

上市规定：IPO 涉及证券市场，需要遵循一系列的法规和政策。对市场政策的了解对于决定何时启动 IPO 是至关重要的。

并购审查：并购可能会受到监管审查，特别是跨国并购。及时了解和适应市场政策的变化是决策的重要组成部分。

6.技术创新和市场地位

技术创新：如果公司的产品或服务在市场上具有独特的技术创新，可能会引起更大程度的关注，增加退出时的估值。

市场地位：在特定行业中占据领先地位的公司更可能在退出时获得更好的条件。

（二）IPO 和并购的不同时机考虑因素

1.IPO 时机考虑因素

盈利能力：上市公司通常需要展示较好的盈利能力。当企业能够提供稳健的盈利表现时，可能更适合选择 IPO。

公众市场情绪：IPO 市场情绪对于初次上市的企业非常重要。在市场乐观、对初创企业信心较高的时候，选择 IPO 可能更具吸引力。

长期增长计划：如果企业有长期的增长计划，需要大规模的资金支持，IPO 可能是更好的选择。

2. 并购时机考虑因素

收购方兴趣：如果有潜在的收购方对企业表现出兴趣，可能需要更早地考虑并购。了解市场中潜在收购方的动态是重要的。

市场竞争：在市场竞争激烈、新进入者增多的情况下，企业可能更倾向于通过并购来强化自身地位，提高市场竞争力。

合并整合：如果企业发现与其他企业合并可以创造更大的协同效应和市场影响，可能更倾向于选择并购。

（三）退出决策的关键步骤

1.定期战略评估

内部评估：定期对公司的战略、财务状况和市场地位进行评估。了解公司的实际情况是做出退出决策的基础。

外部评估：对市场趋势、竞争格局、投资者情绪等外部因素进行评估，以把握市场变化。

2.投资者关系管理

沟通透明：与投资者保持透明的沟通，及时分享公司的战略方向和发展计划。这有助于建立信任，使投资者能够更好地理解公司的价值和未来发展潜力。

3.财务健康状况

财务审计：进行定期的财务审计，确保财务报表的准确性和透明度。这对于投资者和潜在收购方来说都是重要的决策依据。

资金需求评估：评估公司未来的资金需求，以确定是否需要融资支持或寻找投资者。

4.市场情绪监测

行业研究：持续关注行业趋势、市场竞争和最新技术发展。对市场的深刻理解有助于更好地把握时机。

投资者反馈：获取投资者的反馈，了解市场对公司的看法。这有助于更准确地评估公司的估值和市场接受度。

5.法律和合规审查

法务团队支持：寻求法务专业团队的支持，确保公司的合规性。法务审查对于确保退出过程的顺利进行至关重要。

法规变化：持续关注法规的变化，了解市场环境中的法律风险。这有助于提前应对潜在的法律挑战。

6.竞争分析

竞争格局：定期进行竞争分析，了解市场上其他竞争对手的动态。这有助于判断公司在行业中的地位和竞争力。

潜在收购方：了解潜在的收购方，包括它们的战略目标、财务状况和市场地位。这对于选择并购时机至关重要。

7.制定清晰的退出策略

IPO筹备：如果公司倾向于选择IPO，应制订清晰的IPO筹备计划，包括财务整理、法务合规和市场宣传等方面。

并购谈判：如果公司更倾向于并购，应制定明确的并购谈判策略，包括目标选择、估值谈判和交易结构等内容。

8.战略规划与可持续发展

长期规划：考虑公司的长期战略规划，包括市场扩张、产品创新和国际业务发展等方面。这有助于确定最适合公司未来发展的退出时机。

可持续发展：确保退出决策与公司的可持续发展目标相一致。这有助于实现投资回报的同时，保持公司的战略方向。

第四节　私募股权基金管理

一、私募股权基金的运作模式

私募股权基金（Private Equity Funds）作为一种重要的资本市场参与者，通过股权投资和主动管理，为企业提供资金支持，推动企业的成长和价值创造。私募股权基金的运作模式涉及基金募集、投资管理、退出实现等多个环节。本书将深入探讨私募股权基金的运作模式，包括其基本流程、关键环节以及市场中的主要参与者。

（一）私募股权基金的基本概念

私募股权基金是一种由私募基金管理公司管理的、通过投资非上市公司股权来获取回报的基金。私募股权基金通常以有限合伙制度存在，由有限合伙人（Limited Partners, LPs）和普通合伙人（General Partners, GPs）组成。有限合伙人是出资者，他们承担有限责任，而普通合伙人是基金管理公司，负责基金的日常管理和投资决策。

（二）私募股权基金的运作模式

1.基金募集阶段

（1）筹备期和基金设立

私募股权基金的运作始于基金管理公司决定设立基金，并开始筹备的阶段。在这个阶段，管理公司确定基金的策略、募集目标和退出计划。

基金成立后，将形成基金合同，规定了基金运作、投资方向、合伙人权益和基金管理费用等方面的内容。

（2）募集阶段

在募集阶段，基金管理公司向潜在的有限合伙人募集资金。通常，有限合伙人是各类机构投资者，包括养老基金、保险公司、基金机构等。

募集的资金将用于进行股权投资，投资于各类企业，包括初创公司、成长阶段公司或正在进行业务调整的企业。

2. 投资管理阶段

（1）投资策略确定

基金管理公司根据基金合同规定的投资策略和目标，制订具体的投资计划。这可能包括选择特定行业、地区、企业规模等方面的投资重点。

（2）尽职调查

在选择投资标的之前，私募股权基金进行尽职调查，以全面了解潜在投资项目的财务状况、经营状况、市场地位、管理团队等方面的情况。

（3）投资决策和谈判

在完成尽职调查后，基金管理公司根据获得的信息进行投资决策。如果决定投资，将开始与目标企业进行谈判，商定投资条件和合同条款。

（4）投后管理

投资完成后，基金管理公司参与被投资企业的管理和决策过程，提供战略建议和支持。这个阶段通常涉及对企业的战略方向、财务管理和团队建设等方面的协助。

3. 退出实现阶段

（1）退出策略制定

在一定的投资期限内，基金管理公司需要制定退出策略，以实现投资回报。退出策略可以包括公开发行（IPO）、并购、股权转让等多种方式。

（2）IPO

如果市场条件允许，基金管理公司可能选择通过企业进行首次公开发行（IPO），将其股权在公开市场上交易，实现投资回报。

（3）并购

基金管理公司可以寻找适合的并购方，将投资的股权转让给其他企业，获得对等的现金或其他资产。

（4）股权转让

基金管理公司还可以选择将其在被投资企业的股权转让给其他投资者，包括战略投资者、其他私募股权基金等。

4. 分红和退出阶段

（1）分红

当投资项目实现退出时，基金管理公司将分红给有限合伙人。分红的方式可能包括现金分红、股权分红或其他资产分配。

（2）基金终止

一旦基金实现了退出并完成了分红，基金将进入终止阶段。有限合伙人的投资关系结束，基金管理公司完成了其筹备、运作和退出的整个生命周期。

（三）私募股权基金运作的关键环节

1. 投资策略的制定

基金管理公司需要明确投资的行业方向、投资阶段、风险收益预期等。投资策略的制定对于基金的整体运作至关重要，它直接影响到基金的投资组合构建和业绩表现。

2. 尽职调查的深入

尽职调查是私募股权基金在投资决策中不可或缺的环节。深入的尽职调查有助于识别目标企业的优势和风险，为基金管理公司提供决策支持。

3. 投后管理的实施

投后管理是确保投资项目实现最大化价值的关键步骤。通过提供专业支持和战略引导，基金管理公司助力被投资企业实现业务增长和提升竞争力。

4. 退出策略的灵活应变

退出策略的选择需要灵活应变，受到市场状况、行业走势和被投资企业具体情况的影响。基金管理公司需要在不同时机选择最适合的退出方式，最大化投资回报。

5. 投资组合管理

私募股权基金通常会管理多个投资项目，因此对投资组合的有效管理至关重要。优化投资组合结构，分散风险，平衡不同行业和不同阶段的投资，有助于提高整体回报。

6. 风险管理与合规

风险管理是私募股权基金运作中不可忽视的环节。基金管理公司需要识别、评估和管理各类风险，包括市场风险、流动性风险、操作风险等。同时，合规性是保障基金合法运作的重要保障。

7. 基金募集和投资者关系

基金管理公司需要维护与有限合伙人之间的良好关系。及时、透明的与投资者沟通，提供有关基金表现、投资战略和市场状况的信息，有助于建立长期的信任关系。

（四）私募股权基金运作的市场参与者

1. 有限合伙人（Limited Partners, LPs）

有限合伙人是私募股权基金的出资者，通常为机构投资者，如养老基金、保险公司、基金机构等。他们为基金提供资金，并分享基金的收益和风险。

2. 普通合伙人（General Partners, GPs）

普通合伙人是基金管理公司，负责基金的设立、募集、投资和退出等全过程。他们通过管理基金获取管理费用和绩效费用。

3. 投资团队

投资团队是基金管理公司的核心力量，负责制定投资策略，进行尽职调查、投资决策和投后管理。投资团队通常包括投资经理、分析师和行业专家等。

4. 法务和合规团队

法务和合规团队负责确保基金运作符合法规和合规要求。他们参与基金合同的制定、尽职调查中的法律分析和合规审查等工作。

5. 财务团队

财务团队负责基金的财务管理，包括募集资金的管理、投资项目的财务分析、分红分配等。他们确保基金的财务健康状况。

6. 顾问与咨询团队

顾问与咨询团队可能是外部专业机构，为基金提供战略咨询、尽职调查支持、市场研究等专业服务。

（五）私募股权基金运作的挑战与未来趋势

1. 挑战

市场竞争激烈：私募股权市场竞争激烈，有限合伙人更加注重基金管理公司的投资业绩和专业能力。

退出难度增加：部分地区 IPO 市场不稳定，企业并购市场条件严苛，使退出变得更为困难。

全球经济不确定性：全球经济环境的不确定性对投资决策和退出计划带来挑战。

合规压力增加：不同国家和地区的监管环境日益复杂，合规性要求增加，对基金的运作提出了更高的要求。

2. 未来趋势

技术驱动的投资：技术创新将成为私募股权基金关注的热点，科技行业和新兴产业的投资将受到更多关注。

ESG 投资：环境、社会和治理（ESG）标准的重要性将增加，投资者对于可持续和社会责任的考虑将在投资决策中发挥更大作用。

区块链和数字资产：区块链技术和数字资产的发展将在私募股权基金领域引发新的投资机会和业务模式。基金管理公司可能会积极探索区块链技术在资产管理、交易结算和投资透明度方面的应用。

行业特定基金：随着投资者对特定行业和领域的需求增加，私募股权基金可能会更加专注于特定行业，如生物科技、清洁能源、人工智能等，以获取更高的专业化投资回报。

合作与联盟：基金管理公司可能更倾向于建立合作关系和联盟，以共同投资和管理项目。这有助于分担投资风险，提高项目管理效率。

数字化技术的运用：基金管理公司将更广泛地采用数字化技术，包括人工智能、大数据分析等，以提高投资决策的准确性和效率，同时增强投后管理的能力。

全球化投资：随着全球经济的互联互通，私募股权基金可能更加注重全球化投资策略，寻找跨境投资机会，以求多元化和分散风险。

ESG 整合：越来越多的私募股权基金将环境、社会和治理因素融入投资决策过程，以满足投资者对可持续性和社会责任的关切。

定制化投资：基于投资者对不同需求的个性化关注，私募股权基金可能更倾向于提供定制化的投资解决方案，以满足不同投资者的特定目标和风险偏好。

私募股权基金作为一种灵活、高风险高回报的投资工具，其运作模式受到多方面的影响。基金管理公司需要在策略、尽职调查、投资管理和退出实现等多个环节做出明智决策。私募股权基金的成功与否不仅取决于市场环境，更需要基金管理公司具备卓越的专业水平和灵敏的市场洞察力。

随着全球经济的不断发展和市场环境的变化，私募股权基金将继续适应新的趋势和挑战。在不确定性的环境中，基金管理公司需要保持创新意识，灵活调整投资策略，同时关注可持续性和社会责任的发展。私募股权基金的成功需要综合考虑市场、投资者、项目管理等多个方面的因素，以实现长期可持续的价值创造。

二、基金募集与投资决策流程

私募股权基金的成功运作离不开基金募集和投资决策两个关键流程。基金募集是基金管理公司获得投资资金的过程，而投资决策则涉及如何将这些资金有效地投资到各类资产中，以实现投资者的回报目标。本书将深入探讨基金募集与投资决策的流程、关键环节以及相关的最佳实践。

（一）基金募集流程

1. 筹备期和基金设立

在基金募集的起始阶段，基金管理公司进行筹备工作，确定基金的策略、目标、投资方向，以及基金的法律结构和组织形式。这一阶段还涉及与监管机构的沟通、法律文件的起草和投资合同的设计。

2. 投资者落地和尽调准备

在基金设立后，基金管理公司开始寻找投资者。这可能包括通过面谈、路演、会议等形式与潜在投资者接触，向他们介绍基金的投资策略、管理团队和预期回报。同时，基金管理公司也着手准备尽职调查工作，为后续的投资决策做好准备。

3. 募集宣传和路演

为吸引更多投资者，基金管理公司进行广泛的募集宣传和路演活动。这可能包括发布募集材料，在不同城市组织路演活动，向潜在投资者展示基金的投资机会和优势。

4. 募集闭合和基金成立

一旦基金吸引到足够的投资者并完成募集目标，基金管理公司将结束基金的募集阶段。此时，基金合同正式生效，有限合伙人向基金出资，基金成立并开始进行后续的投资活动。

（二）投资决策流程

1. 市场研究和机会筛选

基金管理公司在投资决策流程的第一步是进行市场研究，了解当前的经济环境、行业趋势和市场机会。通过筛选潜在的投资机会，基金管理公司能够确定符合基金投资策略的目标资产。

2. 尽职调查

一旦确定潜在投资目标，基金管理公司进行尽职调查，深入了解目标企业的财务状况、经营状况、市场地位、法务风险等方面的情况。尽职调查是投资决策的关键步骤，为基金管理公司提供了投资决策的必要信息。

3. 投资结构和谈判

基金管理公司在确定投资目标后，开始设计投资结构，并与目标企业进行谈判。这包括确定投资金额、估值、股权比例、退出条款等关键的投资细节。谈判成功与否直接影响到最终的投资决策。

4. 决策委员会审批

在投资决策过程中，基金管理公司通常会设立决策委员会。决策委员会由基金管理公司的高级管理人员组成，负责审查和批准每个投资决策。这有助于确保决策的合理性和透明性。

5. 投资决策执行

一旦投资决策获得决策委员会的批准，基金管理公司执行投资，将资金投入目标资产中。这可能包括签署正式的投资协议、完成资金交割、取得目标企业的股权等。

6. 投后管理和退出规划

投资决策执行后，基金管理公司参与被投资企业的管理，提供战略建议和支持。同时，基金管理公司开始规划退出策略，以在未来的某个时点实现投资回报。

（三）流程关键环节与最佳实践

1. 基金募集流程关键环节

清晰的策略定位：在筹备期和基金设立阶段，基金管理公司需要确立清晰的投资策略和目标，以吸引更多的潜在投资者。

高效的投资者落地：基金管理公司需要运用有效的销售和营销策略，通过路演、会议等方式与潜在投资者建立联系，并展示基金的独特价值。

透明的募集宣传：募集阶段需要保持透明度，向投资者提供充分的信息，包括基金的运作机制、费用结构、投资策略等，建立信任。

募集闭合的顺利进行：基金管理公司应该确保募集阶段的闭合过程顺利进行，合规合法地完成基金的设立，确保有限合伙人按照合同承诺的方式出资，顺利进入基金的运作阶段。

2. 投资决策流程关键环节

全面的市场研究：在市场研究和机会筛选阶段，基金管理公司需要进行全面的市场研究，把握投资机会，了解行业趋势，以及评估宏观经济环境。

深入的尽职调查：尽职调查是投资决策的核心，基金管理公司要确保尽职调查深入全面，包括财务状况、市场前景、法律合规性等多个方面。

灵活的投资结构设计：在与目标企业进行谈判时，基金管理公司需要灵活设计投资结构，以满足双方的需求，同时最大化基金和有限合伙人的利益。

有效的决策委员会运作：决策委员会的运作需要高效，确保决策的及时审批，同时通过多方面的专业意见确保决策的科学性。

投后管理的有机衔接：投后管理需要与投资决策形成有机衔接，确保投后管理团队能够有效推动企业战略和运营朝目标迈进，实现投资价值最大化。

退出规划的提前谋划：退出策略是投资决策的一部分，需要在投资前就进行谋划。这包括对市场条件、目标企业的成长情况和投资者期望的充分考虑。

（四）基金募集与投资决策的市场最佳实践

1. 基金募集阶段

定位明确的策略：基金管理公司在募集阶段需要制定并明确自己的投资

策略，清晰地向投资者传递基金的定位和目标，提高募集的精准度。

充分的投资者关系管理：基金管理公司应该建立并维护良好的投资者关系，通过及时沟通、定期报告等方式保持投资者的信任和满意度。

合规性和透明度：在募集过程中，基金管理公司需要严格遵守法规，保持高度的合规性，并提供透明的信息，以消除投资者的疑虑。

风险管理和回报预期：对于潜在投资者，基金管理公司需要清晰地传达基金的风险管理措施，并提供合理的回报预期，使投资者能够理性评估投资风险与回报。

2. 投资决策阶段

专业的投资团队：有一支专业的投资团队是确保投资决策高效和科学的前提。基金管理公司需要确保其团队具备丰富的行业经验和投资管理技能。

灵活的决策流程：投资决策流程应该灵活，能够根据不同的投资机会做出相应调整。这有助于更好地应对市场变化和不同的投资项目特点。

与行业专家的合作：与行业专家建立合作关系，能够为基金管理公司提供更专业的行业洞察和尽职调查支持，提高投资决策的准确性。

科技辅助决策：利用先进的科技手段，如大数据分析、人工智能等，辅助投资决策，提高信息获取和处理的效率。

合理的退出策略：在投资决策时，基金管理公司需要根据目标企业的发展状况和市场条件设计合理的退出策略，确保在未来实现投资回报。

基金募集与投资决策是私募股权基金成功运作的关键环节。在基金募集阶段，基金管理公司需要通过明确的策略定位、有效的投资者落地、透明的宣传和规范的合规流程，确保基金的设立顺利进行。在投资决策阶段，科学的市场研究、深入的尽职调查、灵活的投资结构设计以及合理的退出规划，是确保基金取得投资成功的关键因素。

最佳实践要求基金管理公司在整个流程中注重专业团队的建设、投资者关系的管理和进行合规合法的操作。同时，灵活应对市场变化，运用科技手段提高决策效率，与行业专家合作提高尽职调查水平，都是基金管理公司在基金募集与投资决策中可以采纳的有效策略。

三、私募股权基金的绩效评估与报告

私募股权基金的绩效评估是投资管理领域中至关重要的一环。投资者对基金的绩效表现关注度高，而基金管理公司也需要通过绩效评估来证明其专业能力和价值创造能力。本书将深入探讨私募股权基金绩效评估的重要性、评估指标、方法、报告内容以及行业最佳实践。

（一）绩效评估的重要性

1. 对投资者的吸引力

投资者选择私募股权基金时，绩效表现通常是最重要的考量因素之一。成功的绩效能够吸引更多投资者，并帮助基金管理公司在竞争激烈的市场中脱颖而出。

2. 业务发展的动力

成功的绩效评估是基金管理公司业务发展的重要动力。良好的绩效结果可以提高公司声誉，促使更多投资者选择合作，进而扩大基金规模。

3. 管理公司的盈利能力

基金管理公司通常通过管理费和绩效费获取收入，而绩效评估直接关系到绩效费的获得。成功的绩效评估有助于提高公司的盈利水平。

4. 投资策略和决策的指导

绩效评估是对投资策略和决策的反馈。通过分析绩效数据，基金管理公司可以调整投资策略，优化资产配置，提高投资决策的准确性。

5. 合规和透明度的证明

成功的绩效评估证明了基金管理公司的合规性和透明度。及时、准确地报告绩效数据有助于建立与投资者之间的信任关系，提高合作的黏性。

（二）绩效评估的指标

1. 净回报率（Net Return）

净回报率是衡量私募股权基金绩效的核心指标之一。它考虑了基金的投资回报减去所有费用后的实际收益，反映了投资者最终获得的回报。

2. 内部收益率（IRR）

内部收益率是衡量私募股权基金绩效的另一重要指标，表示投资者的资金在基金中的时间价值。高 IRR 通常被视为基金管理公司成功的标志。

3. 资本调整净值（TVPI）

资本调整净值综合考虑了基金的现金流、估值变化和退出回报。它提供了一个更全面的视角，反映了基金对投资者价值的贡献。

4. 分布比率（Distribution Rate）

分布比率是指基金向投资者分配的现金回报占总回报的比例。高分布比率可能表明基金已经实现了一部分的投资回报。

5. 资本调整分布比率（DPI）

资本调整分布比率考虑了投资回报和资本回收，提供了对基金退出效果的更全面评估。

6. 成本比率

成本比率是基金管理费和绩效费与基金总资产之比，反映了基金管理公司的运营成本。较低的成本比率通常被视为基金绩效评估的积极因素。

（三）绩效评估的方法

1. 时间加权法（Time-Weighted）

时间加权法将基金绩效平均化，不受资金流入和流出的影响。这种方法更适用于评估基金管理团队的投资决策能力。

2. 货币加权法（Dollar-Weighted）

货币加权法考虑了资金的流入和流出，更关注投资者整体的回报。这种方法更适用于评估投资者在基金中的实际经历。

3. 公允价值法

公允价值法采用市场公允价值计量基金资产和负债，更关注基金投资组合的市场价值。这有助于更全面地评估基金的整体表现。

4. 季度或年度报告

基金管理公司通常会定期发布季度或年度报告，向投资者提供关于基金绩效、投资策略和市场展望等方面的信息。报告的透明度和及时性对于绩效评估至关重要。

（四）绩效报告的内容

1. 基金概况

报告应包括基金的基本信息，如投资策略、资产配置、募集规模等，为投资者提供全面了解基金的背景。

2. 绩效数据

提供净回报率、内部收益率、资本调整净值等核心绩效指标的详细数据。这些数据应按时间加权和货币加权两种方法进行呈现，以便投资者可以全面了解基金的不同绩效视角。

3. 资产组合分析

对基金投资组合进行详细的分析，包括不同行业、地区和资产类别的分布。这有助于投资者了解基金的分散化程度和风险管理能力。

4. 流动性和现金管理

报告中应包括有关基金流动性和现金管理策略的信息。特别是在市场波动较大的时期，这些信息对于投资者的决策至关重要。

5. 投资决策解释

提供对过去一段时间内主要投资决策的解释，包括投资逻辑、目标企业选择、退出策略等。这有助于投资者理解基金管理公司的投资思路和决策过程。

6. 风险管理和回报预期

对基金的风险管理措施进行解释，并提供对未来回报的预期。透明的风险披露有助于投资者更全面地评估风险与回报的平衡。

7. 合规与透明度

突出基金管理公司的合规性和透明度措施，包括遵守法规、报告标准、信息披露等方面的做法。这可以加强与投资者的信任关系。

8. 社会责任与可持续性

在绩效报告中加入有关基金管理公司社会责任和可持续性实践的信息。越来越多的投资者关注这些方面，对于基金的长期吸引力也至关重要。

（五）行业最佳实践

1. 透明度和及时性

最佳实践要求基金管理公司保持高水平的透明度和及时性。定期向投资者提供详细、全面的绩效报告，确保投资者能够及时了解基金的表现。

2. 与投资者的沟通

与投资者保持积极的沟通是关键。最佳实践包括定期举办投资者会议、回答投资者提问、提供媒体采访等方式，建立起积极的互动关系。

3. 专业的绩效分析团队

基金管理公司应该组建专业的绩效分析团队，能够深入分析基金的各项绩效数据，提供专业的解读和建议。

4. 投资者教育

提供相关的投资者教育，使投资者更好地理解绩效评估的指标和方法。这有助于建立更理性和合理的绩效期望。

5. 技术支持与数据安全

采用先进的技术手段支持绩效评估和报告的生成。同时，确保绩效数据的安全性，防范数据泄露和篡改的风险。

私募股权基金的绩效评估是基金管理公司与投资者之间关系的重要组成部分。成功的绩效评估不仅有助于吸引投资者、推动业务发展，还是基金管理公司提高盈利能力、优化投资策略的重要手段。采用合适的评估指标和方法，提供透明、及时的绩效报告，并与投资者建立积极的沟通和互动，都是确保绩效评估成功实施的关键因素。

随着投资环境的不断变化和投资者对透明度、社会责任等方面要求的提升，基金管理公司需要不断调整其绩效评估和报告的方式，以适应市场的需求。只有在绩效评估的过程中保持专业、透明、及时的原则，基金管理公司才能在激烈的竞争中脱颖而出，取得长期的成功。

第六章　股权融资与企业上市

第一节　股权融资的基本原理

一、股权融资的融资方式与特点

股权融资是指企业通过发行股票或其他股权工具，吸引外部投资者注入资金，以满足企业运营、扩张和发展的资金需求。股权融资是企业融资的一种重要方式，具有灵活性、长期性和风险共担等特点。本书将深入探讨股权融资的融资方式与特点，以帮助读者更好地理解这一融资方式的本质和应用。

（一）股权融资的主要融资方式

1.IPO（首次公开发行）

IPO 是企业首次将其股票在证券市场公开发售的过程。这是一种较为常见的股权融资方式，通常伴随着企业的成长和发展。

IPO 将企业引入资本市场，使其股票在公开市场流通，增加企业的知名度，提高融资的透明度。

IPO 的过程包括选择承销商、发行招股书、路演、定价等多个环节，需要符合证监会及相关交易所的法规和标准。

2.定向增发

定向增发是指企业在已上市的交易所通过非公开方式向特定的投资者增发新股。这种方式可以是私募、定向发售给特定机构或大股东。

定向增发通常比 IPO 更为灵活，更适合已上市公司在需要资金时快速筹集资本。

这种方式能够减少与 IPO 相关的成本和时间，但要遵循相关法规和保护股东权益。

3. 配股

配股是指已上市公司向现有股东优先发售新股，以筹集资金。股东有优先认购权，按其持股比例购买新增发行的股票。

配股是一种对现有股东权益的尊重，能够稳定股东结构。同时，它也是一种相对较为经济高效的融资方式。

4. 员工持股计划

员工持股计划是企业通过向员工提供优惠的股票购买计划，以激励员工并融资。

这种方式能够提高员工的忠诚度和积极性，同时通过员工购买股票的方式筹集一定资金。

5. 战略投资

战略投资是指企业引入战略性投资者，通常是行业内的大型企业或投资机构，以实现战略合作和资源共享。

战略投资能够带来资金，同时还可以为企业提供市场经验、技术支持等战略性资源。

6. 可转债

可转债是一种既有债务属性又有股权属性的债券。投资者在特定条件下可以将债券转换为公司的股票，从而参与公司的股权。

这种方式在一定程度上减轻了企业的偿债压力，同时为投资者提供了投资选择。

（二）股权融资的特点

1. 股权融资的灵活性

股权融资相比于债务融资更为灵活，企业无须每年支付固定利息，减轻了财务负担。此外，股权融资的回报与企业经营状况挂钩，投资者分享企业的风险和回报。

2. 长期性和永续性

股权融资是具有长期性和永续性特点的融资方式。企业无须在短期内偿还本金，有更多的时间用于经营发展，并且可在企业营利时分红，实现了股东价值的长期增长。

3. 风险共担

股权融资使投资者成为企业的股东，与企业共担风险。这种风险共担的特点有助于提高企业的信誉，增强投资者对企业的信心。

4. 公司治理结构

股权融资直接关系到企业的股权结构和公司治理。投资者通过持有股权参与公司治理，有助于形成合理、透明、有效的公司治理结构。

5. 市场反应和企业形象

股权融资通常需要企业在公开市场上与投资者直接接触，这对企业的市场形象有一定的影响。成功的股权融资有助于提升企业的知名度和声誉，使其在市场上更具竞争力。同时，良好的市场反应也有助于为企业今后的融资活动创造更有利的条件。

6. 信息披露与透明度

股权融资涉及公开市场，对信息披露和透明度要求较高。企业需要按照法规规定，及时公布关键信息，以维护投资者权益，并提高投资者对企业的信任。

7. 股权价值的激励机制

与股权挂钩的激励机制是股权融资的重要特点之一。员工持股计划和股权激励计划可以帮助企业吸引和留住优秀的人才，提高员工的工作积极性和忠诚度。

（三）股权融资的适用场景

1. 成长期企业

对于处于成长期的企业，尤其是初创企业，股权融资是一种有效的融资方式。通过引入股权投资者，企业可以获得资金支持，加速扩张和研发，提高市场占有率。

2. 上市公司

上市公司通过 IPO、定向增发等方式进行股权融资，可以进一步扩大企业规模，提高知名度，并为未来的发展提供更为灵活的融资渠道。

3. 长期稳定营利的企业

长期稳定营利的企业通过配股等方式进行股权融资，能够在不增加负债的情况下筹集资金，维持财务稳健。

4.企业进行战略合作的场景

在进行战略合作或跨行业合作时，通过战略投资引入股权合作伙伴，既能够融资，又能够实现资源共享，提升企业整体竞争力。

（四）股权融资的风险与挑战

1.股权稀释

股权融资会导致企业原股东的股权比例降低，从而发生股权稀释。这可能引起原股东的不满，尤其是在股价表现较差的情况下。

2.市场波动

股权融资通常需要在股市上市交易，市场波动可能导致企业融资计划受阻，影响融资进程和融资效果。

3.信息披露压力

股权融资要求企业更为频繁地进行信息披露，这对企业的管理层提出了更高的要求。信息披露不足或质量不高可能引发投资者的担忧。

4.融资成本

股权融资的成本不仅仅体现在融资手续费、律师费等直接成本上，还包括企业的估值问题。在融资时，高估值可能导致企业承受更大的股权融资成本。

5.法规合规风险

股权融资需要遵循严格的法规和市场监管规定，一旦出现合规问题，可能面临法律责任和市场信誉的双重打击。

6.股权融资适用性

股权融资并非适用于所有企业，特别是对于一些规模较小、盈利能力尚不明显的企业，可能面临融资难度较大的问题。

（五）股权融资的最佳实践

1.合理的融资计划

在进行股权融资前，企业应制订合理的融资计划。包括确定融资规模、用途、融资阶段等，以确保融资的有效实施。

2.精准的估值和定价

在进行定向增发或 IPO 等股权融资时，需要进行精准的企业估值和股票定价，以提高投资者的认可度和融资成功率。

3.健全的信息披露机制

建立健全的信息披露机制，及时、准确地向投资者公布企业运营、财务状况等关键信息，提高透明度，增强市场信心。

4.谨慎选择合作伙伴

在进行战略投资或其他股权合作时，要谨慎选择合作伙伴，确保其战略与企业相符，能够为企业发展带来真正的价值。

5.合规经营

严格遵循相关法规，进行合规经营。加强内部合规管理，确保融资过程中的各项操作和信息披露符合法规要求，防范潜在的合规风险。

6.平衡股权稀释和融资需求

在进行股权融资时，企业需要平衡股权稀释和融资需求之间的关系。过度的股权稀释可能引起原股东不满，而过度的融资可能增加企业的财务压力。

7.建立良好的企业形象

通过积极参与社会责任、建立良好的企业形象，有助于提升投资者对企业的信任度。良好的企业形象有助于在融资过程中取得更好的谈判地位。

8.专业的财务团队

建立专业的财务团队，确保企业在财务报告和财务分析方面有着高水平的专业能力。这有助于提升投资者对企业财务状况的信心。

股权融资作为企业融资的一种重要方式，在企业发展过程中发挥着重要的作用。其灵活性、长期性、风险共担等特点使股权融资成为众多企业在不同阶段的首选融资方式之一。然而，股权融资也面临着股权稀释、市场波动、法规合规等一系列挑战和风险。

在实施股权融资时，企业需要充分考虑自身发展阶段、融资需求、市场状况等因素，制订合理的融资计划，并通过精准的估值、健全的信息披露机制、谨慎选择合作伙伴等方式进行有效管理。在面对挑战和风险时，企业可以通过建立健全的内部管理机制、合规经营、提升企业形象等方式来增强自身的抗风险能力。

总体而言，股权融资是一种强有力的融资工具，能够为企业提供更广阔的发展空间和更为灵活的资金支持。在充分认识股权融资的特点和适用场景的基础上，企业可以更加灵活地运用这一融资方式，实现长期健康可持续发展。

二、股权融资与企业所有权结构

股权融资是企业通过发行股票或其他股权工具，引入外部投资者，以获取资金支持的一种融资方式。企业所有权结构则涉及股东在企业中所持有的权益和权力分配。本书将深入探讨股权融资与企业所有权结构之间的关系，探讨股权融资对企业所有权结构的影响，以及在此过程中所涉及的挑战和机遇。

（一）股权融资对企业所有权结构的影响

1. 股权融资的本质

股权融资的本质是通过向外部投资者出售一定比例的股权，从而使投资者成为企业的股东。这直接影响着企业的所有权结构，引入了新的股东，改变了原有股东之间的持股比例。

2. 股东权益的变动

股权融资导致新股东的加入，他们将持有新发行的股份。这可能导致原有股东的相对股权比例降低，发生股权稀释。因此，企业所有权结构发生变动，影响了原有股东在企业中的权益。

3. 股权融资与控制权

股权融资通常伴随着控制权的转移。新投资者可能要求有一定程度的管理控制权，或者与原有管理层进行协商，影响企业的经营和管理结构。

4. 股权激励计划的引入

为了激励员工和管理层，企业可能通过股权融资引入股权激励计划，使员工成为股东。这也对企业的所有权结构产生了影响，增加了公司内部的权益分配复杂性。

5. 市场反应与企业形象

股权融资过程中，企业需要与潜在投资者和公众保持积极的沟通，以维护企业形象。市场对企业的反应直接影响了企业在股权市场中的定价和融资效果，从而影响了企业所有权结构。

（二）不同阶段的企业所有权结构特点

1. 初创阶段

在初创企业阶段，创始人通常是主要的股东，持有大部分股权。初创企业可能通过天使投资、风险投资等方式进行初步融资，引入一些早期投资者，但创始人通常仍然保持较高的控制权。

2. 成长阶段

随着企业的成长，资金需求逐渐增加，可能进行多轮的股权融资。此阶段，企业所有权结构可能发生较大变化，初创团队的股权比例可能会受到稀释，而风险投资者、战略投资者等可能成为主要股东之一。

3. 上市阶段

当企业走向上市时，进行的是规模更为庞大的股权融资。上市后，公司将面临更广泛的投资者基础，包括机构投资者和散户投资者。创始人、管理层的股权相对较小，而机构投资者可能成为主要股东之一。

4. 成熟阶段

随着企业的不断发展，一些可能进行私有化、收购等行为，以重构所有权结构。这个阶段可能涉及私募股权、管理层回购等方式，以调整公司的股权结构。

（三）股权融资的优势与企业所有权结构的协调

1. 资金支持

股权融资能够为企业提供大规模的资金支持，促使企业实现更快速的发展。这对于扩大规模、进入新市场、加速研发等方面都具有积极意义。

2. 降低财务压力

相比债务融资，股权融资不需要支付利息，能够降低企业的财务压力。这有助于企业在面临不确定性时更加从容应对。

3. 股权激励

通过股权融资引入股权激励计划，能够激发员工和管理层的积极性，增强企业内部凝聚力，提高团队的稳定性和创造力。

4. 拓宽融资渠道

股权融资使企业不仅仅依赖银行贷款等传统融资方式，而能够拓宽融资渠道，降低融资的依赖性，提高企业在资本市场的灵活性。这种多元化的融资渠道有助于企业更好地适应市场变化和经济波动。

5. 企业治理结构优化

股权融资过程中，为了吸引更多的投资者，企业往往需要优化企业治理结构，提高透明度和决策效率。这对于提升企业的整体管理水平和规范化运作具有积极的促进作用。

6. 市场认可度提升

通过在股权市场上公开募股，企业能够提升市场认可度，增强品牌形象。市场对企业的认可度提高，将有助于吸引更多的投资者和合作伙伴，进而促进企业的发展。

7. 风险共担

股权融资使投资者成为企业的股东，共同承担企业的风险。这有助于提高企业的信誉度，增强投资者对企业的信心，进而降低企业的融资成本。

8. 企业长期健康发展

通过股权融资，企业可以获得长期的资金支持，有助于实现长期健康发展。相比于短期债务融资，股权融资更符合企业可持续经营的需要，为企业提供了更为可靠的资金来源。

第二节　IPO 前的准备工作

一、IPO 决策与准备的关键步骤

首次公开募股（IPO）是一家私有公司将其股份首次公开发行给投资者的过程。这一过程涉及一系列严密的决策和准备步骤，以确保公司能够成功地进入股票市场，融资并实现股东的价值最大化。本书将深入探讨 IPO 决策与准备的关键步骤，包括市场评估、法律合规、财务准备、公司治理和营销策略等方面。

（一）市场评估

市场研究和定位：在决定进行 IPO 之前，公司必须进行深入的市场研究，了解行业趋势、竞争格局和潜在投资者的需求。同时，确定公司在市场中的定位和竞争优势。

公司估值：评估公司的价值是 IPO 准备的核心，这涉及财务指标、盈利能力、成长潜力等多个方面。公司需要聘请专业的财务顾问来进行估值分析，以确保发行价格合理且具有吸引力。

潜在投资者交流：在 IPO 前期，与潜在投资者建立有效的沟通渠道非常关键。公司管理层应积极参与路演、投资者会议等，以提高公司的知名度和投资者的兴趣。

（二）法律合规

上市资格：公司必须满足交易所的上市要求，包括财务状况、公司治理、业务运营等方面。与交易所的沟通和合作是确保上市资格的关键步骤。

法律尽职调查：进行全面的法律尽职调查是不可或缺的。公司需要确保其经营活动合法合规，没有未解决的法律纠纷，并制定完善的法律合规体系。

合规文件准备：编制上市招股说明书（Prospectus）是 IPO 过程中的法律合规工作的核心。招股说明书中需要包含公司的财务状况、经营业绩、风险因素等信息，以向投资者提供充分的透明度。

（三）财务准备

审计和财务报告：进行独立审计是确保财务数据真实可靠的重要步骤。公司需要聘请独立的注册会计师事务所对其财务报表进行审计，并确保符合相关会计准则。

财务系统升级：公司可能需要升级其财务系统，以满足上市的要求。这可能包括内部财务流程的改进、信息系统的升级等。

财务规划和预测：提供未来几年的财务规划和预测对投资者来说至关重要。公司需要制定清晰的财务目标，并提供详细的业务计划。

（四）公司治理

建立独立董事会：上市公司通常需要建立独立董事会，以提高公司治理水平。独立董事能够提供独立的监督和建议，确保公司的决策更加客观和透明。

内部控制建设：公司需要建立健全的内部控制制度，确保财务报告的准确性和公司运营的合规性。

高级管理层团队：公司需要确保其高级管理层团队具有足够的经验和专业知识，以应对上市后可能面临的挑战。

（五）营销策略

投资者关系管理：公司需要建立有效的投资者关系团队，负责与投资者、分析师和媒体的沟通，及时回应市场关切。

路演和宣传：在IPO前期，公司需要积极参与路演活动，向投资者展示其业务模式、发展潜力和价值。同时，通过媒体宣传提高市场知名度。

稳定市场情绪：在IPO时期，公司需要密切关注市场情绪，采取措施稳定股价，防范可能的波动。

IPO是一项复杂而艰巨的任务，需要公司管理层在多个方面进行全面准备。市场评估、法律合规、财务准备、公司治理和营销策略是成功完成IPO过程的关键步骤。公司在这些方面的准备越充分，就越有可能在上市后取得成功，吸引更多的投资者，并实现股东的价值最大化。

二、企业财务报表的调整与审计

企业财务报表的准确性和透明度对于投资者、债权人、管理层和其他利益相关方至关重要。为了确保财务报表真实、完整、可靠，企业需要进行调整和接受审计。本书将深入探讨企业财务报表的调整过程、审计的目的和程序，以及调整和审计对公司和市场的影响。

（一）企业财务报表的调整过程

收入确认与调整：公司通常会根据会计准则确认收入，但在某些情况下，可能需要进行调整。例如，在合同履行过程中可能会出现收入的确认时机问题，或者需要考虑坏账准备等。

费用计提与调整：企业在财务报表中需要计提各类费用，如折旧、摊销、退休福利等。这些费用的计提过程中可能涉及估计和判断，需要进行调整以确保其合理性。

资产负债表调整：资产负债表反映了企业在某一特定时间点的财务状况。调整可能涉及固定资产的减值测试、存货跌价准备等，以确保资产的公允价值和负债的充分计提。

税收调整：税收是企业财务报表中一个重要的调整项目。包括未来所得税资产和负债的确认、递延所得税的计提等，以确保公司在财务报表中合理反映其税收状况。

关联交易调整：若存在关联交易，可能需要调整以反映公允市场价值，防范潜在的关联方利益输送和信息不对称。

（二）企业财务报表审计的目的和程序

审计目的：财务报表审计的核心目的是评估报表的真实性和公正性，为投资者提供可靠的信息。审计还有助于发现潜在的错误、欺诈和违规行为，提高公司治理水平。审计程序如下。

（1）计划阶段：审计师首先了解企业的经营环境、业务模式和内部控制，以制订合理的审计计划。

（2）风险评估：审计师评估财务报表中的风险因素，确定审计工作的重点和方向。这可能包括对关键账户的风险评估、内部控制的测试等。

（3）程序执行：审计师执行审计程序，包括抽样检查、确认账户余额、检查交易记录等。同时，审计师还进行与调整项相关的测试，确保财务报表的准确性。

（4）沟通和报告：审计师在审计结束后与管理层和审计委员会沟通审计结果，发表审计报告，对财务报表的真实性提供专业意见。

（三）调整与审计对公司的影响

财务透明度提升：调整和审计有助于提升公司的财务透明度，使投资者更加信任公司的财务报表，增加投资者的信心。

公司治理水平提高：审计是一种有效的公司治理机制，可以发现并纠正公司内部控制和运营方面的问题，提高公司的管理水平。

市场信誉增强：通过进行调整和接受审计，公司展示了对财务报表真实性的承诺，从而在市场上赢得了更好的声誉。

合规要求满足：许多上市和融资要求都要求公司接受审计，完成调整。完成这些步骤有助于满足法律法规和市场监管的合规要求。

（四）调整与审计面临的挑战与对策

估计和判断：财务报表调整中涉及估计和判断，这可能是审计中的一个挑战。公司需要提供足够的信息和解释，以支持其估计的合理性。

内部控制：审计师对内部控制的评价是审计中的一个重要方面。公司需要建立和维护有效的内部控制，以减少错误和欺诈风险。

复杂交易：如果公司涉足复杂的交易结构，审计程序可能变得更加复杂。在这种情况下，公司需要与审计师密切合作，提供清晰的交易解释和文件。

时间和成本：调整和审计可能需要大量时间和资源。公司需要在制订计划时考虑到这些方面，确保审计能够在合理的时间内完成，且成本可控。

财务报表的调整和审计是确保企业财务信息真实、可靠的关键步骤。通过调整和审计，公司能够提高财务报表的质量，增强透明度，从而吸引更多投资者，并在市场中取得信誉。然而，在进行调整和接受审计的过程中，公司面临一系列挑战，需要通过合理的规划、加强内部控制和与审计师紧密合作来应对。

三、IPO 前的法律事务与合规检查

首次公开募股（IPO）是一家公司向公众发售股票并在证券交易所上市的过程。在 IPO 前，公司需要进行全面的法律事务与合规检查，以确保其业务活动符合法规要求，防范潜在的法律风险。本书将深入探讨 IPO 前的法律事务与合规检查的关键步骤、意义以及对公司的影响。

（一）法律事务与合规检查的意义

降低法律风险：在 IPO 前进行法律事务与合规检查有助于公司及时发现和解决存在的法律问题，从而降低潜在法律风险，避免未来可能的纠纷和诉讼。

提高透明度：合规检查有助于提高公司的透明度，向潜在投资者展示公司的法律状况，增加投资者对公司的信心，从而更容易吸引投资。

符合监管要求：上市公司需要遵守证券法规和证券交易所的上市规则。通过合规检查，公司能够及时发现并解决可能违反法规的行为，确保上市过程中顺利进行。

保护股东权益：法律事务与合规检查有助于保护股东的权益，确保公司的合法经营和财务透明，防范潜在的利益冲突。

（二）法律事务与合规检查的关键步骤

合规团队组建：在进行法律事务与合规检查之前，公司通常会组建专业的合规团队，包括律师、内部合规专员以及外部顾问。这个团队将协同合作，确保检查的全面性和专业性。

法规框架分析：合规检查应该从法规框架的角度出发，审查公司的业务活动是否符合国家、地区以及行业的法规要求，这包括证券法、公司法、劳动法、环境法等多个方面。

合同审查：对公司与客户、供应商、员工等签订的合同进行仔细审查，确保合同的内容合法合规，防范潜在的合同纠纷。

知识产权审查：审查公司的知识产权状况，包括专利、商标、著作权等，以确保公司的知识产权不受侵犯，且在上市后能够继续有效。

员工法务事务：包括劳动合同、员工手册、薪酬结构等方面的审查，以确保公司在雇佣关系中合法合规，避免潜在的劳动法律风险。

公司治理结构审查：审查公司的治理结构、董事会运作、股权结构等，确保公司的治理符合相关法规和上市交易所的要求。

税务合规审查：对公司的税务状况进行审查，确保公司按照法规的要求履行纳税义务，预防潜在的税收纠纷。

合规文件整理：整理公司的合规文件，包括政府批文、许可证、合规报告等，以备将来提交给监管机构和交易所。

（三）法律事务与合规检查对公司的影响

发现潜在问题：法律事务与合规检查有助于公司及时发现并解决潜在的法律问题，避免这些问题在 IPO 过程中浮出水面，导致交易失败或市值受损。

增强法律意识：审查过程中，公司管理层和员工将更加重视法律合规，增强法律意识，避免在经营活动中产生法律风险。

增加市值和吸引力：通过合规检查，公司能够展示其在法律合规方面的稳健管理，提高市值和吸引力，使其更容易成功上市。

加强公司治理：法律事务与合规检查有助于加强公司治理结构，规范公司管理和运营，提高对股东和投资者的透明度。

避免法律风险：及时发现和解决潜在法律问题，有助于公司避免未来可能的法律诉讼和争议，保护公司及其股东的权益。

（四）法律事务与合规检查的挑战与对策

多领域专业知识：合规检查需要涵盖多个法律领域，涉及公司法、劳动法、知识产权法等。公司应聘请具有多领域专业知识的专业人士，或者与专业律师事务所合作，以确保全面的法律检查。

国际合规差异：如果公司在多个国家开展业务，可能面临国际合规差异的挑战。公司需要了解并遵守各国法规，确保在全球范围内合规。

信息收集和整理难度：法律事务与合规检查需要进行大量的信息收集和整理工作。为了应对这一挑战，公司可以建立健全的信息管理系统，并确保信息的准确性和完整性。

时限压力：在 IPO 前，公司通常需要在相对紧迫的时间内完成法律事务与合规检查。为了应对时限压力，公司应提前规划、合理安排时间，并在需要时寻求专业帮助以加速流程。

（五）法律事务与合规检查的最佳实践

早期开始：最好在 IPO 计划初期就开始法律事务与合规检查，以确保有足够的时间发现和解决潜在问题。

专业律师团队：聘请具有丰富经验和专业知识的律师团队进行检查，确保对多个法律领域的全面了解。

透明沟通：公司应与法律团队保持透明沟通，提供充足的信息，并及时回应律师的要求和疑虑。

合规培训：在合规检查的同时，公司可以进行内部合规培训，提高员工对法律合规的认识，减少潜在的违规行为。

建立合规文化：公司应该建立和弘扬合规文化，使每位员工都理解合规的重要性，从而形成自律和合规的工作氛围。

在 IPO 前进行法律事务与合规检查是上市前的一项重要工作。通过全面审查公司的法律状况，及时解决潜在问题，公司能够降低法律风险，提高透明度，增强市值和吸引力。面对多领域法律要求和时限压力，公司需要聘请专业的法律团队，早期开始检查，并建立合规文化，以确保 IPO 过程的成功进行。合规检查不仅是一项法定义务，更是公司长期稳健发展的重要保障。

第三节　发行与定价策略

一、发行股票的数量与定价机制

股票发行是一家公司通过首次公开募股（IPO）或其他方式向投资者出售股票的过程。在这一过程中，公司需要确定发行的股票数量和股价水平，这是一项至关重要的战略决策。本书将深入探讨发行股票的数量与定价机制，探讨背后的关键因素、影响因素以及公司在这一过程中的策略和挑战。

（一）发行股票的数量决策

市场需求分析：公司首先需要分析市场对其股票的需求。通过市场调研和投资者交流，了解市场对公司的关注程度和投资兴趣，为确定合适的发行规模提供基础。

公司资本需求：公司需要评估自身的资本需求，包括未来的扩张计划、投资项目和债务偿还。通过确定资本需求，公司可以更好地确定发行股票的数量。

股权结构与控制：公司需要考虑维持合理的股权结构，防止股东权益被稀释过度。同时，管理层需要权衡发行新股对公司控制权的影响。

市场流动性：发行较多的股票可能提高市场流动性，增加公司股票的流通性。这对于公司股价的稳定和投资者交易的便利性都是有利的。

发行费用：发行股票会伴随一定的发行费用，包括承销费、律师费、审计费等。公司需要考虑这些费用对发行规模的影响，以确保最终融资收益满足实际需求。

（二）定价机制的关键因素

公司估值：公司估值是定价机制的核心。通过财务分析、市场比较和未来预期等方法，确定公司的公允市值，作为定价的基础。

市场状况：市场状况对于定价至关重要。牛市时，公司可能更容易以较高价格发行股票，而在熊市时则可能面临定价难题。公司需要灵活调整定价策略，以适应市场变化。

行业趋势：不同行业有不同的估值标准和投资者关注点。公司需要了解所在行业的发展趋势，以确定合适的发行价格。

盈利状况：公司的盈利能力对于股票的定价至关重要。投资者通常更愿意投资于盈利稳定、增长潜力大的公司。

竞争对手定价：了解同行业竞争对手的发行价格有助于公司确定相对合理的定价水平，避免定价过高或过低。

（三）发行股票的定价机制

市场定价：通过市场供求关系来决定股票价格。这通常由承销商与投资者的协商和交易活动来决定发行价。市场定价灵活，能够反映投资者对公司的实际需求和市场预期。

固定价格发行：公司与承销商提前确定一个固定的发行价格。这种方式适用于市场稳定，且公司有较强的议价能力的情况。

网上路演和询价：通过网上路演和询价的方式，公司可以向潜在投资者提供更多信息，吸引更多关注，最终确定发行价。

Book-building 机制：采用询价簿建构机制，发行人向承销商询价，投资者根据自身的需求报价，最终形成发行价。这种方式能更好地反映市场需求和投资者价格敏感性。

（四）影响发行数量与定价机制的因素

市场情绪：市场情绪对于股票发行数量和定价机制有着显著影响。在市场繁荣时，公司更容易以较高价格发行较多股票。

公司声誉：公司的声誉和品牌影响投资者对其股票的信任程度。有良好声誉的公司可能更容易以较高价格发行股票。

投资者需求：投资者对公司股票的需求是定价机制的决定因素。如果投资者对公司有强烈的兴趣，公司可能会以更高的价格发行更多的股票。

行业特性：不同行业的特性会影响发行数量和定价机制的选择。例如，科技行业可能更倾向于采用市场定价，而传统制造业可能更倾向于固定价格发行。

（五）公司在发行股票过程中的策略

透明沟通：公司需要在发行前与投资者进行透明沟通。向投资者提供充分的信息，包括公司的业务模式、财务状况、未来发展计划等，以建立对公司的信任。

合理定价：确保定价合理，既能吸引投资者，又能保障公司的估值。避免定价过高导致投资者疏远，也避免定价过低影响公司估值。

灵活应对市场变化：在 IPO 过程中，市场可能会发生变化，公司需要及时调整发行策略。采用灵活的定价机制，例如 Book-building，有助于更好地应对市场波动。

维护公司治理：发行股票会影响公司的治理结构，公司需要平衡发行新股对控制权的影响。可以采用双重股权结构或其他措施，保护公司管理层的权益。

考虑长期投资者：在定价和发行策略中，考虑吸引长期投资者的因素。长期投资者有助于提高公司的稳定性和可持续发展性。

（六）发行股票面临的挑战与对策

市场不确定性：市场在短期内可能发生不确定性的波动，这对于股票的发行数量和定价造成了挑战。公司需要制定应对市场不确定性的策略，保持灵活性。

投资者信心：投资者对公司的信心是成功发行的关键。公司需要通过透明、真实的信息披露，建立和维护投资者的信任。

竞争对手影响：公司的定价和发行策略可能会受到竞争对手的影响。公司需要密切关注行业动态，根据市场情况灵活调整策略。

法规合规：在发行股票的过程中，需要遵守相关的法规和合规要求。公司需要与专业律师团队合作，确保发行过程合规无误。

投行关系：公司与承销商、投行的关系对于成功发行非常重要。建立良好的合作关系，确保在发行过程中有充分的支持和协助。

（七）最佳实践

全面准备：在决定发行股票之前，公司需要进行全面的准备工作，包括财务报表的清理、法律事务与合规检查等，以确保发行顺利进行。

市场敏感性：公司需要敏感地感知市场变化，灵活调整发行策略，以适应市场的需求和投资者的情绪。

透明度和真实性：在与投资者和承销商的沟通中，公司要保持透明度和真实性。提供准确、详尽的信息，建立信任。

长期规划：在发行股票时，公司需要考虑长期规划，包括公司未来的发展战略、资本运作计划等，以吸引更多长期投资者。

风险管理：公司需要认真评估可能面临的风险，包括市场风险、法律风险等，并制定相应的风险管理策略。

发行股票的数量与定价机制是一家公司上市前的核心决策，直接关系到公司的融资能力、估值和投资者对其的信心。公司在制定发行策略时需要全面考虑市场需求、公司资本需求、市场状况等多方面因素。合理的发行数量和定价机制既能保障公司的融资需求，又能吸引投资者，促使公司在上市后取得成功。透过认真策划和灵活应对市场变化，公司能够在发行股票的过程中最大限度地实现自身利益，为未来的发展奠定坚实基础。

二、IPO 时机的选择与市场因素

首次公开募股（IPO）是一家公司将其股票首次引入证券市场并公开销售的过程。IPO 时机的选择至关重要，直接关系到公司融资的成功与否以及市场对公司的评价。本书将深入探讨 IPO 时机选择的关键因素和市场因素，以及公司在制订上市计划时应该考虑的策略和挑战。

（一）IPO 时机选择的关键因素

公司成熟度：公司的成熟度是选择 IPO 时机的重要考量因素。一般来说，成熟、盈利且稳健的公司更容易在市场上取得较好的评价，因此选择在公司达到一定成熟度后进行 IPO 可能更为有利。

行业景气度：不同行业的景气度对 IPO 的时机选择有很大影响。在行业景气度高、市场有热点的时候，公司更容易吸引投资者，取得更好的发行效果。

宏观经济环境：全球宏观经济环境对 IPO 市场有直接影响。在经济增长期，投资者更愿意参与新股认购，而在经济衰退期可能会减少投资者的热情。

市场流动性：市场流动性是指资金在市场中的自由流动程度。选择在市场流动性较好的时候进行 IPO，有助于提高公司发行股票的成功概率。

竞争对手动态：注意行业内竞争对手的动态，尤其是是否有竞争对手成功上市，以及市场对类似公司的反应。这可以为公司提供有益的市场参考。

（二）市场因素对 IPO 的影响

市场热度：当市场热度高时，投资者更愿意参与新股认购，而在市场低迷时，公司可能面临发行难度。因此，市场的整体热度对 IPO 市场至关重要。

投资者风格：不同投资者有不同的风险偏好和投资风格。了解市场上投资者的风格，有助于公司制定更符合市场预期的发行策略。

利率水平：利率水平的高低会影响投资者对股市的偏好。在利率较低的时候，投资者更可能将资金投入股市，有助于 IPO 的成功。

政策环境：政府的财政和货币政策、监管政策等对市场有直接的影响。了解政策环境变化，可以帮助公司更好地选择 IPO 时机。

投资者信心：投资者对市场的信心直接影响他们对新股的投资意愿。市场稳定且投资者信心高的时候，IPO 通常更容易成功。

（三）公司在制定 IPO 时机时的策略

精准市场分析：公司应该通过对市场进行精准的分析，了解所在行业的发展趋势、投资者的偏好等，为选择合适的 IPO 时机提供依据。

谨慎估值：公司在选择 IPO 时机时，要谨慎进行公司估值。避免高估或低估公司价值，选择一个更加符合市场预期的估值水平。

透明度和信息披露：在 IPO 前，公司需要提供充分的信息披露，增加市场对公司的了解，提高投资者对公司的信心，有利于成功上市。

强化公司治理：良好的公司治理结构对于投资者的吸引力很大。公司应该在 IPO 前加强公司治理结构，提高公司的透明度和可持续发展能力。

多元化投资者群体：在 IPO 过程中，公司可以考虑吸引不同类型的投资者，包括机构投资者、零售投资者等，以提高发行的多元化程度。

（四）公司在选择 IPO 时机时面临的挑战与对策

市场波动性：市场波动性可能导致 IPO 计划的不确定性增加。公司需要保持灵活性，随时调整 IPO 计划以适应市场变化。

行业变化：行业竞争格局和行业趋势的变化可能影响公司的 IPO 计划。

公司需要密切关注行业变化，及时调整战略。

市场竞争：其他公司的 IPO 计划可能与公司的计划相冲突，导致市场竞争激烈。公司需要通过提前规划和差异化战略来应对市场竞争。

不确定的经济环境：全球经济环境的不确定性可能对公司的 IPO 计划构成挑战。公司需要在计划阶段考虑多种经济情景，采取弹性的策略来适应不同的经济环境。

投资者情绪波动：投资者情绪的波动可能影响市场的热度和对新股的认购热情。公司需要通过积极的沟通和信息披露，维护投资者的信心。

（五）IPO 时机的最佳实践

定期市场监测：公司应该定期监测市场动态，关注行业趋势、投资者风格和市场流动性等因素，为选择最佳的 IPO 时机提供数据支持。

与专业顾问合作：公司在 IPO 过程中可以与专业的投资银行、律师事务所和财务顾问合作，获取专业意见和建议，帮助公司更好地把握 IPO 时机。

谨慎评估市场状况：公司在选择 IPO 时机时，需要全面、谨慎地评估市场状况。充分了解市场的热度、投资者的态度以及潜在的风险，有助于做出明智的决策。

灵活调整计划：市场状况可能随时发生变化，公司需要保持灵活性，随时调整 IPO 计划，以适应不同的市场环境。

强化公司实力：在选择 IPO 时机之前，公司需要提升自身实力，包括提升盈利能力、加强治理结构、改进财务状况等，以增强市场的认可度。

选择适时上市是公司发展的关键一步，对于 IPO 时机的选择需要谨慎权衡多方因素。公司应该综合考虑市场状况、行业发展、公司自身实力等因素，制订科学合理的 IPO 计划。在制订计划时，公司需要与专业的顾问团队合作，灵活调整计划，以应对市场的不确定性。通过透明的信息披露和对投资者的积极沟通，公司可以提高市场对其 IPO 的认可度，提高成功上市的概率。最终，公司在选择 IPO 时机时要根据自身情况和市场特点做出明智的决策，为公司未来的发展打下坚实基础。

三、发行后股价波动的管理与应对

（一）发行后股价波动的原因

市场因素：全球经济环境、市场情绪、利率变动等因素会对整个市场产生影响，进而影响公司股价。

行业动态：特定行业的发展趋势、竞争格局等因素也会对公司股价产生重要的影响。

公司业绩：公司业绩的好坏是影响股价波动的直接原因。好的业绩通常能够提高投资者信心，推动股价上涨。

投资者情绪：投资者的情绪和预期对股价波动有着重要的影响。市场可能因投资者情绪的波动而出现股价变动。

（二）发行后股价波动的管理策略

透明沟通：公司应保持透明度，通过及时而准确的信息披露，向投资者传递公司的真实状况和发展计划，减少市场不确定性。

业绩管理：公司应注重业绩管理，通过稳健的经营，提高盈利水平，为股价提供有力的支撑。

制定合理预期：公司在上市后，应该避免夸大业绩预期，制定合理可行的预期目标，避免投资者对公司未来表现的过度期望。

建立稳定的投资者基础：吸引长期投资者，建立稳定的投资者基础，有助于缓解短期投机性波动。

控制信息泄露：公司需要加强对内部信息的控制，防止未经授权的信息泄露，以免影响市场的敏感性和公司的股价。

（三）发行后股价波动的应对策略

定期业绩说明会：公司可以定期举行业绩说明会，与投资者分享公司最新的业绩情况、发展计划和前景展望，以稳定投资者情绪。

灵活的回购政策：公司可以考虑实施股票回购计划，通过回购股票来提振投资者信心，显示公司对自身价值的信心。

股东激励计划：设立合理的股权激励计划，使公司管理层与员工对公司未来表现更具信心，提高公司的内在价值。

交流互动：公司管理层可以与投资者保持积极的沟通和互动，回应投资者的疑虑，解答问题，增加市场对公司管理层的信任。

制定应对危机的预案：公司应该制定应对危机的预案，包括危机公关、风险管理等方面，以便在股价波动时能够迅速做出反应。

（四）发行后股价波动的挑战与应对

短期波动带来的压力：短期内的股价波动可能带来市场对公司的不理性质疑，公司需要在市场的短期波动中保持冷静，通过稳健的经营和透明的沟通来缓解市场压力。

恶意操纵：市场上可能存在一些恶意操纵股价的行为，公司需要密切关注市场动向，积极配合监管机构，防范和打击市场操纵行为。

投资者的过度反应：投资者有时候可能对市场波动产生过度的反应，公司需要通过合理的信息披露来稳定投资者情绪，纠正市场的过度反应。

法规合规风险：公司需要始终保持对法规合规的高度警惕性，避免因为违反法规而引起市场和投资者的负面反应。

（五）最佳实践

长期规划：公司在上市后应该有一个长期的规划，包括业务发展、盈利水平提升等方面，使公司更具长期投资价值。

透明治理：建立透明的公司治理结构，保持公司的透明度和诚信度，增加投资者对公司的信任。

风险管理：制定全面的风险管理策略，包括市场风险、业务风险等，以便在面临不同风险时能够迅速做出反应，并有效降低潜在损失。

积极互动：与投资者和分析师保持积极的互动，回应市场关切，及时解答问题，消除不确定性，为市场提供更多关于公司的正面信息。

制订回购计划：考虑实施股票回购计划，通过回购股票来提振投资者信心，同时表达公司对股价的信心，减轻市场的不稳定因素。

关注竞争对手：密切关注同行业竞争对手的动态，了解市场对于整个行业的预期，以便更好地应对行业和市场的变化。

建立长期投资者关系：积极吸引长期投资者，通过投资者关系活动、分析师会议等方式，建立起稳定的长期投资者基础。

定期更新业绩目标：公司在上市后应定期更新业绩目标，确保目标的合理性，并与市场预期相符，以降低市场对业绩不确定性的担忧。

第四节　上市后的财务管理

一、上市后财务报告与透明度要求

（一）上市后财务报告的重要性

信息披露的法律义务：上市公司在上市后需要遵守证券法规和交易所规定，对其业务状况、财务状况、经营成果和前景进行全面、准确的信息披露。公司财务报告是最主要的信息披露工具之一。

投资者决策的重要参考：投资者在买卖股票时，会根据公司的财务报告来做出投资决策。准确、及时的财务信息有助于投资者更好地了解公司的盈利能力、稳定性和增长潜力。

市场反应的基础：公司的财务状况和经营业绩直接影响股价的表现。良好的财务报告有助于提高市场对公司的信心，促使投资者更愿意投资。

建立公司形象：通过财务报告，公司能够塑造自身的形象，展示业务运营的透明度，提高投资者和监管机构对公司的信任。

（二）上市后财务报告的内容和要求

1.财务报告的主要内容

资产负债表（Balance Sheet）：描述公司在特定日期的资产、负债和股东权益的情况。

损益表（Income Statement）：展示公司在一定时间内的收入、成本和利润情况。

现金流量表（Cash Flow Statement）：显示公司现金和现金等价物的流动情况，帮助投资者了解公司的现金状况。

2.财务报告的要求

GAAP/IFRS准则：财务报告需要符合一定的会计准则，如美国的通用会计准则（GAAP）或国际财务报告准则（IFRS）。

审计：财务报告需要由独立的注册会计师事务所进行审计，以确保报告的真实性和准确性。

及时性：公司需要在规定的时间内发布季度报告和年度报告，确保投资者及时获取公司的财务信息。

（三）透明度要求及实践

1. 信息披露的透明度

全面披露：公司应该全面披露与业务相关的信息，包括但不限于关键业务指标、风险因素、管理层讨论和分析等。

清晰表达：财务报告和相关信息应以清晰、易懂的方式呈现，避免使用专业术语或复杂的财务数据，以便投资者更容易理解。

2. 管理层的透明度

定期交流：公司管理层应定期与投资者进行交流，包括电话会议、分析师会议等，分享对公司未来的战略规划和发展展望。

危机管理：在面临危机或关键事件时，公司应及时而坦诚地向投资者通报相关情况，防止谣言和不确定性影响公司形象。

3. 公司治理的透明度

董事会独立性：公司应确保董事会的独立性，防范潜在的利益冲突，提高公司治理的透明度。

股东权益：公司需要保护股东权益，确保投资者对公司治理结构的信心，通过公开信息和投资者关系活动建立透明度。

4. 社会责任的透明度

可持续发展报告：公司可以发布可持续发展报告，向投资者展示公司在环境、社会和治理方面的责任履行和成果。

社会责任活动：公司参与的社会责任活动和公益事业也应该进行透明披露，提升公司的社会形象。

（四）透明度的挑战与应对策略

信息泄露的风险：公司在透明度的追求中可能面临信息泄露的风险。应对策略包括建立严格的信息保密制度和加强内部人员的信息保密培训。

不确定性的应对：市场和经济环境的不确定性可能影响公司的财务表现。公司需要积极与投资者沟通，解释可能导致不确定性的因素，并提供对应的业务应对策略，以增加市场的理解和信心。

市场猜测与误导：市场上可能存在猜测和误导，公司需要保持高度警惕，及时澄清虚假信息，通过与投资者的积极沟通来消除市场的不实传言。

财务报告真实性的保障：公司应确保财务报告的真实性和准确性，建立健全的内部审计和控制机制，以及与审计师紧密合作，确保报告符合审计准则。

管理层失误的处理：如果公司管理层出现失误或危机，公司需要及时而坦诚地向市场披露，采取积极的危机公关措施，以维护公司的声誉。

（五）最佳实践

建立良好的公司治理结构：公司应该建立高效的公司治理结构，包括独立的董事会和审计委员会，以确保公司决策的公正性和透明度。

设立独立的审计委员会：独立的审计委员会有助于提高财务报告的透明度和可靠性，监督公司的财务报告和内部控制体系。

投资者关系管理：公司应该建立专业的投资者关系团队，通过电话会议、分析师会议、投资者路演等方式，及时向投资者传递公司的核心信息。

社会责任与可持续发展：公司应积极履行社会责任，将可持续发展理念融入业务运营，并通过可持续发展报告向社会公众和投资者展示公司的社会责任实践。

定期更新财务目标：公司应该定期更新财务目标，确保目标的合理性和可实现性，并及时向市场披露公司的经营计划和战略。

投资者教育：公司可以通过投资者教育计划，提高投资者对公司业务模式、行业特点和财务状况的理解，降低市场对于信息的误读。

灵活应对市场变化：公司需要灵活应对市场变化，包括对竞争对手的动态、行业趋势和宏观经济影响的及时调整，以保持公司在市场中的竞争力。

二、股东关系管理与股价维护

（一）股东关系管理的重要性

提高市场信心：良好的股东关系有助于提高市场对公司的信心。投资者对公司的信任和认可直接关系到公司股价的表现。

增强公司声誉：良好的股东关系有助于塑造公司正面形象，提升公司在投资者和公众中的声誉，为公司的长期发展奠定基础。

获得更多融资机会：公司在股东关系上展现良好形象，有助于吸引更多的投资者，提高公司的股票流动性，为公司融资提供更多的机会。

减轻投资者不确定性：良好的股东关系管理可以通过透明的信息披露和及时的沟通，减轻投资者对公司未来发展的顾虑，有助于维护股价稳定。

（二）股东关系管理的关键策略

1. 透明沟通

定期报告和公告：公司应定期发布财务报告、业绩预告等信息，确保投资者对公司业务状况有清晰的了解。

电话会议和分析师会议：定期组织电话会议和分析师会议，向投资者和分析师介绍公司业绩、战略计划等，并及时回答相关问题。

2. 投资者关系团队

专业团队组建：公司可以建立专业的投资者关系团队，负责与投资者、分析师和潜在投资者的沟通，以保持积极的股东关系。

投资者路演：定期组织投资者路演，向更多的投资者介绍公司业务和发展计划，扩大公司在投资者中的知名度。

3. 回应投资者关切

投资者调查和反馈：定期进行投资者调查，了解投资者的关切和期望，及时回应他们的反馈，调整公司的沟通策略。

解答疑虑和负面信息：当公司面临负面信息时，及时通过透明的沟通机制解答投资者的疑虑，减轻负面影响。

4. 股东激励计划

合理的激励政策：制订合理的股权激励计划，使公司管理层和员工对公司未来发展更具信心，增强内外部对公司的认同感。

分享公司成功：公司成功实现里程碑时，通过分享成功故事，强化投资者对公司业绩的信心。

5.社会责任和可持续发展

社会责任报告：发布社会责任报告，向投资者展示公司在环境、社会和治理方面的责任履行，提升公司的社会形象。

可持续发展目标：设定可持续发展目标，通过实际行动向投资者展示公司对可持续经营的承诺。

（三）股东关系对股价的影响

1.股东关系的积极影响

投资者信心提升：通过良好的股东关系管理，公司能够提高投资者对公司的信心，促使更多投资者买入公司股票，推动股价上升。

融资便利度提高：良好的股东关系有助于提高公司的市值，使公司更容易获得融资，降低融资成本。

2.股东关系的负面影响

投资者不满：如果公司的股东关系管理不善，可能导致投资者不满意，甚至抛售股票，对股价造成负面影响。

市场炒作：不良的股东关系可能被市场炒作，导致投资者对公司的信任下降，从而影响股价表现。

（四）面临的挑战与应对策略

信息披露的平衡：公司在信息披露方面需要平衡透明度和业务敏感性，防范敏感信息的泄露，制定科学合理的信息披露政策。

市场传言的处理：面对市场传言，公司需要迅速作出回应，通过真实的信息澄清市场误读，维护公司形象和投资者信心，避免传言对股价造成不必要的波动。

危机公关的应对：如果公司面临危机，如法律纠纷、经营困境等，公司需要及时而坦诚地向投资者披露相关情况，并制订积极的危机公关计划，以减轻市场对公司未来的担忧。

投资者多元化：公司应该努力吸引多元化的投资者，包括长期机构投资者和散户投资者，以降低特定投资者行为对公司股价的影响。

应对市场波动：在市场波动时，公司需要保持冷静，通过定期的投资者关系活动和及时的信息披露，稳定投资者情绪，减缓不必要的恐慌性卖出。

（五）最佳实践

建立专业的投资者关系团队：公司应该组建专业的投资者关系团队，成员需要具备专业的沟通技巧、财务知识和市场了解度，以确保有效的投资者沟通。

定期的投资者活动：定期组织电话会议、分析师会议、投资者路演等投资者活动，加强公司与投资者之间的交流，提高市场对公司的认知度。

保持透明度：公司应该保持透明度，及时披露业务情况、重大事件、财务状况等信息，避免信息不对称，维护公司的信誉。

将股东关系管理融入公司战略：股东关系管理应该被视为公司战略的一部分，与公司整体发展战略相一致，确保股东关系管理与公司目标保持一致。

制定危机预案：公司需要在股东关系管理中制定危机预案，对可能出现的负面事件和市场波动提前做好准备，以便能够迅速而有效地应对。

定期进行投资者教育：公司可以定期进行投资者教育，向投资者介绍公司业务模式、战略规划、市场前景等，增加投资者对公司的理解。

三、上市后财务决策与战略调整

（一）上市后财务决策的关键因素

1. 资本结构优化

债务与权益的平衡：公司需要平衡使用债务和权益融资，以优化资本结构。这有助于降低财务风险，提高企业的财务稳健性。

股权融资：制订明智的股权融资计划，包括股票发行、配股等，以满足资金需求，同时最大限度地减少股权摊薄。

2. 财务规划与预算

定期预算制定：制定年度和中期的财务预算，明确公司的财务目标和资金需求，有利于资源的合理配置和企业战略的执行。

财务计划与实际对比：定期对实际业绩与财务计划进行对比，及时调整预算，确保公司在财务层面保持稳健。

3. 股利政策的制定

股利与再投资的平衡：制定合理的股利政策，平衡向股东分红和资金再投资的需求，确保公司有足够的资金支持未来的发展。

4. 并购与投资决策

战略一致性：确保并购和投资的项目与公司的战略一致，有助于提升整体价值。

风险评估：在进行并购和投资时进行充分的风险评估，防范潜在的财务风险。

5. 财务风险管理

外汇风险、利率风险等：针对可能面临的财务风险，制定有效的风险管理策略，包括外汇风险、利率风险等。

（二）战略调整的策略

1. 业务结构优化

核心业务聚焦：确定公司核心业务，集中资源于核心业务领域，提高公司在市场上的竞争力。

非核心资产出售：出售非核心业务或资产，释放资金用于加强核心业务或还债，提高财务灵活性。

2. 创新与科技升级

技术投资：加大对新技术的投资，推动企业科技水平的提升，以适应行业变革和市场竞争。

创新战略：制定创新战略，鼓励员工提出创新想法，促进公司在产品、服务或业务模式上的创新。

3. 国际化战略

市场多元化：将业务拓展至国际市场，实现市场多元化，降低单一市场风险。

国际合作与并购：寻找国际合作伙伴，进行跨国并购，以拓展全球市场份额。

4. 成本控制与效率提升

精简管理层次：在保持公司运作有效性的前提下，适时进行管理层次的精简，提高决策效率。

生产流程优化：通过优化生产流程、采购、供应链等方面，降低生产成本，提升整体效益。

5.品牌战略与市场营销

品牌建设：通过品牌战略的制定和实施，提升公司的品牌知名度和声誉。

市场营销创新：进行市场营销策略创新，以更好地满足客户需求，提高市场份额。

（三）上市后的挑战与应对策略

1.市场波动

制定应对策略：在面对市场波动时，公司需要制定灵活的应对策略，保持对市场变化的敏感性，及时调整战略。

2.财务透明度与信息披露

加强信息披露：在上市后，公司应当加强财务透明度，提高信息披露的频率和质量，以赢得投资者的信任。

3.投资者关系管理

建立专业投资者关系团队：成立专业的投资者关系团队，负责与投资者沟通，解答疑虑，传递公司价值，以维护和增强投资者信心。

4.法规合规的挑战

合规团队建设：建设强大的合规团队，确保公司财务决策和战略调整符合当地和国际的法规，降低法律风险。

法务顾问的利用：在制定财务决策和调整战略时，充分利用法务顾问，确保公司的业务活动符合法规要求。

5.竞争加剧

市场调研：加强市场调研，了解竞争对手的动向，及时调整公司的战略，以保持竞争力。

持续创新：不断进行产品、服务和流程创新，提高公司的市场吸引力，应对竞争加剧带来的挑战。

6.股价波动

稳定经营业绩：稳定的经营业绩是维护股价稳定的关键，公司需要通过合理的财务决策和战略调整来确保经营业绩的稳健增长。

有效的投资者关系管理：及时回应市场关切，通过投资者关系活动传递积极的信息，以缓解市场对股价波动的担忧。

（四）最佳实践：

1. 建立完善的财务团队

财务专业团队：确保公司拥有一支专业的财务团队，具备财务管理、风险管理和财务规划能力。

与审计师的紧密合作：与审计师建立紧密的合作关系，确保公司财务报告的真实性和合规性。

2. 制定科学的财务策略

定期进行财务规划：定期进行财务规划，确保公司在财务层面有清晰的方向和目标。

多元化资本结构：实施多元化的资本结构，灵活运用债务和权益融资工具，以降低融资成本和财务风险。

3. 注重信息披露与透明度

定期披露信息：定期向投资者和市场披露公司的财务状况、业绩情况和战略计划，提高公司的透明度。

建立在线投资者关系平台：利用在线平台，提供实时、方便的信息披露，增进公司与投资者的沟通。

4. 投资者关系管理团队

建立投资者关系管理团队：成立专业的投资者关系团队，负责与投资者、分析师等各方建立良好的沟通和关系。

定期开展投资者活动：定期组织投资者电话会议、分析师会议、投资者路演等活动，增加公司与投资者的互动机会。

5. 灵活的战略调整

定期进行战略审查：定期审查公司的战略，充分考虑市场变化和内外部环境的影响，及时调整战略以适应新的挑战和机遇。

创新战略：将创新纳入战略规划中，鼓励员工提出创新想法，推动公司在行业内的创新领域取得竞争优势。

6. 合规管理和风险控制

建设合规团队：建设强大的合规团队，负责监督公司各项业务活动的合规性。

风险管理：制订全面的风险管理计划，及时发现和应对潜在的风险，降低公司经营中的各类风险。

7. 人才培养与团队建设

培养财务人才：培养具有财务专业知识和领导力的人才，构建高效的财务团队。

团队协作：建立良好的团队协作机制，促进不同部门之间的信息共享和协同工作。

第七章 债务融资与企业债券

第一节 债务融资的基本模式

一、债务融资与企业资本结构

企业在资金需求方面常常需要选择适当的融资方式，其中债务融资是一种常见而重要的手段。通过债务融资，企业可以获取必要的资金用于运营、扩张或投资项目。然而，债务融资的决策需要与企业的资本结构相协调，以确保融资方案的合理性和可持续性。本书将深入探讨债务融资与企业资本结构的关系，分析债务融资的优势与风险，以及企业在决策中应考虑的关键因素。

（一）债务融资的优势与风险

1. 优势

成本相对较低：相比股权融资，债务融资通常具有相对较低的成本，因为企业支付债务利息是可以抵扣税收的。

保留所有权：债务融资不涉及股权的稀释，企业可以保留更多的所有权和控制权。

灵活性：还款期限、付息方式等条件可以根据企业的经营状况和需求进行协商，提供了更大的灵活性。

2. 风险

偿债压力：债务融资需要定期支付利息和本金，会给企业带来一定的偿债压力，特别是在经济不景气时。

利率风险：债务融资受利率影响，如果市场利率上升，企业的融资成本可能增加，导致还款负担加重。

违约风险：如果企业无法按时偿还债务，可能面临违约风险，影响企业信用。

（二）企业资本结构的基本原理

企业资本结构是指企业通过各种融资手段获得的资金在权益和债务之间的分配比例。良好的资本结构可以为企业提供充足的资金，降低融资成本，同时平衡股东和债权人的权益。资本结构的基本原理包括：

权益与债务的权衡：企业需要平衡权益和债务的比例，以确保资本结构的稳健。权益融资可以提高企业的财务稳定性，但可能导致股权稀释。债务融资可以提供相对低成本的资金，但需要承担偿债的风险。

税收抵扣效应：利用债务融资的税收抵扣效应，企业可以减少应缴纳的所得税，降低融资成本。然而，这也要求企业能够按时支付利息，并符合相关税收法规。

财务灵活性：资本结构的设计应该允许企业在不同经济环境下灵活调整。有时候，灵活性更为重要，因为经济不断变化，企业需要适应市场的变动。

（三）债务融资与企业资本结构的关系

1. 资本结构的影响因素

行业特性：不同行业对资本结构的依赖程度不同，例如，资本密集型行业可能更依赖债务。

公司规模：大型企业通常更容易获得债务融资，并在资本结构中占较大比例。

盈利水平：盈利能力较强的企业可能更容易通过权益融资，而盈利能力较弱的企业可能更依赖债务融资。

2. 影响债务融资决策的因素

经济状况：在经济增长期，企业更容易获得债务融资，而在经济衰退时，银行可能更为谨慎。

市场利率：市场利率的高低会影响债务融资的成本，企业可能会选择在利率较低时进行债务融资。

公司信用评级：公司的信用评级影响着债务融资的融资成本，高信用评级有助于降低债务融资的利率。

（四）最佳实践和决策考虑因素

定期评估资本结构：企业应定期评估资本结构，根据经济环境、行业特性和公司自身状况进行调整。

综合考虑债务融资和权益融资：制定全面的融资战略，综合考虑债务融资和权益融资的优势与风险，以达到最优的资本结构。

量力而行：根据企业的规模、盈利能力和风险承受能力，量力而行地确定债务融资的规模。避免因债务过高而导致的偿债风险。

风险管理：在进行债务融资时，企业需要建立完善的风险管理体系，包括对利率风险、偿债能力风险等进行有效的监测和管理。

注重公司信用评级：保持较高的公司信用评级有助于降低债务融资的成本，提高融资的可持续性。企业应努力维护和提升自身的信用水平。

市场定价与时机把握：关注市场利率的变化，选择合适的时机进行债务融资。在市场利率较低时，债务融资的成本可能更有竞争力。

考虑资本支出需求：债务融资的决策应与企业的资本支出计划相协调，确保资金用于支持企业的长期发展和项目实施。

与股权融资结合使用：在实施资本结构时，可以考虑与股权融资相结合，实现多元化的融资方式，降低财务风险。

定期沟通与透明度：与投资者、股东以及债权人保持定期沟通，提高信息透明度，让各方了解企业的财务状况和融资计划。

合规性与法律风险：在进行债务融资时，企业需确保所有融资活动符合相关法规和合规要求，以防范法律风险。

债务融资与企业资本结构紧密相连，对企业的发展和稳健经营有着深远的影响。企业在选择债务融资时，需要全面考虑其优势和风险，与企业资本结构相协调，量力而行。债务融资的成功与否取决于企业的经济状况、市场环境、财务规划等多个因素的合理协同。最终，企业需要在保持财务稳健的前提下，充分发挥债务融资的优势，实现可持续的发展目标。通过科学决策和风险管理，企业可以更好地应对市场挑战，为股东和债权人创造更大的价值。

二、债务融资的利弊与适用场景

债务融资是企业通过向外部借款、发行债券等形式筹集资金的一种融资手段。这种融资方式在企业的资本结构中占有重要地位，但同时也伴随着一系列的利弊。本书将深入探讨债务融资的利与弊，以及在何种场景下债务融资更为适用。

（一）债务融资的优势

成本相对较低：相较于股权融资，债务融资通常具有相对较低的成本。企业支付债务利息的支出可以在企业所得税前扣除，降低了融资成本。

保留股东权益：通过债务融资，企业可以保留更多的股东权益和控制权。债务不会导致公司股权结构的改变，避免了股权稀释问题。

灵活性：债务融资通常具有较大的灵活性。企业可以根据自身经营状况和市场条件，调整债务的期限、利率等条件，以适应不同的融资需求。

杠杆效应：债务融资可以通过杠杆效应放大企业的资本，提高资本回报率。当企业的投资回报率高于债务成本时，债务融资将带来更高的股东收益。

业务增长支持：债务融资可以为企业提供大额的资金，用于支持业务的扩张、技术升级和市场拓展，促进企业的可持续发展。

（二）债务融资的劣势

偿债压力：企业需要按期支付债务利息和本金，这可能对企业的现金流造成较大的压力，特别是在经济不景气或者公司经营不佳的时候。

利率风险：债务融资受市场利率的影响，如果市场利率上升，企业的融资成本也会随之增加，增加了财务风险。

违约风险：偿还债务是企业的首要责任，如果企业无法按时偿还债务，将面临违约风险，可能导致信用下降、法律诉讼等问题。

股东回报压力：支付债务利息可能减少企业对股东的分红，尤其是在利润不足以覆盖债务成本时，股东回报可能受到影响。

限制性条款：部分债务融资可能伴随着一些限制性条款，如财务杠杆比例、资产抵押等，对企业的经营活动带来一定程度的制约。

（三）债务融资的适用场景

资本密集型行业：在需要大量资金进行研发、技术升级和设备购置的资本密集型行业，债务融资是一种常见选择。例如，制造业、科技产业等。

高稳定性行业：对于经营较为稳定、现金流相对可预测的行业，债务融资能够更好地满足企业的资金需求，同时可利用税收抵扣效应。

项目性投资：大型项目如基础设施建设、房地产开发等领域，债务融资可提供大额资金支持，用于项目的快速推进。

市场成熟期企业：在企业已经进入市场成熟期，稳定盈利的阶段，债务融资可以帮助企业提高资本回报率，加速财务杠杆效应。

充分利用杠杆：在企业有能力通过投资获得高回报的情况下，债务融资能够充分利用杠杆效应，提高股东回报率。

（四）最佳实践与风险管理

综合融资：在实际运作中，综合利用债务融资和权益融资，灵活调整资本结构，以平衡各类风险。

谨慎选择债务类型：不同类型的债务有着不同的特点，企业应谨慎选择，以满足自身的融资需求，降低风险。

定期进行风险评估：定期评估企业的还款能力，根据市场变化和企业经营状况调整债务结构，降低违约风险。

合规与透明度：在进行债务融资时，确保企业的操作符合法规要求，提高合规性，同时通过信息披露，增加投资者和债权人对企业的信任。

利率对冲：对于利率敏感的企业，可以考虑利率对冲工具，如利率互换，以降低利率波动对企业带来的不利影响。

灵活性管理：在债务融资中保持一定的灵活性，确保企业有足够的回旋余地来应对突发的财务状况和市场变化。

监控市场条件：关注市场利率的变化，以合适的时机进行债务融资，以获取较为有利的融资条件。

差异化期限结构：合理设置不同期限的债务，形成差异化的期限结构，以分散偿债风险，使企业更好地管理到期债务。

充分规划资金用途：在进行债务融资时，充分规划资金用途，确保借款资金能够有效用于提升企业价值，而非过度投机或浪费。

债务融资作为一种重要的融资手段，对企业的发展起到了积极的作用，但也伴随着一系列的风险。企业在选择债务融资时需要全面评估其利弊，结合自身的经营特点和市场环境做出明智的决策。在实践中，综合运用债务融资和权益融资，灵活调整资本结构，是企业维持良好财务状况和降低风险的有效方式。此外，企业需要时刻关注市场变化，做好风险管理和合规工作，确保债务融资的可持续性和稳健性。最终，债务融资的决策需要谨慎思考，以确保企业在融资过程中能够最大化地发挥其优势，实现可持续的发展目标。

三、不同类型债务融资的特点与选择

债务融资是企业获取资金的重要途径之一，通过向外部借款来满足资金需求。在进行债务融资时，企业可以选择不同类型的债务工具，每种类型的债务具有独特的特点和优势。本书将深入探讨不同类型债务融资的特点，包括短期融资、长期融资、债券融资等，并分析在不同情境下的选择因素。

（一）短期融资

1.特点

短期性质：短期融资是企业短时间内满足资金需求的一种方式，通常期限在一年以内。

灵活性：短期融资具有较高的灵活性，可以根据企业的短期经营需要进行灵活调整。

成本较低：由于期限较短，相对于长期融资，短期融资的成本通常较低。

2.适用场景

季节性需求：适用于企业存在季节性资金需求，如零售行业在销售旺季需要更多流动资金支持。

临时周转：用于临时性的资金周转，如支付供应商、短期应付账款等。

项目启动：用于启动短期项目，如营销活动、产品推广等。

（二）长期融资

1.特点

较长期限：长期融资的期限较长，一般超过一年，可以达到数年、十年或更长。

稳定性：长期融资提供了相对稳定的资金来源，有助于企业实施长期发展战略。

成本相对较高：由于期限较长，相对于短期融资，长期融资的成本通常较高。

2. 适用场景

基础设施建设：适用于需要将大量资金用于基础设施建设、厂房扩建的场景。

技术升级：用于技术升级、研发项目等需要较长周期的场景。

企业扩张：用于企业扩张、开拓新市场、增加产能等。

（三）债券融资

1. 特点

债券发行：债券是企业通过市场发行的一种债务工具，投资者购买债券即成为债权人。

期限多样：债券可以有不同的期限，包括短期、中期和长期，以满足不同企业的融资需求。

利息支付：企业需要按照约定的利率向债券持有人支付利息，作为融资成本。

2. 适用场景

大规模融资：适用于需要大规模融资的企业，债券市场能够提供更广泛的融资机会。

投资者分散：适用于企业希望吸引更广泛的投资者，通过债券市场实现融资，并分散融资来源，减缓单一融资渠道带来的风险。

资本项目融资：适用于进行资本性支出，如购买大型设备、建设新厂房等资本项目。长期债券融资可以提供足够的资金支持。

企业改组：在企业重组、兼并收购等重大变革时，债券融资可以提供稳定的长期资金，有助于完成企业战略目标。

（四）银行贷款

1. 特点

贷款形式：企业通过与银行签署贷款协议，获取一定金额的资金，并按照约定的条件和期限进行还款。

灵活性：贷款通常具有较高的灵活性，可以根据企业的实际需求调整融资额度和期限。

2. 适用场景

短期周转：适用于企业短期周转需求，如支付短期账款、应对季节性波动等。

临时资金需求：在企业需要临时性资金支持，但又不希望通过债券市场公开融资时，可以选择银行贷款。

（五）贷款担保

1. 特点

风险共担：贷款担保是指企业通过提供担保物或担保人，为融资提供额外的安全性，降低银行的风险。

降低融资成本：提供有效担保可以帮助企业获得更优惠的融资条件，包括更低的利率和更长的还款期限。

2. 适用场景

信用较差企业：对于信用较差的企业，提供担保有助于提高融资信用，降低融资成本。

大额融资：在需要大额融资的情况下，提供担保可以增加融资机会，帮助企业更容易获得贷款。

（六）债务融资的选择因素

企业需求：不同类型的债务融资适用于不同的企业需求，短期融资适用于短期流动资金需求，而长期融资适用于企业长期发展计划。

融资金额：银行贷款、债券融资等通常适用于大额融资，而短期融资、贷款担保等适用于相对较小额度的融资需求。

融资成本：不同类型的债务融资具有不同的成本结构，企业需要综合考虑融资成本，包括利率、手续费等。

还款能力：企业需要评估自身的还款能力，选择符合自身经营状况的债务融资方式，以防止偿债风险。

风险承受能力：企业需要评估自身的风险承受能力，选择适合自身风险偏好的债务融资方式，确保融资安全。

（七）风险管理与合规性

风险管理：在选择不同类型的债务融资时，企业需要建立完善的风险管理体系，对融资过程中的各类风险进行评估和管理。

合规性：不同类型的债务融资可能涉及不同的法规和合规要求。企业在选择债务融资时，必须确保其操作符合相关法规，避免出现法律纠纷和违规行为。

定期监测：企业在债务融资后，需要定期监测财务状况、市场变化以及相关法规的变化，及时调整融资计划，确保能够及时应对风险和进行合规性维护。

不同类型的债务融资在企业融资过程中发挥着不同的作用，具有各自的特点和适用场景。短期融资适用于短期周转和季节性需求，长期融资适用于企业长期发展和资本项目投资，债券融资适用于大规模融资和吸引投资者，银行贷款适用于短期和中期的资金需求，贷款担保可以提高信用较差企业的融资机会。

企业在选择债务融资时需要全面考虑自身需求、融资金额、融资成本、还款能力以及风险承受能力等因素。合理搭配不同类型的债务融资方式，能够更好地满足企业的资金需求，提高资金利用效率，同时在风险管理和合规性方面做到妥善应对。

在实践中，企业还需根据经济环境、行业特点等因素进行灵活调整，及时适应市场变化。建立有效的风险管理机制、定期进行财务评估、保持透明度和合规性，是企业在债务融资过程中保持稳健经营的关键因素。

最终，企业应根据自身的战略规划和财务状况，谨慎选择债务融资方式，确保融资的可持续性，为企业的长期发展提供坚实的财务支持。

第二节　企业债券的发行与评级

一、企业债券发行的法律程序

企业债券发行是企业通过债务工具筹集资金的一种方式，通常涉及一系列法律程序和合规要求。这些程序和要求旨在保护投资者的权益，确保市场的公平、透明和有序运行。本书将深入探讨企业债券发行的法律程序，包括前期准备、发行申请、发行审批、发行与承销、注册登记以及后续监管等环节。

（一）前期准备

项目规划：在决定发行债券之前，企业需要进行充分的项目规划。这包括确定债券发行的目的、规模、期限、利率等关键参数，以及制定明确的资金用途计划。

法律咨询：企业在债券发行前通常会聘请专业的法律顾问团队，以确保整个发行过程的合法性和合规性。法律顾问将协助企业了解相关法规、规定和市场惯例，规划法律程序。

尽职调查：进行充分的尽职调查是必要的。企业需要对自身财务状况、业务运营、法律合规性等方面进行全面的审查，以便向投资者提供真实、准确的信息。

信息披露：在债券发行前，企业需要提前准备好信息披露文件，详细说明债券的相关信息，包括募集资金的用途、公司治理结构、财务状况等。这有助于投资者做出明智的投资决策。

（二）发行申请

发行计划：在准备阶段完成后，企业需要向有关主管机构递交发行计划。发行计划应包括债券的主要条款、拟发行的数量、募集资金用途等信息。

主管机构审查：主管机构（通常是证监会或类似机构）将对发行计划进行审查。审查内容包括企业的财务状况、信息披露文件的完整性和准确性等。

注册文件递交：通过主管机构的审查后，企业需要向相关主管机构递交正式的注册文件。这些文件通常包括招股说明书、募集说明书、法律意见书等。

（三）发行审批

审批程序：主管机构将进行详细的审批程序，确保企业的发行计划符合法规和市场规范。审批程序可能包括多轮审查、面谈和文件核查等。

发行批文：审批通过后，主管机构将颁发发行批文，正式批准企业发行债券。发行批文是企业进行债券发行的法定许可。

（四）发行与承销

选择承销商：企业需要选择合适的承销商，承销商将负责组织和推动债券的销售工作。承销商通常是证券公司或银行。

发行公告：企业发行债券前需发布发行公告，公告包括债券的基本情况、发行计划、承销商名单等信息，向市场公开宣传债券发行。

发行方式：债券的发行方式多种多样，可以通过招标、发行公开发售、私募等方式。企业根据自身需要选择最适合的发行方式。

定价和发行：承销商将根据市场情况和投资者需求，确定债券的发行价格，并协助企业完成债券的发售工作。

（五）注册登记

登记程序：发行后，企业需要将债券的相关信息进行登记。这包括债券的发行数量、持有人信息等。

登记机构：登记工作通常由证券登记结算机构负责，他们将协助企业完成债券的注册和登记工作。

（六）后续监管

信息披露：发行后，企业需要继续履行信息披露的义务，及时向市场公开披露公司财务状况、经营情况等重要信息。

定期报告：企业需要按照规定的时间，向主管机构提交定期报告，报告内容包括公司的经营业绩、财务状况等。

违规处理：如果企业在债券发行后违反了法规和市场规范，主管机构将对其进行相应的监管和处理，包括罚款、暂停发行等处罚。

（七）法律风险管理

法律意见书：在发行过程中，企业通常会聘请法律顾问提供法律意见书，以确保发行过程中的法律合规性。法律意见书通常包含对发行文件合法性的评估、披露事项的法律意见等，为企业提供法律保障。

法律尽职调查：在前期准备阶段，企业需要进行法律尽职调查，对公司的法律状况进行全面审查。这有助于发现潜在的法律风险，提前做好风险防范和规避工作。

合同起草：在与承销商、登记机构等相关方进行合作时，企业需要谨慎起草合同，明确各方的权利和义务，规范交易流程，减少后续法律纠纷的发生。

法律合规培训：为公司相关人员提供法律合规培训，确保团队了解债券发行过程中的法律要求和规定，提高法律风险的识别和处理能力。

企业债券发行是一项复杂的法律程序，涉及多个环节和多个相关方。在整个发行过程中，企业需要充分认识法律程序的重要性，严格遵循法规，保障投资者的权益，维护市场的公平和透明。尽管法律程序烦琐，但它也为企业提供了规范的操作流程，有助于建立健康、有序的债券市场。

在法律程序中，企业需谨慎选择专业的法律顾问，充分了解市场规则和法规，确保发行计划的合法性和合规性。与此同时，企业需要加强内部法律合规管理，通过法律意见书、尽职调查等手段降低法律风险，确保整个发行过程的稳妥进行。

最终，通过严格遵循法律程序，企业能够有效降低法律风险，提高债券发行的成功率。同时，合规的债券发行不仅有助于企业融资，还有助于企业树立良好的市场声誉，为未来的融资活动奠定坚实基础。在发行后，企业还需继续履行信息披露和定期报告的法律义务，保持对市场的透明度，维护投资者的信任，实现债券发行的全过程合规管理。

二、债券评级的意义与流程

债券评级是金融市场中的一项重要工具，它通过评估债券发行主体的信用质量，为投资者提供了评估投资风险的参考标准。债券评级不仅对债券市场的正常运作具有重要意义，也对发行主体和投资者都有深远影响。本书将深入探讨债券评级的意义以及评级的流程。

（一）债券评级的意义

信用质量评估：债券评级机构对债券发行主体进行评级，主要关注其还本付息的信用质量。评级结果直观地反映了发行主体偿还债务的能力和意愿。

投资者参考：投资者在决定是否购买某一债券时，借助评级来了解债券的风险水平。评级成为投资者判断债券相对安全性和回报的一个重要依据。

市场透明度：债券评级提高了市场的透明度，能够帮助投资者更好地理解市场上各种债券的风险水平。这有助于市场更为高效地运作。

债务融资成本：发行主体的信用评级直接影响其债务融资的成本。较高的信用评级通常意味着较低的融资成本，有利于降低企业融资的负担。

发行成功率：高信用评级有助于提高债券发行的成功率，因为投资者更愿意购买信用较好的债券，降低了债券发行的风险。

（二）债券评级的流程

选择评级机构：发行主体在债券发行前需要选择一家信誉良好的债券评级机构。常见的评级机构包括标普、穆迪、惠誉等。

申请评级：发行主体向选择的评级机构提交评级申请，通常包括公司财务状况、经营业绩、拟发行债券的基本信息等。

评级调查：评级机构展开详尽的评级调查，深入了解发行主体的财务状况、行业地位、管理层团队等，以获取全面的信息。

分析报告：评级机构根据调查结果发布评级分析报告，对发行主体的信用质量进行评估，并给出相应的信用评级，通常以字母和符号的组合表示。

公示披露：评级报告对市场是公开透明的，以保证投资者能够充分获取评级信息，促进市场的公正、公平运作。

定期更新：评级机构会定期对发行主体的信用状况进行更新评估，发布相应的评级报告。这有助于及时反映发行主体的经营状况变化。

回访调查：评级机构会定期进行回访调查，以确认之前发布的评级是否仍然准确反映了发行主体的信用状况。

（三）评级体系

标准普尔评级体系：标普采用字母加符号的形式表示评级，如 AAA、

BBB+ 等。AAA 表示最高信用质量，D 表示违约。

穆迪评级体系：穆迪使用字母和数字的组合表示评级，如 A1、Baa2 等。Aaa 表示最高信用质量，C 表示违约。

惠誉评级体系：惠誉评级体系也采用字母和符号的形式，如 A、BBB 等。AAA 表示最高信用质量，D 表示违约。

（四）评级标准

财务指标：评级机构关注发行主体的财务状况，包括资产负债比率、偿债能力、盈利水平等。

行业地位：发行主体在其所在行业中的地位对评级影响较大，行业竞争力和市场份额等都是考察的因素。

管理层团队：评级机构会对发行主体的管理层进行评估，包括经验、决策能力等。

宏观经济环境：全球和国家宏观经济状况对债券评级也有一定影响，因为这直接关系到债券的违约概率。

法律环境：评级机构会考察发行主体所处的法律环境，法律风险会对信用评级产生影响。

（五）评级的局限性

违约风险：评级不是绝对准确的，市场和经济环境的变化可能导致债券发行主体的违约风险发生变化。评级机构只是根据过去的数据和信息做出评估，未来的不确定性仍然存在。

评级滞后性：评级通常是滞后的，即评级机构在评估发行主体的信用质量时可能会落后于市场对其情况的反应。在发生重大事件时，市场可能更早地反映了变化，而评级需要一定时间才能更新。

评级机构的独立性：评级机构的独立性也受到质疑。有时候，评级机构与被评级的机构有业务往来，可能存在利益冲突，导致评级结果受到质疑。

同质性：在一些情况下，不同的评级机构可能会对同一发行主体给出不同的评级。这种同质性问题可能影响投资者对评级的信任度。

无法涵盖所有风险：评级主要关注财务和信用风险，但并不能涵盖所有可能影响债券投资的风险因素，如市场风险、政治风险等。

（六）评级的应对与管理

多维度风险管理：发行主体应该不仅关注财务指标，还应从战略、经营、法律等多个维度进行风险管理，以提高评级的稳定性。

加强信息披露：主动加强信息披露，向市场传递真实、充分的信息，有助于评级机构更全面地了解发行主体的状况。

维护关系：与评级机构保持良好的合作关系，及时沟通，解释财务和业务上的特殊情况，有助于减缓评级的变化。

多元化融资渠道：降低对债券市场的过度依赖，通过多元化融资渠道，如银行贷款、股权融资等，减缓评级对融资成本的直接影响。

债券评级在金融市场中扮演着重要的角色，对于投资者、发行主体以及整个市场的稳定运行都具有深远的意义。通过对发行主体的信用质量进行评估，债券评级提供了一个客观、标准的信用指引，使市场更加透明、高效。

然而，投资者在使用债券评级时也应认识到评级的局限性。评级只是对过去和当前信息的总结和分析，未来的变化难以预测。因此，投资者需要在债券投资决策中综合考虑多方面因素，不仅仅依赖评级结果。

对于发行主体而言，加强内部风险管理，提高公司治理水平，主动配合评级机构的调查，都有助于维持较高的信用评级。同时，要灵活应对评级的变化，通过多元化融资渠道降低融资成本，提高对市场的适应性。

综上所述，债券评级在金融市场中发挥着重要作用，但评级结果仅是决策的参考之一，投资者和发行主体都应保持理性，结合市场变化和公司内部情况做出准确的判断和决策。债券评级应成为一个更加完善、高效的市场机制的一部分，不断提升其在金融市场中的作用和意义。

三、企业债券发行后的跟踪与管理

企业通过债券发行融资后，债务的管理和跟踪成为至关重要的任务。有效的债券管理能够确保企业充分利用融资资金，维护良好的信用状况，降低融资成本，以及及时履行还本付息的义务。本书将深入探讨企业债券发行后的跟踪与管理策略，包括债务服务、信息披露、违约风险管理等方面。

（一）债务服务管理

还本付息计划：企业在债券发行后需要制订清晰的还本付息计划。这涉及债券本金和利息的支付时间、方式、金额等方面的安排。确保及时足额的还本付息是维护信用的基础。

债券注册与登记：债券的注册与登记是债务服务的一部分。企业需要与登记机构保持良好的合作，确保债券持有人的权益得到妥善维护。

偿还债务：在债券到期时，企业需要按照协议的约定偿还债务。这可能通过到期偿还、提前偿还、再融资等方式实现。合理的偿还计划有助于降低企业的还债压力。

债务再融资：随着市场利率和企业经营状况的变化，企业可以考虑进行债务再融资。这有助于降低融资成本，延长债务期限，提高资金的运用效率。

（二）信息披露与沟通

定期财务报告：发行企业需要按照法规规定，定期向投资者披露财务报告。这些报告应当真实、准确地反映企业的财务状况，帮助投资者了解债券的偿付能力。

经营业绩报告：除了财务报告，企业还应当向投资者提供经营业绩报告。这有助于投资者更全面地了解企业的经营状况，从而判断还本付息的能力。

风险因素披露：企业需要诚实披露可能影响偿还债务的风险因素，包括市场风险、经营风险、政策风险等。透明的风险披露有助于建立投资者信任。

定期电话会议和投资者关系活动：通过定期的电话会议和投资者关系活动，企业可以直接与投资者进行沟通，回答投资者的问题，解释企业的经营状况和财务状况。

（三）违约风险管理

制定应对措施：在债务管理中，企业需要制定明确的应对违约风险的措施。这包括制订危机应对计划、建立紧急资金池等。

提前预警系统：债务管理需要建立有效的预警系统，及时识别潜在的违约风险。这可能涉及财务指标监测、市场风险分析、行业动态跟踪等方面的工作。

与投资者沟通：如果企业发现可能发生违约的情况，及时与投资者沟通，解释情况，并寻求共同的解决方案。积极的沟通有助于减缓投资者的恐慌情绪。

债务重组：在一些情况下，企业可能需要进行债务重组，与债权人协商延长还款期限、减免债务本金等。债务重组有助于避免违约，维护信用。

（四）融资资金的合理运用

项目管理：确保融资资金用于合理的项目，有助于提升企业的盈利能力和偿还债务的能力。项目管理要求企业对资金用途进行详细的规划和监控。

资金投资：利用融资资金进行投资，提高资金的使用效率。企业可以通过资产配置、理财等方式增加资金收益，帮助偿还债务。

风险管理：制定有效的资金风险管理策略，防范市场波动、汇率波动等带来的风险，确保融资资金的安全和稳健运用。

合理债务结构：企业需要根据自身的经营状况和市场条件，合理配置债务结构，选择适当的融资工具和期限，降低融资成本。

（五）法律合规与合同履行

法律合规：企业在债券发行后需要严格遵守法律法规，确保债券的发行和管理过程合法合规。包括但不限于向相关监管机构提交必要的报告、遵循信息披露规定等。

合同履行：企业需要认真履行与债券相关的合同协议，包括还本付息的合同和相关的法律文件。及时足额地履行合同有助于维护企业的信誉。

法律风险管理：对于可能涉及法律纠纷的情况，企业需要及时寻求法律意见，采取措施降低法律风险。这可能包括与投资者进行和解谈判、参与仲裁等。

法律审查：在融资项目的初期，进行法律审查是非常重要的步骤。通过与专业的法律顾问合作，确保债券发行的文件符合法律法规，有助于降低后期法律风险。

（六）投资者关系管理

维护投资者关系：债券发行后，与投资者的良好关系对于企业至关重要。通过及时回应投资者关切的问题，提供透明的信息披露，维护投资者信任。

应对媒体关注：企业发行的债券往往会引起媒体的关注，企业需要妥善处理与媒体的沟通，防范不必要的负面影响。

定期投资者沟通：企业可以通过定期举办投资者会议、电话会议等形式，主动与投资者保持沟通，及时解答问题，向投资者传递企业的经营状况。

（七）市场波动应对

利率风险管理：市场利率的波动可能会对债券的利息支出产生影响，企业可以考虑采取利率对冲工具，降低利率风险。

回购债券：在市场条件有利的情况下，企业可以考虑回购自己的债券。这有助于提高企业的信誉，减少偿付压力。

灵活运用融资工具：根据市场状况的变化，企业可以灵活运用不同种类的融资工具，包括银行贷款、股权融资等，以降低对单一融资渠道的依赖。

建立风险管理团队：企业可以建立专门的风险管理团队，负责监测市场情况，制定相应的风险管理策略，以及及时应对市场波动。

（八）持续改进与学习

经验总结：企业应当定期对债券管理的经验进行总结，识别成功的经验和存在的问题，不断改进管理策略。

学习市场动态：随着市场环境和法规的变化，企业需要保持对市场动态的敏感性，及时调整管理策略，以适应不同的市场情况。

学习他人经验：与同行业、同类企业进行经验交流，学习他们在债券管理方面的经验，吸收借鉴他们的成功经验和教训。

培训团队：为企业内部的财务团队和风险管理团队提供定期培训，使其保持专业水平，提高对债券管理的理解和把握。

企业债券发行后的跟踪与管理是一项复杂的工作，需要全面考虑财务、法律、市场等多个方面的因素。有效的管理有助于提高企业的信誉，降低融资成本，确保债务的安全偿还。

通过制订合理的还本付息计划、严格遵循法律法规、主动与投资者沟通、及时应对市场波动等手段，企业可以有效应对债券管理中的各种挑战。与此同时，企业还需不断学习、改进，保持对市场变化的敏感性，以适应不断变化的经济环境和法规体系。

在债券管理中，企业需保持谨慎和专业，与相关机构、投资者保持良好的合作关系，通过有效的管理实现债务与企业经营的协同发展。债券管理是企业财务战略中不可忽视的一环，只有通过科学的管理和灵活的应对策略，企业才能更好地利用融资资金，实现自身的可持续发展。

第三节 债务融资成本与结构

一、债务融资成本的计算与因素分析

债务融资是企业获取资金的一种重要方式，而债务融资成本的计算涉及多个因素，包括利率水平、债券期限、发行规模、市场情况等。本书将深入探讨债务融资成本的计算方法以及影响债务融资成本的主要因素。

（一）债务融资成本的计算方法

票面利率：债务融资的成本通常以票面利率为基础。票面利率是债券上所标明的年度支付的利息率，是投资者每年从持有的债券中获得的固定利息。

到期收益率（Yield to Maturity，YTM）：到期收益率是投资者购买债券并持有至到期时，所能获得的年均收益率。它考虑了债券的购买价格、票面利率和到期时的还本付息。

实际成本：实际成本是考虑债券发行中的各种费用和税收因素后的综合成本。它包括了发行成本、税收效应等，更全面地反映了企业的实际还款负担。

（二）影响债务融资成本的主要因素

利率水平：利率水平是最直接影响债务融资成本的因素之一。一般情况下，市场利率越高，企业融资的成本就越高。企业需要时刻关注市场利率的变化，选择合适的时机进行债务融资。

债券期限：债券期限是指债券到期时的时间跨度，也是影响债务融资成本的关键因素之一。一般而言，长期债券的利率较短期债券更高，因为长期债券承担了更多未来市场变化的风险。

信用评级：企业的信用评级直接影响其债务融资成本。信用评级较高的企业可以以较低的利率融资，而信用评级较低的企业可能需要支付更高的利率。评级机构的评估结果对投资者对企业信用的认可产生直接影响。

市场需求：债券市场的需求也会对债务融资成本产生影响。当市场对债券的需求较高时，企业更容易以较低的成本融资；反之，市场需求不足可能导致成本上升。

通货膨胀率：通货膨胀率对债务融资成本的影响主要体现在实际利率方面。通货膨胀率上升可能导致实际利率上升，从而提高债务融资的成本。

债务融资规模：发行规模的大小也会对融资成本产生影响。一般来说，发行规模较大的企业更容易获得较低的融资成本，因为规模大的债券发行更受市场青睐。

经济环境：宏观经济环境的变化对债务融资成本有着显著的影响。在经济繁荣期，融资成本可能较低；而在经济衰退期，融资成本可能上升。

政府政策：不同政府的货币政策、财政政策对债务融资成本也有较大的影响。政府的相关政策调整可能改变市场利率水平，从而影响融资成本。

（三）债务融资成本的调整策略

积极管理信用风险：提高企业的信用评级是降低债务融资成本的有效途径。通过改善财务状况、提高偿债能力，企业可以争取到更有利的借款条件。

选择适当的债券期限：根据企业的实际需要和市场环境，选择合适的债券期限。有时候，通过巧妙搭配不同期限的债券，企业只需较低的融资成本。

灵活运用融资工具：在不同市场环境下，灵活运用各种融资工具，包括债券、贷款、股权等，可以帮助企业更好地应对不同的融资需求和市场条件。选择最适合企业状况的融资工具可以降低整体融资成本。

及时把握市场机会：市场条件的波动可能会影响债务融资成本，企业需要密切关注市场动态，把握有利的融资时机。在市场利率较低或投资者对企业信誉较好时，进行债务融资可能更为经济。

加强沟通与透明度：与投资者和评级机构保持良好的沟通，提供真实、充分的信息，有助于提升企业的信用状况。这可以降低投资者对企业违约的预期，从而降低融资成本。

多元化融资渠道：不过度依赖单一融资渠道，通过多元化融资渠道，如同时进行债券发行和股权融资，有助于降低整体融资成本。

灵活运用利率对冲工具：利用利率对冲工具，如利率互换等，可以在一定程度上降低企业的融资成本。这些工具可以帮助企业对冲市场利率波动的风险。

（四）债务融资成本的管理策略

建立完善的财务风险管理体系：企业应建立完善的财务风险管理体系，通过对市场、信用、流动性等多维度的风险进行监控和管理，降低债务融资成本的不确定性。

定期评估融资结构：定期评估企业的融资结构，根据市场状况和公司经营需求，灵活调整融资组合，以获得更有利的融资条件。

加强与金融机构的合作：与金融机构建立长期、稳定的合作关系，有助于企业获取更有利的融资条件。通过积极沟通和合作，可以获得更多的融资资源。

风险管理团队的建设：建设专业的风险管理团队，负责对债务融资成本的各个方面进行监测和分析。及时发现潜在的风险并制定应对措施，有助于降低融资成本。

关注宏观经济环境：关注宏观经济环境的变化，及时调整融资战略。在经济繁荣期，可以选择较长期限的债券融资，而在经济衰退期，应对融资成本进行合理的预期和控制。

加强信息披露：提高信息披露的透明度，主动向投资者传递企业的经营状况、财务状况和未来计划，有助于建立更好的信任关系，从而降低融资成本。

二、债务融资结构的优化与管理

债务融资结构的优化与管理是企业财务战略中至关重要的一部分。一个合理优化的债务融资结构可以降低融资成本、提高企业的财务灵活性、降低财务风险。本书将深入探讨债务融资结构的优化原则、管理方法以及影响因素。

（一）债务融资结构的优化原则

成本最小化原则：优化的债务融资结构应当追求融资成本的最小化。通过选择适当的债务工具、优化债务期限、灵活运用利率对冲工具等方式，降低企业的融资成本。

风险分散原则：避免集中过多的债务在特定期限或特定融资工具上，以降低特定风险对企业的影响。分散债务融资结构可以有效缓解市场利率、汇率等风险。

财务灵活性原则：优化的债务融资结构应当具备较高的财务灵活性，使企业能够灵活应对不同的市场条件和业务需求，包括可再融资的条款、提前偿还的灵活性等。

符合企业经营特点原则：债务融资结构的优化应当与企业的经营特点相匹配。不同行业、不同企业具有不同的资金需求和风险承受能力，债务融资结构应当根据企业的实际情况进行调整。

符合税收政策原则：充分利用税收政策，选择符合税收政策的债务融资方式，以最大限度地减少企业的税负，提高债务融资的效益。

考虑市场情况原则：关注市场环境的变化，根据市场的利率水平、投资者偏好等因素进行债务融资结构的调整，以获得更有利的融资条件。

（二）债务融资结构的管理方法

定期评估与调整：债务融资结构不是一成不变的，企业需要定期评估市场情况、经营状况以及财务状况，及时调整债务融资结构。这可以通过定期的融资策略会议、风险管理会议等形式实现。

多元化融资渠道：不过度依赖单一融资渠道，通过多元化的融资渠道，如债券发行、银行贷款、股权融资等，可以降低企业的融资风险，提高融资的灵活性。

灵活运用不同期限的债务：根据企业的资金需求和市场状况，灵活运用不同期限的债务工具。在市场利率较低时，可以选择发行较长期限的债券，以锁定较低的融资成本。

利用利率对冲工具：利用利率对冲工具，如利率互换等，可以在一定程度上固定企业的融资成本，降低市场利率波动对企业的影响。

关注市场情绪与需求：市场情绪和需求对债务融资结构有较大的影响。企业需要密切关注市场动态，根据市场情绪和投资者需求，调整债务融资结构。

建立与金融机构的良好合作关系：与金融机构建立长期、稳定的合作关系，有助于获得更有利的融资条件。通过积极沟通、共同发展，企业可以获得更多的融资资源。考虑未来经营计划：债务融资结构的管理需要考虑企业未来的经营计划。如果企业计划进行大规模的扩张、投资项目，可能需要调整债务融资结构以支持这些计划。

积极应对市场变化：随着市场环境的不断变化，企业需要灵活应对，及时调整债务融资结构。这可能包括根据市场利率的变化进行债务重组，选择不同的融资工具等。

（三）影响债务融资结构的主要因素

市场利率水平：市场利率的水平直接影响企业融资成本，因此是影响债务融资结构的重要因素。在市场利率较低的时候，企业可能更倾向于发行长期债务。

经济周期：经济周期的不同阶段对债务融资结构有着不同的影响。在经济繁荣期，企业可能更容易融资，选择发行长期债务；而在经济衰退期，可能更关注短期融资。

企业的财务状况：企业的财务状况直接影响其融资能力和成本。财务稳健的企业更容易获得低成本的融资，因此财务状况是影响债务融资结构的关键因素之一。

行业特点：不同行业的企业面临的市场条件和风险各异，这也会影响它们的债务融资结构。例如，资本密集型行业可能更依赖长期融资。

未来投资计划：如果企业有大规模的未来投资计划，可能需要调整债务融资结构以满足资金需求。例如，对于长期的大型投资项目，可以选择较长期限的债务。

税收政策：税收政策对企业债务融资结构有重要影响。有些国家或地区可能提供税收激励，鼓励企业通过债务融资获取资金，因此企业可能更愿意选择债务融资。

市场投资者偏好：投资者对不同期限、不同类型债务的偏好也会影响企业的债务融资结构。如果市场投资者更倾向于短期债务，企业可能更倾向于进行短期融资。

（四）债务融资结构的优化策略

灵活运用不同期限的债务：根据市场情况和企业经营计划，灵活运用不同期限的债务工具。短期债务可以提供更灵活的资金运作，而长期债务可以锁定较低的融资成本。

多元化融资工具：不仅仅局限于债券融资，企业可以考虑多元化的融资工具，包括银行贷款、股权融资等。这有助于降低对单一融资渠道的依赖。

优化融资期限结构：综合考虑市场利率、未来经营计划等因素，优化融资期限结构。选择合适的期限有助于降低利率风险，提高财务灵活性。

利用利率对冲工具：利用利率对冲工具，如利率互换、期货合约等，可以有效降低市场利率波动对企业的影响。这有助于固定融资成本，提高财务稳定性。

债务重组与再融资：定期评估债务状况，根据市场条件和财务需求，考虑进行债务重组或再融资。这有助于优化债务融资结构，提高财务效益。

与金融机构建立战略伙伴关系：与金融机构建立长期的战略伙伴关系，可以获得更灵活、更有利的融资条件。这有助于企业在融资过程中更好地协调利益。

关注市场动态：随时关注市场动态，根据市场利率、投资者需求等变化，及时调整债务融资结构。这有助于把握有利的融资时机，降低融资成本。

（五）债务融资结构优化的实例分析

假设一家企业面临融资需求，目前的债务融资结构主要由短期银行贷款和长期债券构成。由于市场利率较低，企业考虑优化其债务融资结构，以下是一些优化策略的实例分析：

灵活运用不同期限的债务：企业可以考虑将部分短期银行贷款转为长期债务，以锁定较低的长期融资成本。这可以通过发行新的长期债券或与金融机构谈判将短期贷款转为长期债务来实现。

多元化融资工具：除了传统的债券融资，企业可以考虑多元化融资工具，如与投资者协商发行优先股或债权转股权等。这有助于降低对单一融资渠道的依赖，提高灵活性。

优化融资期限结构：通过分析未来的经营计划和市场预期，企业可以优化融资期限结构。如果未来计划中包含长期投资项目，可以考虑发行更多的长期债务，降低长期资金成本。

利用利率对冲工具：考虑使用利率互换等工具，以锁定较低的融资成本。

例如，企业可以与金融机构签署利率互换协议，将固定利率转换为浮动利率，或者相反，视市场利率走势而定。

债务重组与再融资：定期评估现有债务的利率水平和期限结构，如果市场利率较低，可以考虑进行债务重组或再融资。这可能包括提前偿还高成本债务，以降低整体融资成本。

与金融机构建立战略伙伴关系：与主要的金融机构建立战略伙伴关系，进行战略性合作。通过长期的合作，企业可以争取更有利的融资条件，获得更大的信任和支持。

关注市场动态：密切关注市场利率、投资者偏好等动态因素。如果市场利率预计上升，企业可以提前进行融资以锁定较低的成本。反之，如果市场利率下降，可以暂缓融资以等待更有利的时机。

债务融资结构的优化与管理是企业财务管理中的一项重要任务。通过合理选择融资工具、优化期限结构、灵活运用利率对冲工具等策略，企业可以降低融资成本、提高财务灵活性，并更好地适应市场变化。

企业在进行债务融资结构优化时，需要综合考虑市场环境、企业经营计划、财务状况等多个因素。定期评估现有债务状况，及时调整融资策略，是保持债务融资结构优化的关键。

最终，债务融资结构的优化不仅关系到企业的融资成本，更涉及企业的财务风险管理和长期经营战略。通过科学合理的优化方法，企业可以更好地利用债务融资，为其可持续发展提供更强大的支持。

三、利率风险与汇率风险的对策

在全球化经济背景下，企业在经营过程中面临着多样化的风险，其中利率风险和汇率风险是两个重要的财务风险。利率风险涉及市场利率的波动，而汇率风险则涉及不同货币之间的汇率波动。本书将深入探讨利率风险和汇率风险的本质、对企业的影响，以及采取的对策。

（一）利率风险及其对策

1.利率风险的本质

利率风险是指企业在借款、投资等过程中，由于市场利率的波动而导致财务成本或收益的不确定性。市场利率的波动可能影响企业的融资成本、投资回报率以及财务收益。

2.利率风险的来源

市场利率波动：市场利率的波动主要受到宏观经济环境、货币政策、通货膨胀等因素的影响。例如，央行调整基准利率、通货膨胀率的变化等都会导致市场利率的波动。

固定利率和浮动利率债务：企业融资工具中的债务往往包括固定利率和浮动利率债务。对于固定利率债务，市场利率的上升可能导致企业支付相对较高的利息成本，而浮动利率债务的利息成本则随市场利率的变化而波动。

3.利率风险的影响

融资成本上升：若企业大量使用固定利率债务，市场利率上升将导致其融资成本上升，从而影响企业的盈利能力。

投资回报下降：利率上升可能导致企业投资回报率下降，尤其是对于固定利率债券投资等。

企业价值波动：利率波动也会对企业的估值产生影响，尤其是对于长期资产和负债的估值。

4.利率风险的对策

多元化融资结构：通过多元化的融资结构，包括短期和长期、固定利率和浮动利率债务的组合，可以降低企业对特定市场利率波动的敏感性。

利率互换：利用利率互换等工具，将固定利率债务转为浮动利率或相反，以对冲利率风险。

期货和期权合约：企业可以使用利率期货合约或利率期权合约，锁定或对冲未来的市场利率波动，以降低融资成本的不确定性。

灵活的财务管理：通过灵活的财务管理，包括定期评估市场情况、调整融资结构、提前偿还高成本债务等方式，使企业更好地适应市场利率的变化。

（二）汇率风险及其对策

1.汇率风险的本质

汇率风险是指企业在进行跨国业务时，由于汇率波动而导致财务损失的风险。汇率波动可能对企业的销售收入、成本、盈利能力等方面产生影响。

2.汇率风险的来源

汇率波动：汇率波动主要受到宏观经济状况、国际贸易、政治事件等因素的影响。不同国家货币之间的汇率变化可能对企业的经济利益产生直接的或间接的影响。

外币债务和收入：若企业有外币债务或从海外市场获取收入，汇率波动将直接影响其还款负担或收入的实际价值。

3.汇率风险的影响

成本波动：对于企业在国外采购原材料或服务的情况，汇率波动可能导致成本波动，进而影响企业的盈利能力。

销售收入影响：如果企业的销售收入主要来自国外市场，本地货币的贬值可能导致销售收入在本地货币中的减少。

财务报表影响：汇率波动可能对企业的财务报表产生影响，包括资产负债表和利润表的变动。

4.汇率风险的对策

远期合同：企业可以使用远期合同锁定未来的汇率，以规避汇率波动对收入和成本的影响。通过签订远期合同，企业可以固定未来某一时点的汇率，降低不确定性。

期权合同：汇率期权合同允许企业在未来的某一时点以约定的价格买入或卖出货币，而不是强制性地执行合同。这使企业在汇率波动的情况下具备更大的灵活性。

多元化销售市场：通过多元化销售市场，降低对特定国家或地区的依赖，可以减少汇率波动对销售收入的直接影响。

本地化成本：在跨国经营中，部分成本可以本地化，即在销售地购买和生产，降低对外汇的依赖性。这样可以减少对原材料和服务价格的汇率波动的敏感性。

汇率敞口管理：通过积极的汇率敞口管理，企业可以识别和衡量其面临的汇率风险,并制定相应的对策。这包括设立汇率敞口上限、建立监测机制等。

有效的财务规划：企业应制订有效的财务规划，以预测和评估可能的汇率波动对企业的影响。这有助于提前做好汇率风险的管理和决策。

（三）利率风险与汇率风险的综合对策

1.利率与汇率的关联

利率和汇率之间存在一定的关联。例如，较高的利率可能吸引更多的外国资本流入，导致本国货币升值。因此，企业在制定风险对策时需要考虑两者的关系。

2. 利率与汇率风险的综合对策

利率互换和汇率互换：通过综合运用利率互换和汇率互换工具，企业可以有效地对冲利率和汇率风险。例如，利用利率互换将固定利率债务转换为浮动利率，并同时使用汇率互换锁定汇率。

差异化的融资期限结构：采用不同期限的融资工具，如短期和长期、固定和浮动利率债务的组合，有助于降低利率风险和汇率风险的关联性。

基于经济预测的财务规划：通过基于经济预测的财务规划，企业可以更准确地预测未来的利率和汇率趋势，制定更有针对性的风险管理对策。

多元化销售和采购市场：将产品销售和原材料采购多元化到不同国家和地区，降低对特定国家经济和货币波动的敏感性，有助于综合管理风险。

建立有效的风险管理团队：企业可以建立专业的风险管理团队，负责监测和分析利率和汇率风险，提供专业的建议和对策。

利率风险和汇率风险是企业在全球化经济中不可避免的挑战。为了有效管理这两类风险，企业需要采取综合性的对策，包括多元化融资结构、利用衍生工具对冲、灵活的财务规划以及多元化的销售和采购市场。

通过综合考虑市场环境、经济预测、财务状况等因素，企业可以更好地识别和管理潜在的利率和汇率风险。在全球化竞争中，积极主动地采取风险管理对策，有助于企业更加灵活地应对不断变化的国际经济环境，确保经营的稳健性和可持续性。

第四节　债务违约风险管理

一、债务违约的定义与类型

在企业和个人的财务活动中，债务是常见的融资手段，但债务违约风险也时刻存在。债务违约指的是借款人未能按照合同规定的条件和期限履行偿还债务的责任。本书将深入探讨债务违约的定义、影响因素以及不同类型的债务违约。

（一）债务违约的定义

1. 债务违约的基本概念

债务违约是指借款人未能按照借款合同的规定履行还款责任，包括未按期还款、未支付应付的利息或违反其他还款条款。债务违约通常导致债权人无法按约定还款，从而引发一系列财务问题。

2. 违约的形式

欠款违约：未按照合同规定的还款期限和金额按时还款。

利息违约：借款人未能按期支付应付的利息。

违反其他合同条款：除了还款问题外，合同中可能包括其他的条款，如担保要求、财务报告提交等，债务人未能遵守这些条款也属于违约。

3. 违约与违法的区别

债务违约通常是合同层面的问题，是基于借款合同或债券条款的违规。与之不同的是，违法行为涉及法律的规定，可能引发法律责任。债务违约通常被认为是合同层面的问题，而非犯罪行为。

（二）债务违约的影响因素

1. 经济环境因素

经济衰退：当经济衰退时，企业和个人可能面临收入减少、资金紧张，导致难以按时履行债务。这种情况下，整体债务违约的风险增加。

利率上升：如果市场利率上升，企业和个人的融资成本增加，可能导致难以承受的负担，增加债务违约的可能性。

2. 公司内部因素

财务状况：公司的财务状况直接关系到其还债能力。如果公司财务状况不佳，盈利能力下降，可能无法按期偿还债务。

经营管理：不良的经营管理、过度的负债结构、不合理的资本结构等因素都可能导致企业难以履行债务。

3. 市场因素

信用评级：企业的信用评级影响其融资成本和融资能力。信用评级下调可能导致债务违约风险上升。

行业竞争：部分行业可能面临激烈的竞争，导致企业难以维持盈利水平，增加债务违约的风险。

4. 法律与合同因素

合同条款：借款合同中的条款对债务违约有具体规定，如果债务人未能遵守这些条款，可能触发违约。

法律环境：法律规定的变化、法规遵从的问题等也可能影响债务违约的发生。

（三）债务违约的类型

1. 技术性违约

技术性违约是指由于疏忽、管理不善等原因导致违约，而非出于经济压力。例如，错过提交财务报告的截止日期、未按合同要求提供必要文件等。

2. 实质性违约

实质性违约是由于债务人的经济状况不佳，无法按合同规定履行还款责任。这可能涉及欠款违约、利息违约等实际的财务问题。

3. 主观违约

主观违约是指债务人故意或恶意地违约，可能是出于经济状况不佳、公司经营问题、个人恶意拖欠等原因。

4. 客观违约

客观违约是指因不可抗力导致的违约，如自然灾害、战争、法律变化等。在这种情况下，债务人可能无法履行合同规定的责任。

（四）债务违约的预防与应对策略

1. 预防策略

合理规划融资：制订合理的融资计划，确保借款额度与企业经营需求相匹配，避免因融资过多而导致还款难题。

定期评估风险：定期评估企业的经济状况、市场环境和行业趋势，及时发现潜在的违约风险。这可以通过财务报表分析、市场调研、行业研究等手段来实施。

强化内部控制：加强企业内部控制，确保财务管理、资金管理等各项运营活动合规有序。建立有效的内部审计体系，及时发现并纠正潜在问题。

保持良好的信用记录：维持良好的信用记录对于企业获取融资和融资成本非常重要。按时还款、履行合同义务，有助于保持良好的信用记录。

2. 应对策略

与债权人协商：一旦发现违约的可能性，及时与债权人进行沟通和协商。可能的应对措施包括调整还款计划、重新商议利率、提供担保等。

寻求专业帮助：在面临严重违约威胁时，寻求金融、法律等领域专家的帮助，以获取全面、专业的建议。

采取紧急措施：针对实质性违约或客观违约，可能需要采取紧急措施，如出售资产、削减成本、进行重组等，以获取必要的资金用于偿还债务。

寻求法律救济：在某些情况下，如果违约是由于对方主观违约或违法行为引起的，可以寻求法律救济，通过法院强制执行合同规定。

（五）债务违约的社会影响

1. 对经济体系的影响

金融不稳定：大规模的债务违约可能导致金融市场不稳定，影响整个经济体系的运行。

信用收缩：银行和其他金融机构可能因为债务违约风险增加而收紧信贷，导致企业和个人融资难度加大。

2. 对企业和个人的影响

财务困境：债务违约可能使企业陷入财务困境，面临破产风险，影响员工的就业和企业的可持续经营。

社会不稳定：大规模的企业债务违约可能导致社会不稳定，影响投资信心和市场信任度。

债务违约是企业和个人在财务活动中可能面临的重要风险之一。对于企业而言，良好的财务管理、合理的融资计划、及时的风险评估是预防债务违约的关键。一旦发生违约，及时采取有效的应对策略，与债权人沟通协商，寻求专业咨询，是解决问题的重要途径。

在宏观层面，政府和监管机构的有效监管、建立健全的法律体系，对于防范和应对债务违约的发生也具有积极的意义。全社会应共同努力，保持金融体系的稳定，促进经济可持续发展。

二、预防债务违约的措施与方法

在商业和财务活动中，债务是企业和个人常用的融资手段之一。然而，随之而来的债务违约风险也是一项重要的挑战。为了降低债务违约的风险，采取有效的预防措施和方法至关重要。本书将深入探讨预防债务违约的措施，包括财务管理、风险评估、合同管理等方面的方法。

（一）财务管理与规划

1. 健康的财务状况

定期分析财务状况：通过定期对企业财务状况进行深入分析，包括利润表、资产负债表、现金流量表等，以确保企业的财务状况健康。财务分析可以帮助企业及时发现潜在的问题，采取措施进行调整。

适度的负债结构：确保企业的负债结构合理，不过度依赖债务。适度的负债结构有助于降低偿还压力，减少债务违约风险。

2. 风险评估与管理

建立风险管理体系：企业应建立完善的风险管理体系，包括识别、评估、监测和应对各类风险。债务违约风险是其中一个重要方面，需要得到充分关注。

定期评估风险：定期进行风险评估，包括市场风险、经济风险、信用风险等。对潜在的债务违约风险有清晰的认识，有助于提前采取措施降低风险。

（二）合同管理与监控

1. 合同条款需清晰明确

明确还款条件：在债务合同中，明确还款的条件、期限、金额等重要信息，避免出现模糊不清的条款，减少因为合同解释不同而引发的争议。

设置预警机制：在合同中设定财务预警机制，当特定条件满足时即触发警报。这有助于企业及时发现潜在的还款问题，采取紧急措施。

2. 合同履行的监控机制

建立履约监控系统：建立有效的合同履行监控系统，对还款、利息支付等关键事项进行监控。采用现代信息技术手段，实现对合同履行的实时监测。

制订违约处理方案：在合同中制订明确的违约处理方案，包括违约的定义、后续的法律程序、违约责任等。明确违约处理方案有助于在违约发生时迅速采取行动。

（三）多元化融资结构与资金筹措

1. 多元化融资渠道

多样化融资来源：不要过度依赖单一的融资来源，应通过多样化的融资渠道，包括银行贷款、债券发行、股权融资等，分散融资风险。

灵活运用融资工具：根据市场条件和企业需求，灵活选择合适的融资工具。有时可选择短期融资，有时更适合进行长期融资。

2. 合理的资金筹措计划

资金计划：制订合理、精细的资金计划，包括对日常运营资金的需求、投资计划等。确保有足够的资金储备，应对突发状况。

资本支出：进行资本支出决策时，要进行充分的投资回报分析，确保投资项目的合理性和可持续性，避免因过度投资而引发财务问题。

（四）提升企业内部治理水平

1. 优化公司治理结构

完善内部控制制度：建立和完善内部控制制度，包括财务管理、风险管理、合规管理等方面，提高企业的经营透明度和治理效率。

建设风险管理团队：成立专业的风险管理团队，负责对公司内外部风险进行监测、评估和管理，及时提供风险预警和解决方案。

2. 加强信息披露

透明财务报告：提高财务报告的透明度，提供真实、准确、全面的财务信息，为债权人和投资者提供清晰的经营状况。透明的财务报告有助于建立信任，降低投资者和债权人的不确定性。

及时沟通：与债权人、投资者等利益相关方保持及时的沟通，分享企业的经营状况、未来计划以及面临的挑战。通过定期沟通，建立起双方的信任关系，有助于在问题发生时更容易获得支持。

（五）建立良好的信用记录

1. 保持良好信用关系

及时还款：确保在债务合同规定的还款期限内足额支付本金和利息。及时还款有助于维护良好的信用记录。

积极沟通：如果企业面临一时的困难，应积极与债权人沟通，提前说明情况，寻求合作的可能性。积极的沟通态度有助于减轻债权人的担忧。

2. 合理利用信用评级

定期评估信用评级：对企业进行定期的信用评级，了解企业在金融市场中的信用状况。这有助于企业更好地理解自身的融资条件和市场声誉。

提升信用评级：通过改善企业财务状况、加强内部控制、提升经营效益等手段，争取获得更高的信用评级，从而在融资时获得更有利的条件。

（六）灵活运用风险管理工具

1. 使用衍生工具

利率互换：利用利率互换等工具，锁定较为有利的利率，降低因市场利率波动导致的还款负担。

汇率保护：对于国际业务，可以考虑使用外汇远期合同等工具，降低汇率波动带来的不确定性。

2. 货币多元化

本地货币运营：在可能的情况下，尽量采用本地货币进行运营和融资，降低对外汇风险的敏感性。

外币账户管理：若需要进行跨境交易，可以在外币账户中储备一定金额，以应对汇率波动可能带来的影响。

（七）应急预案的制定

1. 制定违约预案

定义违约条件：明确在何种情况下会被视为违约，如财务指标的恶化、市场环境的严重恶化等。

明确应对措施：在违约预案中明确应对措施，包括与债权人的沟通、寻求融资支持、出售资产等。制订详细的计划，以便在违约时能够迅速而有效地应对。

2. 资产负债管理

优化资产负债结构：定期评估企业的资产负债结构，及时调整资产配置，确保具有足够流动性的资产用于偿还债务。

灵活运用资产：在紧急情况下，可以考虑灵活运用资产，包括出售部分资产、转让权益等，获取足够的现金流。

（八）法律合规管理

1. 合规意识培训

培养员工的合规意识：通过合规培训，提高员工对法规和合同约定的理解，减少因误解法规而导致的合同违规。

法务团队建设：建设专业的法务团队，负责监测法规变化、协助合同审查，保障企业在法律层面的合规运营。

2. 定期法务审查

合同法务审查：定期对已签署的合同进行法务审查，确保合同条款的合法性和合规性。防患于未然，避免因合同设计不当而导致的法律问题。

法规合规检查：定期对企业的经营活动进行法规合规检查，确保企业在各个方面都符合相关法规和合同规定。

（九）信息技术与数据分析应用

信息系统安全：提高信息系统的安全性，防范信息泄露、黑客攻击等风险。信息系统的安全性直接关系到企业的财务数据和合同信息的安全。

数据分析应用：利用数据分析技术，对企业的财务数据、市场数据等进行深入分析，发现潜在风险，并为决策提供数据支持。

三、债务违约后的应对策略与程序

债务违约是企业经营中可能面临的风险之一，一旦发生，合理的应对策略和程序对于维护企业的财务稳健和信誉至关重要。本书将深入探讨债务违约后的应对策略与程序，涵盖与债权人的沟通、财务调整、法律程序等多个方面。

（一）与债权人的沟通与协商

1. 及时沟通

建立沟通渠道：在发现债务违约的初期，企业应当迅速与债权人建立沟通渠道，明确违约的具体情况和原因。建立透明、及时的沟通机制有助于增强信任。

解释原因：向债权人详细解释导致违约的原因，可能包括市场变化、经济不景气、经营问题等。真实地沟通有助于债权人理解企业面临的困境。

2. 建立合作桥梁

寻求合作：在沟通的过程中，积极表达解决问题的愿望，寻求债权人的合作。有时候，债权人可能愿意提供灵活的还款计划或者重新谈判利率，以减轻企业的负担。

提供解决方案：主动提供解决方案，说明企业将采取哪些步骤来弥补违约损失，并确保未来的还款计划是可行的。展现出企业积极解决问题的态度。

（二）财务调整与再融资

1. 紧急财务调整

紧急降低成本：立即采取措施降低企业的运营成本，包括削减非必要支出、裁员、关闭不必要的业务等，以腾出资金用于还款。

资产处置：考虑出售部分资产或进行资产抵押，获取即时的资金用于应对违约问题。

2. 寻求再融资机会

谈判新的融资协议：与其他金融机构谈判新的融资协议，可能包括银行贷款、债券发行或其他形式的融资。新的融资可以用于偿还违约债务。

引入新投资者：考虑引入新的股权投资者或战略合作伙伴，以获取新的资金注入。这种方式可以改善企业的财务状况并增加还款的灵活性。

（三）法律程序与违约处理

1. 寻求专业法律意见

聘请专业律师：在违约发生后，企业应当尽早聘请专业的律师团队，以获取法律意见和支持。律师将帮助企业理解相关法规和合同条款，为后续的法律程序做好准备。

分析法律责任：律师团队应当帮助企业分析违约可能带来的法律责任。

2. 协商和解或重组计划

协商和解：通过与债权人的协商，尝试达成和解协议。和解可能包括调整还款计划、提供担保，或者采用其他方式化解纠纷。

债务重组计划：在专业法律团队的支持下，制订债务重组计划，以确保企业在法律框架内进行债务重组，寻求达成对双方都可接受的解决方案。

（四）公关与品牌维护

1. 有效的公关策略

主动公开信息：主动向公众公开违约的事实和企业采取的解决措施，展现出企业的诚信和积极解决问题的态度。

沟通品牌故事：向外界传递积极的品牌故事，强调企业的历史、成就和未来发展规划，以稳定市场信心。

2. 维护客户关系

积极沟通：与客户保持积极沟通，解释违约的原因并说明企业已采取的措施。争取客户的理解和支持。

提供补偿：在条件允许的情况下，考虑提供一些补偿或优惠，以弥补因债务违约为客户带来的不便或损失，维护客户关系的同时降低业务流失。

（五）落实内部控制与风险管理

1. 完善内部控制

加强内部审计：在债务违约后，企业需要强化内部审计，全面检视企业运营状况，发现潜在问题并及时纠正。

调整内部流程：根据违约原因和经验教训，适时调整企业的内部流程，提升内部控制水平，减少再次发生类似问题的可能性。

2. 加强风险管理

重新评估风险：在债务违约后，重新评估企业面临的各类风险，包括市场风险、信用风险等，调整风险管理策略。

建设风险管理团队：成立专业的风险管理团队，负责监测、评估和管理公司内外部风险，为未来的经营提供更为全面的风险防范。

（六）制订财务规划

1. 制订财务复苏计划

制订可行的还款计划：与债权人协商，制订一个切实可行的还款计划，确保企业有足够的时间和资源逐步偿还违约债务。

财务复苏目标：设定清晰的财务复苏目标，包括降低负债率、提升盈利能力等。建立一个可衡量的指标体系，用于监控企业的财务恢复进程。

2. 提高融资能力

重新建立融资渠道：在债务违约后，企业需要重新建立良好的融资渠道，寻找新的融资机会，提高融资能力。

提高企业信用水平：通过积极履行合同、提高经营效率、改善企业形象等方式，提高企业的信用水平，从而更容易获得有利的融资条件。

（七）员工管理与团队建设

1. 提高员工士气

开展内部沟通：向员工详细解释债务违约的原因和应对措施，保持透明度。通过开展内部沟通，增强员工对企业的理解和支持。

提供培训机会：为员工提供相关领域的培训，提高员工的专业素养，更好地适应企业发展的需要。

2. 团队协作

强化团队协作：面对债务违约，强化团队协作尤为重要。建立团队合作精神，共同面对问题，共同寻找解决方案。

激励团队：通过设立激励机制，激发团队的积极性和创造力，促使企业更快地走出困境。

（八）建立长期战略

1. 开展长期规划

重新制定战略目标：债务违约后，企业需要重新审视战略目标，调整未来的发展方向。明确长期规划，为企业的可持续发展做好准备。

投资战略调整：根据市场和行业变化，调整投资战略，确保企业在未来的经营中更加稳健。

2. 品牌重塑

重新对品牌进行定位：在债务违约后，企业可能面临品牌形象受损的情况。通过对品牌重新定位，突出企业的优势和特色，塑造更为积极的形象。

品牌宣传与市场营销：加大品牌宣传和市场营销力度，强化企业在市场中的竞争力，吸引更多客户和投资者的关注。

（九）监控与反思

1.建立监控机制

建立内部监控机制：在债务违约后，建立更为完善的内部监控机制，加强对企业各项经营活动的监测，防患于未然。

定期评估：定期对企业的财务状况、经营状况进行评估，发现问题及时纠正，确保企业稳健经营。

2.反思与经验总结

进行全面反思：对债务违约的原因、应对过程以及取得的经验进行全面反思。了解产生问题的根本原因，以避免将来出现相似问题。

建立学习机制：将债务违约的经验教训转化为学习经验，建立学习机制，确保整个组织从挫折中汲取经验教训，不断优化管理和决策。

（十）建立风险管理体系

1.完善风险管理体系

建立综合风险管理体系：在企业内部建立全面、综合的风险管理体系，包括财务风险、市场风险、经营风险等。确保对各种潜在风险的有效识别和管理。

定期评估风险：定期对企业的风险进行评估，根据评估结果制定相应的风险缓解策略，防范未来的债务违约风险。

2.制订风险应对方案

建立应急预案：针对不同类型的风险，制定详细的应急预案，确保在发生风险时能够迅速、有序地进行应对。

培训风险管理团队：建设专业的风险管理团队，提供风险管理培训，使团队具备更强的风险应对能力和解决问题的能力。

在债务违约后，企业面临诸多挑战，但也是一个进行深刻变革和改善的良机。通过有效的沟通、财务调整、法律程序、公关与品牌维护、员工管理与团队建设、长期战略规划、监控与反思、建立风险管理体系等多方面的综合措施，企业能够更好地应对债务违约问题，走出困境，实现财务的健康发展。综上所述，企业在面对债务违约时应当勇于正视问题，及时采取行动，通过全面而有针对性的措施，为企业的未来创造更为稳健的发展环境。

参考文献

[1] 郭明星. 企业财务管理投融资研究 [M]. 长春：吉林出版集团股份有限公司, 2021.

[2] 张丹. 企业财务管理投融资研究 [M]. 北京：中国商务出版社, 2018.

[3] 胡娜. 现代企业财务管理与金融创新研究 [M]. 长春: 吉林人民出版社, 2020.

[4] 吴瑕, 千玉锦. 中小企业融资：案例与实务指引 [M]. 北京：机械工业出版社, 2021.

[5] 林自军, 刘辉, 马晶宏. 财务管理实践 [M]. 长春：吉林人民出版社, 2019.

[6] 朱菲菲. 财务管理实用工具大全 [M]. 北京：中国铁道出版社, 2019.

[7] 蔡敏, 李淑珍, 樊倩. 现代企业财务管理与财政税收理论探究 [M]. 长春：吉林科学技术出版社, 2022.

[8] 张同庆. 房地产信托业务投融资实务 [M]. 2 版. 北京: 中国法制出版社, 2020.

[9] 刘智成, 王苹, 王晓斌. 城市轨道交通企业财务管理理论与实务 [M]. 北京：中国经济出版社, 2021.

[10] 颜赛燕. 共享经济下企业融资活动研究 [M]. 北京：北京理工大学出版社, 2017.

[11] 朱华建. 企业财务管理能力与集团财务管控 [M]. 成都：西南交通大学出版社, 2015.

[12] 马钧. 企业投融资评价方法与参数 [M]. 北京：中国经济出版社, 2014.

[13] 丁伯康. 新型城镇化政府投融资平台的发展转型 [M]. 北京：中国商务出版社, 2014.

[14] 杨柳. 中国企业跨国并购财务风险研究 [M]. 北京：中国经济出版社, 2015.

[15] 黄贤环 . 财务公司职能、融资环境与集团成员上市公司融资约束 [D].
太原：山西财经大学 , 2018.

[16] 赵紫剑 . 银企投融资业务运作与规范 [M]. 郑州：河南科学技术出版
社 , 2013.